图书在版编目(CIP)数据

论语名集：世事洞明的处事智慧/(春秋)孔子著. —苏州：
古吴轩出版社，2013.6
(姑苏御书房/刘开周主编)
ISBN 978-7-5546-0089-4

I. ①论… II. ①孔… III. ①儒家 ②《论语》—研究
IV. ① B222.25

中国版本图书馆 CIP 数据核字(2013)第 119592 号

策划：周成豪
责任编辑：王桥
印刷编辑：陈九娟
封面设计：观想光盘设计工作室

书 名：论语名集：世事洞明的处事智慧
著 者：(春秋) 孔子
出版发行：古吴轩出版社
地址：苏州市十梓街458号　　邮编：215006
Http://www.guwuxuancbs.com　E-mail：gwxcbs@126.com
电话：0512-65233679　　传真：0512-65220750
经销：新华书店
印刷：三河市兴论印务有限公司
开本：710×1000 1/16
印张：23.5
版次：2013年8月第1版 第1次印刷
书号：ISBN 978-7-5546-0089-4
定价：38.00元

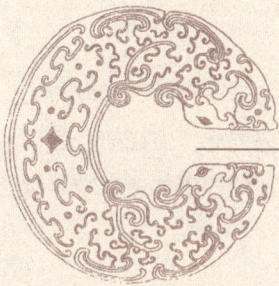

述而篇
第七

本篇共包括 38 章，也是学者们在研究孔子和儒家思想时引述较多的篇章之一。它包括以下几个方面的主要内容："学而不厌，诲人不倦"、"饭疏食饮水，曲肱而枕之，乐在其中"、"发愤忘食，乐以忘忧，不知老之将至"、"三人行必有我师"、"君子坦荡荡，小人长戚戚"、"温而厉，威而不猛，恭而安。"本章提出了孔子的教育思想和学习态度，孔子对仁德等重要道德范畴的进一步阐释，以及孔子的其他思想主张。

7.1

子曰："述而不作①，信而好古，窃②比于我老彭③。"

注释

①述而不作：述，传述。作，创造。②窃：私自，私下。③老彭：人名，商朝的贤大夫。一说为老子和彭祖两个人。

译文

孔子说："只传承旧说而不创作，相信而且喜好古代的东西，我私下把自己比做老彭。"

今论

李零《丧家狗》："在孔子的心目中，彭祖人特别老，思想特别老，而且述而不作，大概没有问题，否则他不会拿彭祖比自己。古代思想家批判现实，一般都爱拿古代说事。我们要设身处地，理解他们的想法。现代文明，有很明显的二元化倾向，500年前画一道线，前面是传统，后面是现代。这样考虑问题，其实不合理。"

在当前而言，"述"是亟须的。但是，只"述"不"作"，是不符合时代潮流的。就拿弘扬传统文化来说，还要根据时代变化、大众心理变化，寻找新的视角、新的方式，来完成传统文化的传承。没有创新，连最简单的传承都进行不下去。

7.2

子曰："默而识(zhì)①之，学而不厌，诲②人不倦，何有于我哉？"

注释

①识：记住。②诲：教诲。

译文

孔子说："默默地记住知识，勤奋学习而不厌烦，教导别人不知道疲倦，这些对我来说有什么困难呢？"

今论

南怀瑾《论语别裁》："'默而识之'这句话就是说：作学问要宁静，不可心存外务，更不可力求表现，要默默然领会在心……"

阅典笔记

不张扬，不高调，默默地深入人心。

7.3

子曰："德之不修，学之不讲，闻义不能徙(xǐ)，不善不能改，是吾忧也。"

译文

孔子说："人们的品德不能修养，学问不能讲求，听到义却不去实践，有了缺点不能改正，这些都是我所担忧的事情。"

古注

尹焞注："德必修而后成，学必讲而后明，见善能徙，改过不吝，此四者日新之要也。苟未能之，圣人犹忧，况学者乎？"

今论

南怀瑾《论语别裁》："孔子说了他担忧的四点……也是每一个人和任何一个历史时代的通病，尤其碰到衰乱的世局，任何一个国家社会，都可能有这四种现象出现……"

阅典笔记

很多道理，我们都明白，只是，真的去做的人却是少之又少，即使是很简单的事情。

7.4

子之燕 (yàn) 居①，申申②如也，夭 (yāo) 夭 (yāo)③如也。

注释

①燕居：也作"宴居"，指古人退朝而处，在家闲居。②申申：整饬的样子。③夭夭：斯文舒和的样子。

译文

孔子闲居在家里的时候，衣冠楚楚，和舒自然。

古注

程颐注："此弟子善形容圣人处也，为申申字说不尽，故更着夭夭字。今人燕居之时，不忿惰放肆，必太严厉。严厉时着此四字不得，忿惰放肆时亦着此四字不得，惟圣人便自有中和之气。"

今论

李零《丧家狗》："我想，孔子下班回家，一定是轻舒腰脚，完全放松，决不会正襟危坐，绷着股劲儿，像颜师古说的那样。"

阅典笔记

工作是为了更好的生活，闲暇时仅仅是在做补眠一类的事情，显然失去了工作原本的意义。给自己一点儿空间，享受生活，感悟人生。

7.5

子曰：“甚矣吾衰也！久矣吾不复梦见周公①。”

注释

①周公：姓姬，名旦，周文王的四子，周武王的弟弟，成王的叔父，鲁国国君的始祖，传说是西周典章制度的制定者。

译文

孔子说："我衰老得多么厉害啊！我好久没有梦见周公了。"

古注

朱熹注："孔子盛时，志欲行周公之道，故梦寐之间，如或见之。至其老而不能行也，则无复是心，而亦无复是梦矣，故因此而自叹其衰之甚也。"

今论

李零《丧家狗》："孔子生于鲁国，长于鲁国，鲁国是周公的封国。他爱周公，爱鲁国，爱鲁国保存的周礼。这是当时的爱国主义。"

阅典笔记

衰老的标志之———不再有梦。即使是孔子，也会有灰心的一天吧。

7.6

子曰：“志于道，据于德，依于仁，游于艺①。”

注释

①艺：指孔子教授学生的礼、乐、射、御、书、数等六艺。

译文

孔子说："以'道'为志向，以'德'为根据，以'仁'为凭藉，活动于六艺的范围中。"

古注

朱熹注："人之为学当如是也。盖学莫先于立志，志道，则心存于正而不他；据德，则道得于心而不失；依仁，则德性常用而物欲不行；游艺，则小物不遗而动息有养。学者于此，有以不失其先后之序、轻重之伦焉，则本末兼该，内外交养，日用之间，无少间隙，而涵泳从容，忽不自知其入于圣贤之域矣。"

今 论

南怀瑾《论语别裁》："假如有人问，孔子的学术思想真正要讲的是什么？可以大胆地引用这四句话作答，这就是他的中心。也可以说是孔子教育的真正的目的，立己立人，都是这四点。关于这四点的教育方法，也就是后面《泰伯》篇中孔子说的'兴于诗，立于礼，成于乐'。"

阅典笔记

没有凭空幻化出来的事物，即使是想象，也有原型。

7.7

子曰："自行束修 (xiū)①以上，吾未尝无诲 (huì) 焉！"

注 释

①束修：十条干肉。孔子要求他的学生初次见面时要拿十余干肉作为学费。后来，就把学生送给老师的学费叫做"束修"。修，干肉，又叫脯。

译 文

孔子说："来拜见我的人，带上十余条干肉以上的礼品，我没有不教诲的。"

古 注

朱熹注："盖人之有生，同具此理，故圣人之于人，无不欲其入于善。但不知来学，则无往教之礼，故苟以礼来，则无不有以教之也。"

今 论

南怀瑾《论语别裁》："我认为孔子这句话的思想是说，凡是那些能反省自己，检束自己而又肯上进向学的人，我从来没有不教的，我一定要教他。这是我和古人看法所不同的地方，所谓自行束修，就是自行检点约束的意思。"

阅典笔记

谁能保证能拿出十余条干肉的就一定是懂礼尊礼之人呢？

7.8

子曰："不愤①不启②，不悱 (fěi)③不发。举一隅 (yú)④不以三隅反，则不复也。"

注 释

①愤：憋闷。②启：开导。③悱：想说而不能恰当说出来。④隅：角落、方。

译 文

孔子说："教导学生，不到他想弄明白而不得时，不去开导他；不到他想出来却不能表达出来时，不去启发他。教给他一个方面的知识，他却不能由此类推到其他几个方面，那就不再教他了。"

古 注

王安石注："以谓其问之不切，则其听之不专；其思之不深，则其取之不固。不专不固，而可以入者，口耳而已矣。吾所以教者，非将善其口耳也。"

今 论

南怀瑾《论语别裁》："一桌四角，讲了一角，其余三角都会了解，那么他可以回来，'复也'就是回来。回到哪里？回到思想智慧的本位，就是回到自己智慧的本有境界。所以在教育方面，一定要激发他潜在的求知欲。"

阅典笔记

修行在个人，如果一开始就给他铺好了捷径，那么今后的条条荆棘之道让人如何面对？

◎ 克复传颜

7.9

子食于有丧者之侧，未尝饱也。

译文

孔子在办理丧事的人旁边吃饭，从来没有吃饱过。

7.10

子于是日哭，则不歌。

译文

孔子在这一天为吊丧而哭泣，就不再唱歌。

古注

朱熹注："日之内，余哀未忘，自不能歌也。"

谢良佐注："学者于此二者，可见圣人情性之正也。能识圣人之情性，然后可以学道。"

阅典笔记

歌，也可以很悲凉。

7.11

子谓颜渊曰："用之则行，舍之则藏，惟我与尔有是夫！"子路曰："子行三军，则谁与？"子曰："暴虎①冯(píng)河②，死而无悔者，吾不与也。必也临事而惧，好(hào)谋而成者也。"

注释

①暴虎：空拳赤手与老虎搏斗。②冯河：徒步过河。

译文

孔子对颜回说："如果任用我，我就施展抱负；不用我，我就归隐，只有我和你才能做到这样吧！"子路说："如果老师统帅三军，那么您和谁在一起共事呢？"孔子说："赤手空拳和老虎搏斗，徒步涉水过河，死了都不会后悔的人，我是不会和他在一起共事的。我要找的，一定是遇事小心谨慎，善于谋划而能完成任务的人。"

朱熹注："此皆以抑其勇而教之，然行师之要实不外此，子路盖不知也。"

今　论

南怀瑾《论语别裁》："时代不需要你的时候，你能不怨天，不尤人，默默无闻的活下去，这也不容易做到。一个人总有自己的牢骚，尤其知识分子们总认为：'当今天下，舍我其谁？'假使让我出来，比诸葛亮还更高明。所以没有完全认识自己，隐退是很难的。"

阅典笔记

世界永远不会为你改变，有时候，即使满腔热血，结局也只是命中注定。

7.12

子曰："富而可求也，虽执鞭之士，吾亦为之。如不可求，从吾所好。"

译　文

孔子说："如果富贵可以通过正当的方式取得，即使让我去做给人执鞭的

◎ 赦父子讼

下等差事，我也愿意去做。如果富贵不能通过正当的方式取得，那就还是按照我的爱好去做事吧。"

古注

朱熹注："设言富若可求，则虽身为贱役以求之，亦所不辞。然有命焉，非求之可得也，则安于义理而已矣，何必徒取辱哉？"

苏轼注："圣人未尝有意于求富也，岂问其可不可哉？为此语者，特以明其决不可求尔。"

今论

李泽厚《论语今读》："这也就是'生死有命，富贵在天'的意思。发财确有极大的偶然性，并非只要努力就能得到。不像读书、做人，只要努力，总可以有所成就。"

阅典笔记

钱财，永远都不会比良心更胜一筹。

7.13

子之所慎：齐 (zhāi)①、战、疾。

注释

①齐：通"斋"，即斋戒，祭祀前清净身心以示虔诚。

译文

孔子慎重对待的事情是：斋戒、战争和疾病。

今论

李零《丧家狗》："打仗和治病都是人命关天，不可不慎。"

阅典笔记

任何事情对于每个人的意义都不一样。所爱之事，必会谨慎待之。

7.14

子在齐闻《韶》，三月不知肉味。曰："不图为乐之至于斯也！"

译文

孔子在齐国听到了《韶》乐，陶醉得很长时间尝不出肉的滋味。他说："想不到欣赏音乐能达到如此境界！"

古注

范祖禹注："韶尽美又尽善，乐之无以加此也。故学之三月，不知肉味，而叹美之如此。诚之至，感之深也。"

今论

南怀瑾《论语别裁》："……孔子听了韶乐以后，心境之宁静，思想之专一，吃饭的时候都不知道自己在吃饭，欣赏韶乐到了忘我的境界。这也是描写古代的音乐好到如此程度。所以孔子感叹，上古时代音乐的境界，有我们所意想不到的高明。"

阅典笔记

爱他的时候，一切皆他。

7.15

冉有曰："夫子为 (wèi)①卫君②乎？"子贡曰："诺③。吾将问之。"入，曰："伯夷、叔齐何人也？"曰："古之贤人也。"曰："怨乎？"曰："求仁而得仁，又何怨！"出，曰："夫子不为也。"

注释

①为：这里指赞同。②卫君：指卫出公。③诺：答应的说法。

译文

冉有说："老师赞成卫国的国君吗？"子贡说："好吧，我去问问他。"子贡进到孔子的房间问道："伯夷、叔齐是什么样的人呢？"孔子说："古代的贤人。"子贡又问："他们互让王位，都没有当上国君，有怨恨后悔之意吗？"孔子说："他们追求的是仁德，现在已经得到了，为什么要怨恨后悔呢！"子贡出来对冉有说："老师不赞成卫君。"

◎ 冉有（冉求）

古注

程颐注：："伯夷、叔齐逊国而逃，谏伐而饿，终无怨悔，夫子以为贤，故知其不与辄也。"

今论

李零《丧家狗》：："孔子说的圣人都是有位子的人，仁人不一定，比如伯夷、叔齐，就是仁人的代表。"

阅典笔记

看来，中国人很早就已经学会了间接征求意见的方法。这种方法可以避免一些过于敏感的话题，使被征求者既能表达自己的态度，又不会因为话题的敏感而不便发言。

7.16

子曰：："饭①疏食，饮水②，曲肱 (gōng)③而枕之，乐亦在其中矣！不义而富且贵，于我如浮云。"

注释

①饭：吃。②水：指冷水，热水是汤。③曲肱：弯着胳膊。

译文

孔子说：："吃粗粮，喝冷水，弯着胳膊当枕头，乐在其中。用不正当的手段得来的富贵，对我而言就像是天边的浮云。"

古注

朱熹注：："圣人之心，浑然天理，虽处困极，而乐亦无不在焉。其视不义之富贵，如浮云之无有，漠然无所动于其中也。"

今论

南怀瑾《论语别裁》：："我们要注意到，天上的浮云是一下子聚在一起，一下子散了，连影子都没有。可是一般人看不清楚，只在得意时看到功名富贵如云一样集在一起，可是没有想到接着就会散去。所以人生一切都是浮云，聚散不定，看通了这点，自然不受物质环境、虚荣的惑乱，可以建立自己的精神人格了。"

阅典笔记

不要去刻意追求一些东西，顺其自然，生活可以很美好。

7.17

子曰："加①我数年，五十以学《易》②，可以无大过矣。"

注释

①加：给予。 ②易：指《周易》，亦称《易经》。

译文

孔子说："再给我几年时间，到五十岁时学习《易》，我就可以没有大错了。"

今论

李零《丧家狗》："孔子'五十以学《易》'，'五十而知天命'，两个'五十'，不是巧合。我们要知道，古人知天命，主要靠数术；孔子知天命，主要靠学《易》。古人好言天道，孔子不能离开当时的思想环境，但他关心的不是天道本身，而是命运如何。"

阅典笔记

孔子自己说，"五十而知天命"，可见他把学《易》和"知天命"联系在一起。《史记·孔子世家》中说，孔子"读《易》，韦编三绝"。他非常喜欢读《周易》，曾把穿竹简的皮条翻断了很多次。孔子活到老、学到老的刻苦钻研精神，值得后人学习。

7.18

子所雅言①，《诗》《书》、执礼，皆雅言也。

注释

①雅言：通行的标准语，周王朝的官话。孔子平时谈话时用鲁国的方言，但在诵读《诗》、《书》和赞礼时，则以官话为准。

译文

孔子在读《诗》、念《书》、行礼时，都使用标准规范的语言。

古注

朱熹注："《诗》以理情性,《书》以道政事,礼以谨节文,皆切于日用之实,故常言之。礼独言执者,以人所执守而言,非徒诵说而已也。"

7.19

叶 (shè) 公①问孔子于子路,子路不对。子曰:"女 (rǔ) 奚不曰:其为人也,发愤忘食,乐以忘忧,不知老之将至云尔。"

注释

①叶公:姓沈,名诸梁,楚国的大夫,封地在叶城(今河南叶县南)。

译文

叶公向子路问孔子是个什么样的人,子路不答。孔子说:"你为什么不这样说:他这个人,发愤读书,连吃饭都忘了,自得其乐,忘记了一切忧虑,连自己快老了都不知道,如此而已。"

今论

杨树达《论语疏证》:"孔子五十而知天命。《易系辞上传》云:乐天知命,故不忧。此云乐以忘忧,不知老之将至,殆孔子五十以后之言也。"

阅典笔记

不随便地评价别人,也是一种好习惯。

7.20

子曰:"我非生而知之者,好古,敏以求之者也。"

译文

孔子说:"我不是生来就有知识的人,而是爱好古代的东西,勤勉求学获取知识的人。"

今论

李零《丧家狗》:"(《季氏》16.9)。孔子把人的智力,按好学不好学,分为四等:'生而知之者'是上等,'学而知之者'是中等之上,'困而学之'是中等之下，'困而不学'是下等。他不承认自己是上等，只承认自己好学。好学学什么？学古代。他是以勤补拙，对于古代，求知心切，学得很来劲，如此而已。可见，他是以中等之上自居。"

阅典笔记

孔子承认世界上有天才，生下来就什么都知道，但他却否认自己是"生而知之者"。他之所以成为学识渊博的人，在于他爱好古代的典章制度和文献图书，而且勤奋刻苦，思维敏捷。这是他总结自己学习与修养的主要特点。

7.21

子不语怪、力、乱、神。

译文

孔子不谈论怪异、暴力、变乱、鬼神。

古注

朱熹注："怪异、勇力、悖乱之事，非理之正，固圣人所不语。鬼神，造化之迹，虽非不正，然非穷理之至，有未易明者，故亦不轻以语人也。"

今论

李泽厚《论语今读》："怪异、鬼神，难以明白，无可谈也，故不谈。暴力、战乱，非正常好事，不足谈也，也不谈。"

阅典笔记

没有一种生活，是仅仅包含所谓正经的事情。

7.22

子曰："三人行，必有我师焉！择其善者而从之，其不善者而改之。"

译文

孔子说："三个人一起走路，其中必定有人可以做我的老师。我选择他的优点向他学习，比对他的缺点而改掉自己的缺点。"

今 论

南怀瑾《论语别裁》："这句话听起来很平常，都懂得这个道理很对，应该这样做。可是照我们的经验，人都不肯这样做，包括我在内，人们多半有一种傲慢的心理。照孔子的态度，对比自己好的人要尊敬，向他看齐。可是发现一个比自己好的人时，由于这种傲慢心的作用，自己心里很难受。再过两秒钟，觉得自己还是比他好，于是越想自己越好。"

阅典笔记

这大概是《论语》中最著名的一句话。实践这个道理，非要有一个谦虚的态度，一个广阔的胸襟。其实只要把心胸放宽些，哪怕是一个乞丐，他们身上都有自己闪闪发光的一面，而这一面，可能恰恰是我们所缺少的。

7.23

子曰："天生德于予，桓魋 (tuí)① 其如予何？"

注 释

① 桓魋：姓向，名魋，宋国司马，宋桓公后代，因而又称桓魋。

译 文

孔子说："上天把道德赋予了我，桓魋能把我怎么样？"

背 景

前492年，孔子从卫国去陈国时经过宋国，时年60岁。司马桓魋听说以后，带兵要去害孔子。孔子在学生保护下，离开了宋国，在逃跑途中，他说了这句话。

古 注

朱熹注："魋欲害孔子，孔子言天既赋我以如是之德，则桓魋其奈我何？言必不能违天害己。"

阅典笔记

只要相信自己做的是正确的，就昂首挺胸地直视那些怀疑的目光吧！

7.24

子曰："二三子①以我为隐乎？吾无隐乎尔。吾无行而不与二三子者，是丘也。"

注释

①二三子：这里指孔子的学生们。

译文

孔子说："学生们，你们以为我对你们有隐瞒吗？我没有丝毫隐瞒。我没有什么事不是和你们一起做的。我孔丘就是这样的人。"

古注

朱熹注："诸弟子以夫子之道高深不可几及，故疑其有隐，而不知圣人作、止、语、默无非教也，故夫子以此言晓之。"

今论

李零《丧家狗》："孔子身教重于言教，讲话不是竹筒倒豆子，而是你不问他不说，重在启发，让人以为有什么藏着掖着，所以他有这一番解释。……但人真的可以毫无隐瞒吗？我很怀疑。有人说，真话可以不讲，假话一定不说，这也很难。'知无不言，言无不尽'，就连亲人也做不到。"

阅典笔记

心中坦荡，何须在意泱泱众口？

7.25

子以四教：文、行、忠、信。

译文

孔子从四个方面教育学生：文献古籍、社会实践、待人忠诚、诚实守信。

阅典笔记

孔子把教学内容分为四个部分，一个是理论知识，一个是社会实践，而剩下的两个，全都是思想品德。在孔子看来，学习是要重视书本知识的。但仅有书本知识还不够，还要重视社会实践活动。

7.26

子曰："圣人,吾不得而见之矣;得见君子者,斯可矣。"子曰："善人,吾不得而见之矣;得见有恒①者,斯可矣。亡而为有,虚而为盈,约②而为泰③,难乎有恒矣。"

注 释

①恒:恒心。②约:穷困。③泰:宽裕。

译 文

孔子说:"圣人,我是不可能看到了!能看到君子,就可以了。"孔子又说:"善人,我是不可能看到了!能见到恒心向善的人,也就可以了。没有却装作有,空虚却装作充实,穷困却装作富足,这样的人是难以恒心向善的。"

今 论

李零《丧家狗》:"孔子认为,圣人都是古人,早已死光光,根本见不着,有几个君子见见就不错了,当世的人,不是有德无位,就是有位无德,没有一个配称圣人;善人也很少,他也见不着,就像我们说的'雷锋叔叔死了',有几个坚持做好事的人就不错了。'圣人'和'善人'是理想目标,'君子'和'有恒者'是现实目标。"

阅典笔记

有时候,随着时间流逝,我们会忽略掉很多事情而只记得一些好的事情。但是,人,永远都是人。圣人什么的,几乎是不可能存在的。做好自己,做好自己想要做的事情,此生无憾,便可以了。

7.27

子钓而不纲①,弋(yì)②不射宿③。

注 释

①纲:大绳。这里作动词用。在水面上拉一根大绳,在大绳上系许多鱼钩来钓鱼,叫纲。②弋:用带绳子的箭来射鸟。③宿:指归巢歇宿的鸟。

孔子钓鱼，不用系满钓钩的大绳来捕鱼；用带丝绳的箭射鸟时，不射巢中歇宿的鸟。

今 论

李零《丧家狗》："动物保护，古代就有，比如什么时候打猎，打什么样的动物，公的母的，老的小的，都很有讲究，我国古书有很多记载，别的国家也有。这种保护，都是人本位，即从节约资源着想，而不是替动物考虑。"

阅典笔记

无论是大利，还是大义，细水长流才是王道。

7.28

子曰："盖有不知而作之者，我无是也。多闻，择其善者而从之；多见而识 (zhì) 之，知之次也。"

译 文

孔子说："有这样一种人，可能他什么都不懂却在那里凭空创造，我却没有这样做过。多听，选择其中好的东西来学习；多看，然后用心记住，这是次一等的智慧。"

古 注

朱熹注："孔子自言未尝妄作，盖亦谦辞，然亦可见其无所不知也。识，记也。所从不可不择，记则善恶皆当存之，以备参考。如此者虽未能实知其理，亦可以次于知之者也。"

今 论

南怀瑾《论语别裁》："以能问于不能，这是最聪明的办法。可是人有一个毛病，懂了以后一定喜欢表现出来。这种态度，做学者可以，真去做事，就不可以，是大忌讳，至少自己会很辛苦。上面太能干了，下面就无人才可用。……这还算好，最讨厌的是'不知而作'，自己不知道，又硬充内行，那就更严重，千万不可犯这个错误。"

阅典笔记

空的马车响声大。

7.29

互乡①难与言，童子见，门人惑。子曰："与(yù)②其进也，不与其退也。唯何甚！人洁己以进，与其洁也，不保③其往也。"

注释

①互乡：地名，具体位置已无可考。②与：赞许。③保：拘守。

译文

很难与互乡人讲话，但有一个互乡童子受到了孔子的接见，学生们感到疑惑。孔子说："我肯定他的进步，但不肯定他的退步。何必做得太过分呢？别人洁身自爱以求进步，我肯定他的做法，不要死抓住他的过去不放。"

古注

朱熹注："人洁己而来，但许其能自洁耳，固不能保其前日所为之善恶也；但许其进而来见耳，非许其既退而为不善也。盖不追其既往，不逆其将来，以是心至，斯受之耳。唯字上下，疑又有阙文，大抵亦不为已甚之意。"

今论

南怀瑾《论语别裁》："地方性的观念，常深植人心。人往往因为地域观念的偏见，而影响了对个人的评价。"

阅典笔记

只专注于过去的人，很难看到未来。

7.30

子曰："仁远乎哉？我欲仁，斯仁至矣！"

译文

孔子说："仁德难道离我们很远吗？我想达到仁德的境界，仁德就会来了。"

阅典笔记

只要树立了自己的理想，心中有理想，为理想而奋斗，那么理想就不会离自己遥远。没事多敲敲自己的脑袋，问问自己想干吗。否则，浑浑噩噩地混日子，等到后悔就来不及了。

7.31

陈司败①问："昭公知礼乎？"孔子曰："知礼。"孔子退，揖(yī)②巫马期③而进之，曰："吾闻君子不党④，君子亦党乎？君取⑤于吴，为同姓⑥，谓之吴孟子⑦。君而知礼，孰不知礼？"巫马期以告。子曰："丘也幸，苟有过，人必知之。"

注释

①陈司败：陈国主管司法的官，姓名不详。②揖：行拱手礼。③巫马期：孔子弟子。姓巫马，名施，字子期。④党：偏袒。⑤取：通"娶"。⑥为同姓：鲁国和吴国的国君同姓姬。周礼规定：同姓不婚。昭公娶同姓女，是违礼行为。⑦吴孟子：鲁昭公夫人。

译文

陈司败问："鲁昭公懂得礼吗？"孔子说："懂得礼。"孔子走后，陈司败向巫马期作揖，请他走近自己，对他说："我听说，君子是没有偏私的，难道君子还包庇别人吗？鲁君从吴国娶了夫人，因为与国君同姓，因此称她为吴孟子。如果鲁君算是懂得礼，还有谁不懂得礼呢？"巫马期把这番话告诉了孔子。孔子说："我真是幸运啊！一旦有了过错，别人一定会知道。"

今论

李泽厚《论语今读》："古同姓不婚。昭公大失礼，孔子自然知道。朱注解说最妙，表明孔子很会说话，也很'狡猾'，始终不直说君主不知礼，形象生动。"

阅典笔记

别人有错误，可以当面指出，但最好不要当着别人的面指出，更不要背着犯错误的人跟别人嚼舌头。指责别人，从而成就自己的名声并不难，难的是劝别人能够按照自己的指点改正错误。

7.32

子与人歌而善，必使反之，而后和(hè)之。

译文

孔子与别人一起唱歌，如果唱得好，一定要请他再唱一遍，然后和他一起唱。

今论

李泽厚《论语今读》："这是一种事实描述。为什么？其意义在于：音乐乃塑造情感者，要唱几遍才能使之巩固，成为情感结构。从古到今，音乐的节奏、旋律等不总有多次反复吗？这不只是为充分抒发情感，而更在于建造情感。康有为指斥程朱，颇有理。前已说自孟子即少谈音乐，程朱更甚。其实孔子当时讲究研习的正是'礼、乐'，而非'心、性'。在这方面，荀子倒更近孔子。"

阅典笔记

学无止境，达者为师。

7.33

子曰："文，莫①吾犹人也。躬行君子，则吾未之有得。"

注释

①莫：大约。

译文

孔子说："就书本知识来说，我和别人差不多，身体力行做真正的君子，我还没有做到。"

古注

谢良佐注："文虽圣人无不与人同，故不逊；能躬行君子，斯可以入圣，故不居；犹言君子道者三我无能焉。"

今论

南怀瑾《论语别裁》："古今中外，任何一方面真有成就的人，站在顶峰的人，总觉得自己很平凡。这是必然的现象，并不是有意装成的。硬是真的到了顶峰的时候，自然就觉得很平凡。而且还特别小心，觉得自己懂得的太有限，不敢以此为足。"

阅典笔记

学到很重要，做到更重要。

子曰："若圣与仁，则吾岂敢！抑为之不厌，诲人不倦，则可谓云尔已矣！"公西华曰："正唯弟子不能学也！"

译文

孔子说："如果说到圣与仁，那我怎么敢当！不过是学习不觉得厌烦，教诲别人不觉得疲倦，只能说是如此罢了。"公西华说："这正是我们所学不到的。"

古注

朱熹注："圣者，大而化之。仁，则心德之全而人道之备也。为之，谓为仁圣之道。诲人，亦谓以此教人也。然不厌不倦，非己有之则不能，所以弟子不能学也。"

◎ 子华（公西华）

今论

李零《丧家狗》："中国的客气语，有些只是客气，不能当真，但这里的话，不能这么看。我们要知道，'圣'和'仁'都是孔子心中的最高境界，绝不轻易许人。不但他的学生，谁也不够格，就连孔子本人，他也不敢当。"

阅典笔记

仁与不仁，其基础在于好学不好学，而学又不能停留在口头上，重在能行。所以学而不厌，为之不厌，是相互关联、基本一致的。

子疾病，子路请祷。子曰："有诸？"子路对曰："有之。《诔(lěi)》①曰：'祷尔于上下神祇(qí)。'"子曰："丘之祷久矣。"

注释

①《诔》：向鬼神祈福的祷文。

译文

孔子病得很严重,子路向鬼神祈祷。孔子说:"有这样的事吗?"子路说:"有的。《诔》文上说:'为你向天地神灵祈祷。'"孔子说:"我很久以前就在祈祷了。"

古注

朱熹注:"诔者,哀死而述其行之辞也。上下,谓天地。天曰神,地曰只。祷者,悔过迁善,以祈神之佑也。无其理则不必祷,既曰有之,则圣人未尝有过,无善可迁。"

今论

李零《丧家狗》:"我怀疑,孔子的话是讽刺的话。诔书是死后表示哀悼的文辞,它说的祷祠都是死者生前的事,当时孔子还活着,子路引之,很不得体,孔子听了,很生气。他说,是吗?那你为我祷病,就是很久以前的事了吧——你是盼我死呀。这是挖苦子路。"

阅典笔记

既然喜欢直率的人,为什么自己却含沙射影?

7.36

子曰:"奢则不孙 (xùn)①,俭则固②。与其不孙 (xùn) 也,宁固。"

注释

①孙:通"逊",恭顺。②固:简陋、鄙陋。

译文

孔子说:"奢侈会越礼,节俭会寒酸。与其越礼,宁可寒酸。"

阅典笔记

有的时候,穷奢与过俭,都是社会环境造就的。当这两种过于极端的生活成为社会常态时,这个社会就危险了。

7.37

子曰:"君子坦荡荡,小人长戚戚。"

译 文

孔子说："君子心胸宽广，小人经常忧愁。"

今 论

李零《丧家狗》："君子于人无所不容，故襟怀坦荡。小人成天算计别人，故老是一肚子牢骚。"

阅典笔记

坦荡是因心胸宽广，忧伤是因利益往来。

7.38

子温而厉，威而不猛，恭而安。

译 文

孔子温和而又严厉，威严而不凶猛，恭敬而又安祥。

古 注

朱熹注："人之德性本无不备，而气质所赋，鲜有不偏，惟圣人全体浑然，阴阳合德，故其中和之气见于容貌之间者如此。门人熟察而详记之，亦可见其用心之密矣。抑非知足以知圣人而善言德行者不能也，故程子以为曾子之言。学者所宜反复而玩心也。"

阅典笔记

只温和不严厉，规矩不成规矩；只严厉不温和，别人就都被吓跑了。没有威严，就镇不住别人；但是威严依靠的是道德修养和真才实学，靠暴力树立的威严，不得人心，早晚被推翻。

泰伯篇

第八

本篇共计 21 章，其中著名的文句有："鸟之将死，其鸣也哀；人之将死，其言也善"、"任重而道远"、"死而后已"、"民可使由之，不可使知之"、"不在其位，不谋其政"等。本篇的基本内容，涉及孔子及其学生对尧舜禹等古代先王的评价，孔子教学方法和教育思想的进一步发挥，孔子道德思想的具体内容以及曾子在若干问题上的见解。

8.1

子曰："泰伯①，其可谓至德也已矣！三以天下让，民无得而称焉。"

注 释

①泰伯：周代始祖古公亶（dǎn）父的长子、吴国始祖。

译 文

孔子说："泰伯可以说是品德最高尚的人了！他屡次把王位让给弟弟季历，老百姓都找不到合适的词句来称赞他。"

今 论

杨树达《论语疏证》："《论语》称至德者二，一赞泰伯，一赞文王，皆以其能让天下也。此孔子赞和平，非武力之义也。"

阅典笔记

不计个人得失，以苍生为重，这样的胸襟，确实令人钦佩。这样的人比那些为了一个位子打得头破血流的人高尚多了。

子曰："恭而无礼则劳①，慎而无礼则葸 (xǐ)②，勇而无礼则乱，直而无礼则绞 (jiǎo)③。君子笃 (dǔ) 于亲，则民兴于仁，故旧不遗，则民不偷④。"

注释

①劳：烦躁不安。②葸：畏缩，胆怯。③绞：尖刻刺人。④偷：不厚道。

译文

孔子说："只是恭敬却不符合礼的规范，就会烦躁不安；只是谨慎却不符合礼的规范，就会畏缩胆怯；只是勇猛却不符合礼的规范，就会鲁莽惹祸，心直口快的人不懂得礼法就会尖刻伤人。君子厚待自己的亲人，老百姓就会培养仁德；君子不遗弃老朋友，老百姓就不会对人冷漠无情了。"

古注

张载注："人道知所先后，则恭不劳、慎不葸、勇不乱、直不绞，民化而德厚矣。"

今论

南怀瑾《论语别裁》："这四点：恭、慎、勇、直，都是人的美德，很好的四种个性。但必须要经过文化教育来中和它，不得中和就成为偏激了，这四点也成了大毛病，并不一定对。"

◎ 贵黍贱桃

像刘秀做了皇帝后找老同学严光，朱元璋当了皇帝后要找老朋友田兴的确实少见。不过，打仗亲兄弟，上阵父子兵。现代社会是一个人际社会，连自己的老朋友都不认了，你还打算依靠谁？

8.3

曾子有疾，召门弟子曰："启①予足！启予手！《诗》云②：'战战兢兢（jīng），如临深渊，如履薄冰。'而今而后，吾知免③夫！小子④！"

注　释

①启：同"揩"，看。②《诗》云：以下三句引自《诗经·小雅·小旻》篇。③免：免于祸害刑戮。④小子：对弟子的称呼。

译　文

曾子生病，把自己的学生召集起来，说："看我的脚！看我的手！《诗经》上说：'小心谨慎呀，好像站在深渊旁边，好像踩在薄冰上面。'从今以后，我知道自己可以免于伤害了！弟子们！"

古　注

程颐注："君子曰终，小人曰死。君子保其身以没，为终其事也，故曾子以全归为免矣。"

今　论

李零《丧家狗》："古人劝人向道，主要手段就两条，算命和看病。重病是死亡的门口。人不知死，哪里懂得生。很多人都是大病一场，才算活明白，什么名呀利呀，全都扯淡。当然也有人，病的时候还明白，刚好没几天，就又糊涂了。"

阅典笔记

这章怎么读着，都像是曾子觉得如释重负。做人很难，随时受到各种天灾人祸的威胁，要承受各种社会压力，直到快死了才觉得如释重负。

曾子有疾，孟敬子①问②之。曾子言曰："鸟之将死，其鸣也哀；人之将死，其言也善。君子所贵乎道者三：动③容貌，斯远暴慢④矣；正颜色，斯近信矣；出辞气，斯远鄙倍⑤矣。笾 (biān) 豆之事⑥，则有司⑦存。"

注释

①孟敬子：鲁国大夫孟捷。②问：探望。③动：这里指整肃。④暴慢：粗暴无礼，懈怠不敬。⑤倍：通"背"，背离。⑥笾豆之事：指古代礼仪中的细节。⑦有司：主管具体事物的小官吏。

译文

曾子病了，孟敬子看望他。曾子对他说："鸟快死了，它的叫声是悲哀的；人快死了，他说的话是善意的。君子重视的礼仪之道有三个方面：使自己的容貌庄重严肃，就可以避免粗暴和懈怠；使自己的脸色一本正经，就接近于诚信；使自己说话的言辞和语气谨慎小心，就可以远离粗野无礼。至于祭祀和礼仪的细节，自有主管这些事务的官吏来负责。"

古注

程颐注："动容貌，举一身而言也。周旋中礼，暴慢斯远矣。正颜色则不妄，斯近信矣。出辞气，正由中出，斯远鄙倍。三者正身而不外求，故曰笾豆之事则有司存。"

今论

南怀瑾《论语别裁》："……孟敬子所问的是笾豆一类的事，而曾子所答复他的，还是在教育他，要他注重作人，从内心基本的道德修养去做。学问好、德行高以后，不论从政或者做别的事，都能得心应手。这是一个基本问题，而不是技术问题，有关技术问题可以去问那些专家。"

阅典笔记

不要等到将死之时，才放下束缚去做一些事情。其实，它们并不是那么难，给自己一些希望，一些时间。

8.5

曾子曰："以能问于不能，以多问于寡；有若无，实若虚，犯而不校 (jiào)①，昔者吾友②尝从事于斯矣。"

注释

①校：通"较"，计较。②吾友：我的朋友。一般都为指颜渊。

译文

曾子说："自己有能力却向能力差的人请教，自己知识多却向知识少的人请教；有学问却像没学问一样，知识渊博却像什么都不懂一样，被人侵犯却也不计较，从前我的朋友就是这样做的。"

古注

谢良佐注："不知有余在己，不足在人；不必得为在己，失为在人，非几于无我者不能也。"

阅典笔记

总有自己不知道的东西，即使参透了《时间简史》也可能不知道大米是由水稻还是小麦加工而来的。

8.6

曾子说："可以托六尺之孤①，可以寄百里之命②，临大节而不可夺也，君子人与 (yú)？君子人也。"

注释

①托六尺之孤：孤，死去父亲的小孩叫孤。六尺，指15岁以下。托孤，受君主临终前的嘱托辅佐幼君。②寄百里之命：寄，寄托、委托。百里，方圆百里之地，指诸侯国。

译文

曾子说："可以把年幼的孤儿托付给他，可以把国家的政权托付给他，面临大事而不动摇，这样的人是君子吗？这样的人是君子啊！"

今论

李零《丧家狗》："这里说的'君子人'是辅弼明君的忠臣。第一，可以托付幼主；第二，可以托付国土；第三，事关大节能经受考验，于节不亏。林则徐说，'苟利国家生死以，岂因祸福避趋之'，就是这个意思。"

阅典笔记

做人，首先要建立信用。

8.7

曾子曰："士不可以不弘毅，任重而道远。仁以为己任，不亦重乎？死而后已，不亦远乎？"

译文

曾子说："士人不能不刚强果断，因为他责任重大，路途遥远。把实现仁德作为自己的责任，难道担子还不重大吗？直到死时才停止为之奋斗，难道路途还不遥远吗？"

今论

钱穆《论语新解》："本章以前共五章，皆记曾子语。首记曾子临终所示毕生战兢危惧之心。次及病革所举注意日常容貌颜色辞气之微。再记称述吾友之希贤而希圣。以能问于不能，是弘。大节不可夺，是毅。合此五章观之，心弥小而德弥恢，行弥谨而守弥固。以临深履薄为基，以仁为己任为量。曾子之学，大体如是。后两章直似孟子气象，于此可见学脉。"

阅典笔记

读书为了什么？为了国家！这是曾子的励志之言。当然，我们读书不一定都是为"中华之崛起"，但树立宏远的志向，磨炼坚定的意志，仍然是必须的。

8.8

子曰："兴①于《诗》，立于礼，成于乐。"

注释

①兴：开始。

译文

孔子说："修养开始于学《诗》，立身于学礼，完成于学乐。"

阅典笔记

本章里孔子提出了他从事教育的三方面内容，即诗、礼、乐，而且指出了这三者的不同作用。它要求学生不仅要讲个人的修养，而且要有全面、广泛的知识和技能。有一本书的名字很适合孔子这个命题：《艺术——让人成为人》。

8.9

子曰："民可使由之，不可使知之。"

译文

孔子说："对于老百姓，只能让他们跟着我们的意志去做，不能让他们懂得为什么要这样做。"

古注

程颐注："圣人设教，非不欲人家喻而户晓也，然不能使之知，但能使之由之尔。若曰圣人不使民知，则是后世朝四暮三之术也，岂圣人之心乎？"

今论

李零《丧家狗》："专制是古代的愚民政策，民主的名义下也有愚民政策，受骗的总是老百姓。"

阅典笔记

如果告知的信息是错误的，那比不告知原因更可怕。

8.10

子曰："好勇疾贫，乱也。人而不仁，疾之已甚，乱也。"

译文

孔子说："好勇却恨自己太穷困，就会造成祸乱。对于不仁德的人，如果嫉恨得太过分，就会出乱子。"

古注

朱熹注："好勇而不安分，则必作乱。恶不仁之人而使之无所容，则必致乱。二者之心，善恶虽殊，然其生乱则一也。"

今论

南怀瑾《论语别裁》："一个社会到了贫穷的时候，人就不要命，好勇了，是乱源。以社会的观点来看历史，一个时代好动乱，一定是在社会贫穷、经济衰落的时候，这就是所谓的'饥寒起盗心'。"

阅典笔记

有了最基本的生活保障，才能有梦想实现的空间。

8.11

子曰："如有周公之才之美，使①骄且吝，其余不足观也已。"

注释

①使：假使。

◎ 杏坛礼乐

译文

孔子说:"即使有周公那样美好的才能,如果骄傲而又吝啬,那其他方面也就不值得一看了。"

今论

李零《丧家狗》:"骄奢淫逸,为富不仁,是孔子所痛恨。孔子少时贫且贱,贵族的傲慢与偏见,让他刻骨铭心。在《论语》中,他总是批评这种傲慢与偏见,为什么?现在我明白了,他的话,有心理创伤。"

阅典笔记

若做学,先做人。

8.12

子曰:"三年学,不至于谷①,不易得也。"

注释

①谷:古代以谷作为官吏的俸禄,这里用"谷"字代表做官。

译文

孔子说:"学了三年,还不想当官,这是难得的。"

古注

杨时注:"虽子张之贤,犹以干禄为问,况其下者乎?然则三年学而不至于谷,宜不易得也。"

今论

李零《丧家狗》:"孔子并不以求仕干禄为耻,相反,他觉得,好政府,不当官,才亏了。我想,这里的意思,也许是说,学了三年,还不考虑仕途,是很难得的了。现在的研究生,有谁学习三年,不想饭辙,没有吧?第三年,全忙找工作了。这次找不到,下一次,机会更小。"

阅典笔记

没有功利心,只是为了求知而求知,这样的人往往能有大成就,无欲则刚,这是从宏观、长远的角度来看。具体而言,求学的人至少都有父母双亲,上了这么多年学还不想办法自己挣钱养家糊口,似乎也有点说不过去了。

8.13

子曰："笃 (dǔ) 信好学，守死善道。危邦不入，乱邦不居。天下有道则见 (xiàn)①，无道则隐。邦有道，贫且贱焉，耻也。邦无道，富且贵焉，耻也。"

注 释

①见：通"现"。

译 文

孔子说："坚定信念，努力学习，誓死坚持真理。不进入政局不稳定的国家，不居住在动乱的国家。国家政治清明时就出来做官，政治混乱时就隐居不出。国家政治清明，自己却仍旧贫贱，这是耻辱；国家政治混乱，自己却很富贵，这同样是耻辱。"

古 注

朱熹注："世治而无可行之道，世乱而无能守之节，碌碌庸人，不足以为士矣，可耻之甚也。"

今 论

南怀瑾《论语别裁》："如果社会渐渐上了轨道，有才能的应该对国家社会有所贡献，倘仍无法贡献，还处在贫贱中，那就是身为知识分子读书人的耻辱。如果在一个动乱，不上轨道的社会中，安享富贵，或是用各种手段，各种方法，不正当的途径取来的，这也是不对的，可耻的。"

阅典笔记

孔子不主张做无谓的牺牲，如果时机不对，宁可归隐，以另外一种方式传承自己的思想。到了孟子，就上升为"舍生取义"了。大概春秋时虽无义战，但世道还不太坏，不能通过执政直接实现自己的理想，还可以通过其他的途径；到了战国，世风全变，社会危机四伏，不用骇人之举，不能引起别人的注意和重视。

8.14

子曰："不在其位，不谋其政。"

译文

孔子说："不在那个职位上，就不考虑那职位上的事。"

今论

李零《丧家狗》："孔子说，'谋政'的前提是要有位子。没有位子，就不要进入操作状态，做各种可行性研究。……没有'位'，就不从'位'的角度考虑，也不受'位'的约束。"

阅典笔记

不需要想一些无谓的事情，放过自己，给别人一些宽容。

8.15

子曰："师挚之始①，《关雎》之乱②，洋洋乎盈耳哉！"

注释

①师挚之始：师挚，鲁国的太师，名挚。始，序曲。古代奏乐，开端叫"升歌"，一般由太师演奏，师挚是太师，所以这里说是"师挚之始"。②《关雎》之乱："始"是乐曲的开端，"乱"是乐曲的终了。"乱"是合奏乐。此时奏《关雎》乐章，所以叫"《关雎》之乱"。

译文

孔子说："从太师挚演奏的序曲开始，到最后演奏《关雎》的结尾，美妙盛大的音乐充满双耳！"

古注

朱熹注："孔子自卫反鲁而正乐，适师挚在官之初，故乐之美盛如此。"

今论

李零《丧家狗》："乐的魔力在于，它会令听者融入其中，久久不忘，不但不忘，还会在记忆中时时浮现，萦绕于耳边和脑际，裹挟着当时的情景、画面和心情，甚至温度和气味。"

阅典笔记

再美妙的事情，回味多了，也未免觉得有些萧瑟索然。

8.16

子曰："狂而不直，侗(tóng)①而不愿②，悾悾(kōng)③而不信，吾不知之矣。"

注 释

①侗：幼稚无知。②愿：质朴。③悾悾：诚恳的样子。

译 文

孔子说："狂妄又不正直，无知又不老实，表面上诚恳却不守信用，我实在无法理解这种人。"

古 注

苏轼注："天之生物，气质不齐。其中材以下，有是德则有是病。有是病必有是德，故马之蹄啮者必善走，其不善者必驯。有是病而无是德，则天下之弃才也。"

今 论

南怀瑾《论语别裁》："这三句话，也就是孔子当时看时代在变乱中，多半是这一类的人：狂而不能直，老实相而内心并不厚道；再加上非常浅薄，浅薄到没有内容，还不相信别人，也不相信自己，又不好好求学。因此孔子很感叹。事实上一个乱离的社会，这都是必然的现象。我们今天处于这个时代，看到一些人物，也有孔子同样的感叹：'吾不知之矣！'这句话很幽默，意思是说实在不知道这部历史将变成什么样子。"

阅典笔记

越是井底之蛙，越是觉得已经看到了全世界。

8.17

子曰："学如不及，犹恐失之。"

译 文

孔子说："学习知识就像总怕追赶不上似的，又担心丢掉应该学习的东西。"

李泽厚《论语今读》："既急求新知，又恐失旧识，故瞻前顾后。学如逆水行舟，不进则退也。"

阅典笔记

这是对"学而不厌"的最好解释。尤其在当代社会，知识更新飞快，随时都可能有新的思想、新的发现、新的理念，不及时更新知识储备，很快就会被淘汰。"不及"、"失之"，用在今天，真是非常形象。

8.18

子曰："巍巍乎！舜、禹之有天下也，而不与(yù)①焉！"

注 释

①与：参与、相关的意思。这里有享受的意思。

译 文

孔子说："多么崇高啊！舜和禹得到天下，却不会独享。"

古 注

刘宝楠正义："美舜、禹也。言己不与求天下而得之。"

阅典笔记

天下是天下人的天下，所谓统治者，仅仅是管家，而不是主人。

8.19

子曰："大哉！尧之为君也！巍巍乎！唯天为大，唯尧则①之。荡荡乎！民无能名焉。巍巍乎！其有成功②也！焕乎！其有文章③！"

注 释

①则：效法。②成功：大功绩。③文章：礼乐法度。

译 文

孔子说："真伟大啊！尧这样的君主。多么崇高啊！只有天最高大，只有尧才能效法天的高大。他的恩德多么广大啊！百姓们真不知道该用什么语言来表达对他的称赞。他的功绩多么崇高，他制定的礼仪制度多么光辉啊！"

今论

南怀瑾《论语别裁》："尧以前的历史，因为没有文献，没有资料的记载。所以孔子讲历史，姑且把他切断，从尧开始。我们现在研究历史，尧以前为远古史，只好从甲骨文及古物的发掘来研究。孔子叙述历史，自尧开始。"

8.20

舜有臣五人①而天下治。武王曰："予有乱臣十人②。"孔子曰："才难，不其然乎? 唐、虞③之际，于斯为盛。有妇人焉，九人而已。三分天下有其二④，以服事殷。周之德，其可谓至德也已矣。"

注释

①五人：指禹、稷（周朝始祖）、契（xiè，商朝始祖）、皋陶（gāoyáo）、伯益。②乱臣：治理天下的人才，包括周公旦、召公奭（shì，燕国始祖）、太公望（即姜子牙）、毕公高、荣公、大颠、闳（hóng）夭、散宜生、南宫适（kuò）、文王妃太姒（sì）③唐、虞：传说尧的国号叫唐，舜的国号叫虞。④三分天下有其二：周文王时期，因施行仁政，天下三分之二的地区都归附于他。

译文

舜有五位贤臣，就能治理好天下。周武王也说过："我有十个治国良臣。"孔子说："人才难得，不是这样吗? 唐、虞以下，只有周武王时人才最兴盛。但十个大臣当中有一个是妇女，实际上只有九个人而已。周文王拥有天下的三分之二，仍然侍奉商朝。周朝的道德，可以说是最高的了。"

古注

范祖禹注："文王之德，足以代商。天与之，人归之，乃不取而服事焉，所以为至德也。孔子因武王之言而及文王之德，且与泰伯，皆以至德称之，其指微矣。"

今论

南怀瑾《论语别裁》："每一个时代的治乱，最高思想的决策，几个人而已。"

阅典笔记

孔子提出了一个重要见解，就是治理天下，必须有人才，而人才是十分难得的。这在仍旧以血缘关系为主要用人原则的当时，是非常睿智的论断。

8.21

子曰："禹，吾无间(jiàn)①然矣。菲②饮食，而致孝乎鬼神；恶衣服，而致美乎黻(fú)冕③；卑宫室，而尽力乎沟洫(xù)④。禹，吾无间然矣！"

注释

①间：非议。②菲：菲薄，微薄。③黻冕：祭祀时穿的礼服叫黻，戴的帽子叫冕。④沟洫：沟渠，这里指疏导河流、治理洪水。

译文

孔子说："对于禹，我没什么可挑剔的了。他的饮食很简单，却尽力去孝敬鬼神；他的衣服很简朴，却把祭祀所用的礼服做得很华美；他自己住的宫室很低矮，却致力于疏导河流、治理洪水。对于禹，我确实没有什么挑剔的了。"

古注

朱熹注："或丰或俭，各适其宜，所以无罅隙之可议也，故再言以深美之。"

今论

李零《丧家狗》："孔子认为，这样的作为，真是无可挑剔。墨子尊禹，也是爱其勤苦和节约。"

阅典笔记

依孔子看来，禹无可挑剔。但是依别人的看法，未必如此，如注重形象礼仪的人们。

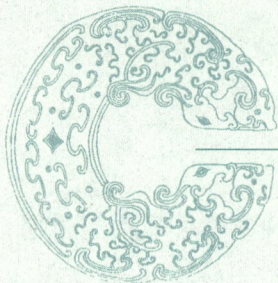

子罕篇

第九

本篇共包括 31 章。其中著名的文句有："出则事公卿，入则事父兄"、"后生可畏，焉知来者之不如今也"、"三军可夺帅，匹夫不可夺志也"、"岁寒，然后知松柏之后凋也"、"知者不惑，仁者不忧，勇者不惧"。本篇涉及孔子的道德教育思想，孔子弟子对其师的议论，此外，还记述了孔子的某些活动。

9.1

子罕①言利，与 (yù)②命，与 (yù) 仁。

注 释

①罕：稀少，很少。②与：赞同、肯定。

译 文

孔子很少谈及利益，却相信天命，赞许仁德。

今 论

杨伯峻《论语译注》："《论语》中讲'仁'虽多，但是一方面多半是和别人问答之词，另一方面，'仁'又是孔门的最高道德标准，正因为少谈，孔子偶一谈到，便有记载。不能以记载的多便推论孔子谈得也多。孔子平生所言，自然千万倍于《论语》所记载的，《论语》出现孔子论'仁'之处若用来和所有孔子平生之言相比，可能还是少的。"

阅典笔记

君子，并不是完全不追逐利，只是他们知道，利在其生命中的价值。

9.2

达巷党人①曰:"大哉孔子! 博学而无所成名。"子闻之,谓门弟子曰:"吾何执②? 执御乎? 执射乎? 吾执御矣。"

注释

①达巷党:古代 500 家为一党。达巷是党名。②执:专持。

译文

达巷党的人说:"孔子真伟大啊! 他学问渊博,并不是以某种专长而成名。"孔子听说了,对他的学生说:"我专长于哪个方面呢? 是驾车呢? 还是射箭呢? 我专长驾车好了。"

今论

南怀瑾《论语别裁》:"他这个'执御'的驾驶人,意思是要领导文化,作一个历史时代的先驱者。所以弟子们把他这句话记下来,是有深意的,并不是对不要紧的话都死记不忘。"

李零《丧家狗》:"我的理解不一样,我觉得,达巷党人的话,明明是讥刺,它是说,孔子这么博学,却不能以专精成家之名,岂不是白学了。孔子的回答很巧妙,他拿射、御打比方。古代战车,射手和御手相互配合,分工不一样,

匡人解围

射手是瞄着固定的目标射，盯着的是一个点，御不是这样，它是拉着射箭的人到处跑，只有到处跑，才能找到合适的目标。博和精，最好两全，但博与精，两选一，他宁肯选博。这是替博辩护。孔子是通人，而不是蔽于一曲的专家。我喜欢这样的学者。"

阅典笔记

专精之学，往往偏向于技术，这为我们的生活提供了物质技术性的支持；博学，则是探讨人为什么为人，是为我们提供精神方面的指引。

9.3

子曰："麻冕①，礼也；今也纯②，俭③，吾从众。拜下④，礼也；今拜乎上，泰⑤也。虽违众，吾从下。"

注 释

①麻冕：麻布制成的礼帽。②纯：黑色的丝。③俭：俭省，麻冕费工，用丝则俭省。④拜下：根据礼的规定，臣子面见君主前，先在堂下跪拜，再到堂上跪拜。⑤泰：骄纵、傲慢。

译 文

孔子说："用麻布制成的礼帽，符合礼的规定；现在大家都用黑丝制作，这样更节俭，我赞成大家的做法。臣子拜见君主，先在堂下跪拜，这也是符合于礼的；现在大家都到堂上跪拜，这就太骄纵了。即使违背了大家的做法，我还是主张先在堂下拜。"

古 注

程颐注："君子处世，事之无害于义者，从俗可也；害于义，则不可从也。"

今 论

南怀瑾《论语别裁》："孔子当时所处时代的情势，可以说和我们今日所处的环境是相同的。人与人之间的礼貌，都流于形式，只重外表不重精神。甚至外表的形态上也成问题，譬如现在的敬礼，变成纯粹的招呼，就是打个招呼而已。"

阅典笔记

并不是所有先辈留下的都是优秀的，好的需要传承，不好的需要改进。

9.4

子绝四：毋(wú)①意②，毋必③，毋固④，毋我⑤。

注释

①毋：通"无"。②意：凭空猜想、猜疑。③必：必须如此，不知变通。④固：固执己见。⑤我：自以为是。

译文

孔子杜绝了四种毛病：不凭空猜疑，不毫无变通，不固执己见，不自以为是。

今论

李零《丧家狗》："这是孔子的四戒。他的想法很好，但实际做起来很难。任何科学研究都离不开想象，也离不开判断。有想象就会存'意'、'我'，有判断就会有'固'、'必'，尤其是小学问。"

阅典笔记

戒"意"，并不是限制想象力的丰富，一个好点子往往是成功的前提，但光有想法还不成，还要重调查，重实践；戒"必"，并不是说原则不重要，而是在讲原则的前提下，随机应变；戒"固"、"我"，则是说广开言路，兼听则明。

9.5

子畏于匡①。曰："文王既没，文不在兹②乎？天之将丧斯文也，后死者③不得与(yù)④于斯文⑤也；天之未丧斯文也，匡人其如予何？"

注释

①畏于匡：匡，在今河南省长垣县西南。畏，受威胁。②兹：这里，指孔子自己。③后死者：孔子这里指自己。④与：这里指掌握。⑤文：指礼乐制度。

译文

孔子被匡地的人们围困，他说："周文王死了以后，周代的礼乐文化不都体现在我的身上吗？上天如果想要毁灭这种文化，那我就不应该掌握这种文化；上天如果不想毁灭这种文化，那么匡人又能把我怎么样呢？"

前496年，孔子从卫国到陈国去经过匡地。匡人曾受到鲁国阳货的掠夺和残杀。孔子的相貌与阳货相像，匡人误以为孔子就是阳货，所以将他围困。

古注

马融注："文王既没，故孔子自谓后死者。言天若欲丧此文，则必不使我得与于此文；今我既得与于此文，则是天未欲丧此文也。天既未欲丧此文，则匡人其奈我何？言必不能违天害己也。"

今论

钱穆《论语新解》："孔子临危，每发信天知命之言。盖孔子自信极深，认为己之道，即天所欲行于世之道。自谦又甚笃，认为己之得明于此道，非由己之知力，乃天意使之明。此乃孔子内心诚感其如此，所谓'信道笃而自知明'，非于危难之际所能伪为。"

阅典笔记

物竞天择。

9.6

太宰①问于子贡曰："夫子圣者与？何其多能②也？"子贡曰："固天纵③之将(jiāng)④圣，又多能也。"子闻之，曰："太宰知我乎！吾少也贱，故多能鄙事⑤。君子多乎哉？不多也。"

注释

①太宰：官名，本指天子的六卿之一，辅佐帝王治理国家，掌管百官。春秋时吴、陈、鲁、宋等国也设有太宰。②能：技艺。③纵：让，使，不加限量。④将：大。⑤鄙事：这里指技艺。

译文

太宰问子贡说："孔夫子是位圣人吧？为什么他多才多艺？"子贡说："这本是上天让他成为大圣人，同时使他多才多艺。"孔子听说后，说："太宰怎么会了解我呢！我因为少年时地位低贱，所以会许多卑贱的技艺。君子会掌握这么多的技艺吗？不会的。"

古 注

朱熹注："由少贱故多能，而所能者鄙事尔，非以圣而无不通也。且多能非所以率人，故又言君子不必多能以晓之。"

今 论

李零《丧家狗》："人们出于对伟人的崇拜，宁可违背伟人本身的意愿，特别是伟人死后，伟人已无法讲话，谁敢出来反对，将会承受巨大压力。这是伟人的悲哀。孔子的学生对孔子的崇拜也是如此。他们读孔子的书，听孔子的话，做孔子的好学生，但在事关孔子名誉的问题上，他们是坚决不照他老人家的指示办事。"

阅典笔记

世界上没有卑贱的行业，君子是心灵上的存在。

9.7

牢①曰："子云：'吾不试②，故艺。'"

注 释

①牢：郑玄说此人系孔子的学生。有说姓琴，名牢，字子开，一字子张，又称琴张，卫国人。②试：用。这里指用世，做官。

译 文

子牢说："孔子说过：'我没有做官，所以学了许多技艺。'"

今 论

李零《丧家狗》："孔子出身卑贱，51 岁以前，没机会做官，有很多时间学习，所以本事很多。这段话和上一段话似乎有关。"

阅典笔记

这一章与上一章的内容相关联，孔子的意思是：因为我没做官，所以有很多很多的空闲时间可以用来学习，久而久之，我的学问就更大了。

9.8

子曰："吾有知乎哉？无知也。有鄙夫①问于我，空空②如也；我叩③其两端④而竭焉。"

注释

①鄙夫：孔子称乡下人、社会下层的人。②空空：通"悾悾"，诚恳的样子。③叩：叩问、询问。④两端：这里指事物的两极，

译文

孔子说："我有知识吗？其实没有知识。有个乡下人问我一些问题，我什么都不知道。我从事物的两个方面去问问题，这样就对问题有了明确的答案。"

今论

李零《丧家狗》："孔子认为，'下愚'是无法改变的（《阳货》17.3）。我怀疑，他是说，在傻瓜面前，我一无所知。"

阅典笔记

有一些人，每天大言不惭地发表着各种毫无用处、毫无见解的空话，却自以为高明，甚至这种话说得久了，自己都觉得自己这是高瞻远瞩。

9.9

子曰："凤鸟①不至，河不出图②，吾已矣夫！"

注释

①凤鸟：传说凤鸟在舜和周文王时代都出现过，它的出现标志着盛世到来。②河不出图：传说在上古伏羲氏时代，黄河中有龙马背负八卦图而出。它的出现同样标志着盛世到来。

译文

孔子说："凤凰不到来，河图不出现，我这一生要结束了吧！"

古注

何晏注："孔氏曰：圣人受命，则凤鸟至，河图出。今天无此瑞。吾已矣夫者，伤不得见也。"

今论

南怀瑾《论语别裁》："……孔子的感叹就是说像'凤鸟至'、'河出图'这样两个了不起的时代，再不会出现了。换言之，他虽想挽救这个变乱的时代而达到太平，但自己想想年纪大，也办不到了。这段表示孔子文化修养的

高超，做事作人，挽救历史时代是那么热忱，那么有心，可是他觉得时间不属于他，大有力不从心的感慨。"

阅典笔记

孔子一生为了自己的理想奋斗不休，及至暮年，虽然少了当年"我辈不出，如苍生何"的气魄，虽然心灰意冷无可奈何，但是也并没有放弃他的信念。

9.10

子见齐 (zī) 衰 (cuī)①者、冕衣裳者②与瞽 (gǔ) 者③，见之，虽少，必作④；过之，必趋⑤。

注释

①齐衰：丧服，古时用麻布制成。②冕衣裳者：冕，官帽；衣，上衣；裳，下服。这里统指官服，冕衣裳者指贵族。③瞽者：盲人。④作：站起来，表示敬意。⑤趋：低头弯腰，小步快走，表示敬意。

译文

孔子遇见穿丧服的人、穿官服的人和盲人，即使他们年轻，孔子也一定要站起来；从他们面前经过时，一定要快步而行。

今论

南怀瑾《论语别裁》："这里就说到孔子对礼仪的重视。他看到有丧事的人，心里发生一种同情心，态度也随之肃然。至于对第二点冕衣裳，穿制服的人，执政的人为什么这样呢？因为执政者的制服代表了国家的体制，就等于我们现在看到国旗，自然肃敬。对于瞽者，就是对可怜的人，范围扩大包括了残废的人，看到这种人，心里自然肃然起来。"

阅典笔记

孔子行礼，大概确实与后世我们的行礼不一样。我们的"礼"，常常纠缠于形式，比如谁见谁没打招呼，下属对上司不恭敬，等等。

而孔子所行之礼，虽然也是一种形式，但是这种形式却要求发自内心。孔子每每谈到礼，必然要谈人心。对于不懂礼的人，他一定是批评这个人不仁，而不是什么不懂规矩。

9.11

　　颜渊喟 (kuì)①然叹曰："仰之弥 (mí)②高，钻之弥坚，瞻 (zhān) 之在前，忽焉在后！夫子循循然善诱人，博我以文，约我以礼，欲罢不能。既竭吾才，如有所立卓尔③。虽欲从之，末由④也已！"

　　①喟：叹息的样子。②弥：更加。③卓尔：高大的样子。④末由：这里是没有办法的意思。

译文

　　颜渊感叹地说："老师的学说，我越仰望越觉得高大，越钻研越觉得坚实。看着它好像在前面，忽然又像在后面。老师善于一步步地诱导我，用各种典籍充实我，又用各种礼节来约束我，使我想停止学习都不可能。我已经用尽了我的才能，好像有一个十分高大的东西立在我前面，即使我想要追随上去，却没有前进的路径了。"

今 论

　　南怀瑾《论语别裁》："……学问真正好的人，最后是最平凡。如感觉到不凡，那是犯了'自命不凡'的毛病，有了这种心理，就可见这个人有限。真正了不起的人，看起来是最平凡的，所以在哲学的观点上，就有'大智若愚'的说法。如果真有学问的人，学问到了家，自己又变成很平凡、很普通，不'自命不凡'，那就是颜回所讲孔子这四句话的境界。"

阅典笔记

　　过大的压力，往往让人看不到希望。

9.12

　　子疾病，子路使门人为臣①。病间 (jiàn)②，曰："久矣哉，由之行诈也！无臣而为有臣，吾谁欺？欺天乎？且予与其死于臣之手也，无宁③死于二三子之手乎！且予纵不得大葬④，予死于道路乎？"

注 释

①臣：治丧的专人。②病间：病痊愈或好转。③无宁：宁可。"无"是发语词，没有意义。④大葬：指大夫的葬礼。

译 文

孔子患了重病，子路派孔子的学生充当治丧的家臣。孔子病好些后说："仲由弄虚作假，已经很久了！我明明不应当有治丧的家臣，却偏偏设立了。我骗谁呢？我骗上天吧？况且我与其在家臣的侍候下死去，还不如在你们这些学生的侍候下死去！我纵然不能用士大夫那样隆重的葬礼，难道就会死在路边没人管吗？"

古 注

杨时注："非知至而意诚，则用智自私，不知行其所无事，往往自陷于行诈欺天而莫之知也。其子路之谓乎？"

今 论

南怀瑾《论语别裁》："有时候当一个领导人，往往会被部下捧坏了。根据过去的经验，我们自己并不想这样，下面的人会把我们捧成这样。尤其是年轻的朋友们要注意，假使将来有那样的地位，要留心被别人捧，到了那样地位，别人都说你的话说得对，都对你说'是的'。这时你要考虑，不要给人捧坏了。历史上有很多人，到了某一阶段会昏了头，就是被下面捧坏的。"

阅典笔记

历史上有很多人，功成名就，但晚节不保，比如篡改遗诏的李斯，坐着32抬大轿的张居正，最后都没有好结果。孔子虽然这时已经去职，但手下有3000弟子，可能比一个小诸侯国的人口还要多。能在这个时候保持清醒的头脑，实在是不容易啊！

9.13

子贡曰："有美玉于斯，韫(yùn)椟(dú)①而藏诸，求善贾(gǔ)②而沽诸？"子曰："沽(gū)③之哉！沽之哉！我待贾者也！"

注 释

①韫椟：收藏物件的匣子。②善贾：识货的商人。③沽：卖。

译 文

子贡说："这里有一块美玉，是把它藏在匣子里呢？还是找一个识货的商人卖了呢？"孔子说："卖掉吧！卖掉吧！我正在等着识货的买主呢。"

古 注

王弼注："重言沽之哉，卖之不疑也。故孔子乃聘诸侯以急行其道也。"

今 论

杨伯峻《论语译注》："'待贾'便是'等好价钱'。不过与其说孔子是等价钱的人，不如说他是等识货的人。"

阅典笔记

倘若千里马是藏在人烟绝迹的地方，即使有再多的伯乐又能怎么样呢？

◎ **子贡（端木赐）**

9.14

子欲居九夷①。或曰："陋，如之何！"子曰："君子居之，何陋之有？"

注 释

①九夷：中国古代对于东方少数民族的通称。②陋：简陋。引申为文化闭塞。

译 文

孔子想要搬到九夷之地去居住。有人说："那里非常粗陋闭塞，怎么能住呢？"孔子说："君子居住的地方，怎么会粗陋呢？"

古 注

刘宝楠正义："君子所过者化，所存者神。故君子居之，则能变其旧俗，习以礼仪。"

阅典笔记

山不在高，有仙则名。

9.15

子曰："吾自卫反鲁①，然后乐正②，《雅》《颂》③各得其所。"

注释

①自卫反鲁：指孔子从卫国返回鲁国。反，通"返"。②乐正：整理乐曲。③雅颂：最初是乐曲分类的类名。《雅》乐是周天子王城附近的音乐，《颂》乐用于宗庙祭祀，节奏缓慢，乐调庄严肃穆。

译文

孔子说："我从卫国返回到鲁国，然后音乐才得到整理，《雅》乐和《颂》乐各有适当的安排。"

今论

李零《丧家狗》："孔子是个音乐迷，他特别喜欢古典音乐，并拿这些音乐教学生。他说的礼教，是以诗教开头，而以乐教收尾（《泰伯》8.8）。乐教是最高层次。"

阅典笔记

欲望不能消弭，只能控制。知道什么事更加重要，才是为人之道。

9.16

子曰："出则事公卿，入则事父兄，丧事不敢不勉，不为酒困，何有于我哉！"

译文

孔子说："外出做官就侍奉公卿，回家安居就侍奉父兄，办丧事不敢不尽力，不因喝酒而误事，这对我来说有什么困难呢？"

阅典笔记

中国人"酒桌政治"的习惯不知道是从什么时候养成的。孔子那个时代说不因酒误事，说的是少喝；至于当代，则是说要有一个好酒量。

◎ 在川观水

9.17

子在川上曰："逝者①如斯夫！不舍昼夜。"

注释

①逝者：逝去的光阴。

译文

孔子在河边说："逝去的时光就像这河水一样啊！不分昼夜地向前流去。"

古注

康有为注："天运而不已，水流而不息，物生而不穷，运乎昼夜未尝已也，往过来续无一息也。是以君子法之，自强不息。"

今论

南怀瑾《论语别裁》："'君子以自强不息'是教我们效法宇宙一样，即如孔子所说'逝者如斯'，要效法水不断前进。"

阅典笔记

就像朱自清说的："洗手的时候，日子从水盆里过去；吃饭的时候，日子从饭碗里过去；默默时，便从凝然的双眼前过去。"

9.18

子曰："吾未见好 (hào) 德如好 (hào) 色者也。"

译 文

孔子说："我没有见过追求道德像追求女色那样努力的人。"

今 论

李泽厚《论语今读》："好色之色亦可作宽泛解，不必止于女色，一切过度之华美文饰均是。"

阅典笔记

看不到的东西总是让人没有安全感。如花美眷终敌不过似水流年，而道德理想却可享用一生一世乃至后世后辈。

9.19

子曰："譬如为山，未成一篑 (kuì)，止，吾止也！譬如平地，虽覆一篑 (kuì)，进，吾往也！"

译 文

孔子说："比如用土堆山，只差一筐土就完成了，这时停下来，那是我自己要半途而废；比如在平地上堆山，即使仅仅刚倒下一筐土，但有志于坚持下去，那也是我自己要前进的。"

古 注

朱熹注："山成而但少一篑，其止者，吾自止耳；平地而方覆一篑，其进者，吾自往耳。盖学者自强不息，则积少成多；中道而止，则前功尽弃。其止其往，皆在我而不在人也。"

今 论

南怀瑾《论语别裁》："这里他所强调的，是指一切的作为，其成功或失败，都在于一个人自己，不要推之于外来的因素。外来因素之所以形成，也是自己本身的关系。"

阅典笔记

有时候，少堆一筐土也可能是大错误的戛然而止，多堆一筐土也可能是错误的端倪。

9.20

子曰："语之而不惰者，其回也与！"

译文

孔子说："听我说话而能毫不懈怠的，只有颜回一个人吧！"

古注

范祖禹注："颜子闻夫子之言，而心解力行，造次颠沛未尝违之。如万物得时雨之润，发荣滋长，何有于惰，此群弟子所不及也。"

9.21

子谓颜渊，曰："惜乎！吾见其进也，未见其止也！"

译文

孔子评价颜回时说："可惜呀！我只看见他不断进步，从未看见他停止！"

9.22

子曰："苗而不秀①者有矣夫！秀而不实者有矣夫！"

注释

①秀：稻、麦等庄稼吐穗扬花叫秀。

译文

孔子说："庄稼发芽却不能吐穗扬花的情况是有的！吐穗扬花而不结果实的情况也有！"

今论

李泽厚《论语今读》："不韧性坚持，便常如此。常见年轻人稍有成就即沾沾自喜甚至骄傲自大，很快便不再长进，终于无成。无果实的花朵，绚灿惑人，一时而已。"

阅典笔记

并不是所有的努力都会取得成功，但是很多经过努力取得的成功，总会使所有的苦难成为甜蜜。

9.23

子曰："后生可畏,焉知来者之不如今也? 四十、五十而无闻焉,斯亦不足畏也已!"

译 文

孔子说："年轻人是让人敬畏的,怎么就知道后一代赶不上前一代呢? 如果到了四五十岁时还默默无闻,那他就没有什么可以敬畏的了。"

古 注

朱熹注："孔子言后生年富力强,足以积学而有待,其势可畏,安知其将来不如我之今日乎? 然或不能自勉,至于老而无闻,则不足畏矣。言此以警人,使及时勉学也。曾子曰:'五十而不以善闻,则不闻矣',盖述此意。"

阅典笔记

年龄只是符号,并不是心,老了依然可以学习。

9.24

子曰："法①语之言,能无从乎? 改之为贵。巽(xùn)与之言②,能无说(yuè)③乎? 绎(yì)④之为贵。说而不绎,从而不改,吾末⑤如之何也已矣!"

注 释

①法:严肃而符合原则。②巽:通"逊",恭顺谦逊。③说:通"悦"。④绎:原义为"抽丝",这里指推。⑤末:没有。

译 文

孔子说："合乎礼法的正言规劝,谁能不听从呢? 但改正自己的错误才是可贵的。恭顺谦逊的话,谁听了不高兴呢? 但认真推究这些话是否对自己有帮助才是可贵的。只知道高兴而不去分析,只是表示听从而不改正错误,这种人我拿他实在没有办法了。"

古 注

杨时注："法言,若孟子论行王政之类是也。巽言,若其论好货好色之类是也。语之而未达,拒之而不受,犹之可也。其或喻焉,则尚庶几其能改绎矣。从且说矣,而不改绎焉,则是终不改绎也已,虽圣人其如之何哉?"

认识自己，保持谦逊。

9.25

子曰："主忠信，毋 (wú) 友不如己者，过则勿惮 (dàn) 改。"

参见 1.8 章。

9.26

子曰："三军可夺帅也，匹夫不可夺志也。"

译文

孔子说："人数众多的军队，可能被夺去主帅；但一个普通人的志向，却不能被强迫改变的。"

今论

李零《丧家狗》："人是非常脆弱的，常常不能左右环境，更无法跟命运较劲，无可奈何之下，总是认败服输、屈服妥协，或承认现实，或回避现实，求神问鬼，堕入空门。如果你在现实中无奈，又不像愚夫愚妇，可以求神问鬼，怎么办？只有一条，就是这两句话。它不是阿Q精神，不是精神胜利法，而是精神上的抵抗，即使没有任何依赖和支援，也绝不向恶势力低头。"

阅典笔记

每个人都有独立人格，任何人无权侵犯。作为个人，他应维护自己的尊严，不受威胁利诱，始终保持自己的"志向"。这就是中国人的"人格"观念。

9.27

子曰："衣 (yì)① 敝缊 (yùn)② 袍，与衣 (yì) 狐貉 (hé)③ 者立，而不耻者，其由也与！'不忮 (zhì) 不求，何用不臧（zāng）？④'"子路终身诵之。子曰："是道也，何足以臧？"

注 释

①衣：穿。②缊：这里指旧衣服。③狐貉：泛指名贵的皮毛。④不忮不求，何用不臧：《诗经·邶风·雄雉》中的句子。

译 文

孔子说："穿着破旧的丝棉袍子，与穿着名贵皮毛大衣的人站在一起，却不感到耻辱的人，大概只有仲由吧！《诗经》上说：'不嫉妒，不贪求，为什么不好呢？'"子路于是总是反复叨念这两句诗。孔子又说："只做到这样，怎么能说够好了呢？"

古 注

谢良佐注："耻恶衣恶食，学者之大病。善心不存，盖由于此。子路之志如此，其过人远矣。然以众人而能此，则可以为善矣；子路之贤，宜不止此。而终身诵之，则非所以进于日新也，故激而进之。"

今 论

李泽厚《论语今读》："孔子对子路的教育方法是：当人们满足其学问、道德时，便又猛击一掌，使之继续前行。所谓'天行健，君子以自强不息'也。"

阅典笔记

只要破衣服下面穿的是人。

9.28

子曰："岁寒，然后知松柏之后凋也。"

译 文

孔子说："天冷了，才知道松柏是最后落叶的。"

古 注

谢良佐注："士穷见节义，世乱识忠臣。欲学者必周于德。"

今 论

南怀瑾《论语别裁》："人生要在最后看结论，人要在艰难困苦中才看得到他的人格，平常看不出来。"

阅典笔记

人是要有风骨的，要像松柏一样，经历岁月的砥砺、磨洗、锤炼，经受人生严酷的考验。只有这样的人，才可谓一代豪杰。

子曰："知 (zhi) 者不惑，仁者不忧，勇者不惧。"

译文

孔子说："聪明的人不会迷惑，有仁德的人不会忧愁，勇敢的人不会畏惧。"

今论

李零《丧家狗》："仁者的境界是'不忧'。现在的我们，反而把'忧患意识'挂在嘴边。'不忧'是很平凡的字眼，也是很崇高的境界。"

阅典笔记

只要有心就会有弱点，没有绝对的勇者。

9.30

子曰："可与共学，未可与适道①；可与适道，未可与立②；可与立，未可与权③。"

注释

①适：往，到……去。②立：坚持道而不变。③权：秤锤。这里引申为变通。

译文

孔子说："能一起学习的人，未必能一起达到道的要求；能一起达到道的要求的人，未必能一起坚守道；能一起坚守道的人，未必能一起随机应变。"

古注

朱熹注："先儒误以此章连下文偏其反而为一章，故有反经合道之说。程子非之，是矣。然以孟子嫂溺援之以手之义推之，则权与经亦当有辨。"

今论

李零《丧家狗》："这是讲学习的境界。第一是学道，即所谓'共学'；第二是适道，即追求道；第三是守道，即所谓'立'；第四是用道，即所谓'权'。同样是学生，很多人都只能做到前面的某一步，却达不到最后一步。"

阅典笔记

对应四个学习的境界，则有四种人际关系，即同学、同适、同立、同权。朋友不必分出个三六九等各种类别，但是自己的人生路途上，必然会很自然地筛选出不同类别的朋友。

9.31

"唐棣 (dì)①之华，偏其反 (fān) 而②。岂不尔思，室是远而③。"子曰："未之思也，夫何远之有？"

注 释

①唐棣：一种植物，属蔷薇科，落叶灌木。②偏其反而：形容花摇动的样子。③室是远而：只是住的地方太远了。

译 文

有一首诗这样写道："唐棣的花朵啊，翩翩地摇摆。岂是我不想念你？只是你家实在太远了。"孔子说："他还是没有真的想念，如果真的想念，有什么遥远的呢？"

古 注

程颐注："圣人未尝言易以骄人之志，亦未尝言难以阻人之进。但曰'未之思也，夫何远之有？'此言极有涵蓄，意思深远。"

今 论

南怀瑾《论语别裁》："唐棣之花的四句诗，它包含有两个意思。第一是说前面有一朵花，真是好看，可惜偏向了一点。第二是映射偏差的过失，是由自己不注意去深思所致。"

阅典笔记

世上最远的距离，永远不会是两颗相爱之心的距离。

乡党篇

第十

本篇共 27 章，集中记载了孔子的容色言动、衣食住行，颂扬孔子是个一举一动都符合礼的正人君子。例如孔子在面见国君、大夫时的态度，他出入于公门和出使别国时的表现，都显示出正直、仁德的品格。本篇中还记载了孔子日常生活的一些侧面，为人们全面了解孔子提供了生动的素材。

10.1

孔子于乡党，恂 (xún) 恂①如也，似不能言者。

其在宗庙、朝廷，便便 (pián)②言，唯谨尔。

注 释

①恂恂：温和而恭顺的样子。②便便：言语流畅的样子。

译 文

孔子在家乡时，温和而恭谨，好像是不太会说话的样子。

但他在宗庙里或朝廷上，却很善于言辞，只是说话谨慎而已。

古 注

康有为注："以视人之骄干乡里而讷干朝廷，何相反也。此记孔子在乡党、宗庙、朝廷言貌之不同。"

今 论

李泽厚《论语今读》："本章则记录孔子在不同人们中间的言语、态度。看来似可笑，为什么对不同等级的人讲话姿态都不同呢？其实虽今日又何莫

◎ 敬入公门

不然？对'老板'讲话和对同僚讲话，毕竟不大一样。只是在古代被规定为一种礼制而孔子忠实履行之而已。"

阅典笔记

在不同的场合，对待不同的人，应该使用适用于那个场合、那个人物的方式说话。所谓"入乡随俗"，尽量采用对方所喜爱的说话方式，往往能够取得事半功倍的社交效果。

10.2

朝 (cháo)，与下大夫①言，侃侃②如也；与上大夫言，訚訚 (yín)③如也。君在，踧 (cù) 踖 (jí)④如也，与与⑤如也。

注 释

①下大夫：大夫是诸侯之下的一个等级。其中以卿为最高一级，即"上大夫"，其余即下大夫。②侃侃：说话理直气壮、不卑不亢、温和快乐的样子。③訚訚：恭敬而正直的样子。④踧踖：恭敬而不安的样子。⑤与与：小心谨慎、威仪适中的样子。

上朝时,孔子同下大夫说话,温和欢愉;同上大夫说话,恭敬正直。君主在朝时,他恭敬而不安,但又仪态适中。

阅典笔记

言不在多,在于精。

10.3

君召使摈(bìn)①,色勃如也②;足躩(jué)③如也。揖所与立④,左右手⑤,衣前后,襜(chān)⑥如也。趋进,翼如也。宾退,必复命曰:"宾不顾矣。"

注释

①摈:通"傧",引导宾客。②色勃如也:脸色立即庄重起来。色,面色。勃如,矜持庄重的样子。③躩:快速的样子。④所与立:左右并立的人。⑤手:拱手行礼。⑥襜:整齐的样子。

译文

国君召孔子去接待宾客,孔子脸色立即庄重起来,脚步也快起来。他向和他站在一起的人作揖,向左右两边的人拱手行礼,衣服随着身体的动作前后摆动,却整齐不乱。快步前进时,像鸟儿展翅一样。宾客走后,他一定向君主回报:"客人已经不回头张望了。"

今论

李零《丧家狗》:"这是讲待客。待客要讲'体面','体'是肢体,'面'是脸色,即手脚的动作要合适,脸上的表情也要合适。"

阅典笔记

接待贵宾,是细致入微的活儿。这时候,接待者往往代表着其所属的组织,因而他的一举一动、一言一行,都代表着这个组织的精神面貌。

10.4

入公门①,鞠躬如也,如不容。立不中门②,行不履阈(yù)③。过位④,色勃如也,足躩(jué)如也,其言似不足者。摄齐(zī)⑤升堂,鞠躬如也，屏 (bǐng) 气似不息者。出，降一等⑥，逞 (chēng)⑦颜色，怡怡⑧如也。没 (mò) 阶⑨，趋进，翼如也。复其位，踧 (cù) 踖 (jí) 如也。

乡党篇第十

一六七

注 释

①公门：君门。②立不中门：不正当门中央站立。古礼的规定，中门只有尊者可以走。③履阈：脚踩门槛。④位：指君主的座位，经过之时，人君不在，座位是空的。⑤摄齐：提起衣服的下摆。⑥等：台阶。⑦逞：放开。⑧怡怡：和乐的样子。⑨没阶：走完台阶。

译 文

孔子走进朝廷大门时，谨慎恭敬地弯着身子，好像没有他的容身之地。他站立时，不会在门中间；行走时，也不踩门槛。他经过国君座位时，脸色立刻庄重起来，脚步也加快起来，说话也好像中气不足一样。他提起衣裳下摆向堂上走时，恭敬谨慎地弯着身子，憋住气好像不能呼吸一样。他退出来时，走下一级台阶，脸色才舒展开来，一幅怡然自得的样子。他走完台阶，快步前进，姿态像鸟儿展翅一样。他回到入朝时自己曾经站立的地方，举止恭敬而不安。

古 注

皇侃疏："君常所在外之位也、谓在宁屏之门揖宾之处也、即君虽不在此位、此位可尊、故臣行入、从君位边过、而色勃然、足蹜为敬也。"

阅典笔记

这一章是讲孔子上朝时的情形和态度，从始至终，孔子都神情庄重，脚步平稳，心态平和。尽管他对社会有诸多不满，但仍然忠于职守，以身作则，力图在朝堂之上做一个遵礼的典范。

10.5

执圭①，鞠躬如也，如不胜②。上如揖，下如授③。勃如战色，足蹜 (suō) 蹜④，如有循。享礼⑤，有容色。私觌 (dí)⑥，愉愉如也。

注 释

①圭：一种玉器。使臣拿着圭作为代表君主的凭信。②胜：胜任。③上如揖，下如授：指执圭时保持在正确的位置，以示尊敬。④蹜蹜：小步走路的样子。⑤享礼：献礼。指使臣受到接见后，向对方贡献礼物的仪式。⑥觌：会见。

译文

（孔子出使别国）举着圭，低头躬身，恭敬谨慎，好像举不动似的。向上举时好像在作揖，放在下面时好像是递东西给别人。脸色庄重的像战栗的样子，步子迈得又快又小，好像沿着一条直线往前走。再赠送礼品的仪式上，显得和颜悦色。和国君举行私下会见的时候，满脸笑容，显得轻松愉快了。

阅典笔记

即使私下是朋友，但是在工作的时候还是应恭敬如上司。

10.6

君子不以绀 (gàn) 缌 (zōu) 饰①。红紫不以为亵 (xiè) 服②。当暑，袗 (zhěn) 绤 (chī) 绤 (xì)③，必表④而出之。缁 (zī) 衣⑤羔裘 (qiú)⑥；素⑦衣，麑 (ní)⑧裘；黄衣狐裘。亵裘长，短右袂 (mèi)⑨。必有寝 (qǐn) 衣⑩，长一身有半。狐貉 (mò) 之厚以居⑪。去丧，无所不佩。非帷裳⑫，必杀 (shài)⑬之。羔裘玄冠⑭不以吊⑮。吉月⑯，必服而朝。

注释

①不以绀缌饰：绀，带红的黑色。缌，微带红的黑色。饰，领和袖的缘边。绀缌都是古时礼服的颜色，不能用来做缘边。②红紫不以为亵服：红紫，都是贵重的正服所用的颜色。亵服，居家常穿的便服。③袗绤绤：袗，单衣。绤，细葛布。绤，粗葛布。④表：穿在外面的衣服。这里用作动词，指加上或罩上外衣。⑤缁衣：黑色的外衣。⑥羔裘：羔皮衣。⑦素：白色。⑧麑：小鹿，白色。⑨袂：袖子。右袖短一点，是为了便于做事。⑩寝衣：被子。⑪以居：用作坐褥。⑫帷裳：上朝和祭祀时穿的礼服。⑬杀：减省。这里指加以剪裁，去除多余的布。⑭玄冠：黑色的礼貌。⑮不以吊：不用于丧事。⑯吉月：农历每月初一。一说正月初一。

译文

君子不用深青透红或黑中透红的布做边饰，不用红色或紫色的布做平常在家穿的衣服。夏天，穿粗的或细的葛布单衣，出门时一定再罩上一件外衣。黑色的外衣，内配黑羔皮裘；白色的外衣，内配小鹿皮裘；黄色的外衣，内配狐狸皮裘。平常在家穿的皮袍做得长一些，右边的袖子短一些。睡觉一定要有被子，长度相当于一个半人的身长。用毛厚的狐貉皮做坐褥。丧服期满，便没有什么饰物不能佩带。如果不是礼服，一定要剪裁。不穿着黑色的羔羊皮袍、不戴着黑色的帽子去吊丧。每月初一，一定要穿着礼服去朝拜君主。

今 论

李泽厚《论语今读》："这章讲孔子穿衣服的礼制。中国以白吊丧，黑则是好颜色。红、紫是君王用的贵重色彩，不能随便使用。'礼'的特点是'分'，分别各种等级秩序，以表示上下左右，尊卑贵贱。于是连色彩也如此划分，自远古一直延续到本世纪初，钜细无遗地统治了人们的举止行为甚至衣服穿戴，涉及社会生活的各种公私领域，太过于束缚了。似其他文化所少有，它仍源于上古巫术礼仪。所以在衣着方面的'造反'活动也可以算作一种现代思潮，晚明晚清均有此。"

阅典笔记

"人靠衣装马靠鞍"，孔子时代，就已经对衣服很有讲究了。现代虽然没有硬性规定，但在公共社交场合，一个人的衣服直接表现出这个人的气质、思想、品味等等，穿什么样的衣服，是一件不容忽视的重大事情。

10.7

齐 (zhāi)①，必有明衣②，布③。齐，必变食④，居必迁坐⑤。

注 释

①齐：通"斋"。②明衣：斋前沐浴后穿的浴衣。③布：麻布或葛布。④变食：改变平常的饮食，不饮酒，不吃荤（指葱、蒜等有刺激味的东西）。⑤迁坐：由内室迁到外室居住，不和妻妾同房。

译 文

斋戒沐浴的时候，一定要有浴衣，用布做的。斋戒的时候，一定要改变平常的饮食，不饮酒，不吃荤；住处也要变动，在正寝安歇，不与妻妾同房。

李泽厚《论语今读》："斋戒时一定要洗澡，所以有浴衣。之所以必须是布做的，以及吃素、不性交，等等，都是为了节制自己的享受和快乐，以表示忠诚、崇敬和畏惧。此乃古代巫术仪式的残存。儒家的'敬'、'畏'一直保存这种宗教性的禁欲特征，发展为宋明理学的'灭人欲存天理'的著名理论。"

阅典笔记

有束缚，才会感受到生活的美好。

10.8

食不厌①精，脍 (kuài)②不厌细。食饐 (yì)③而餲 (ài)④，鱼馁 (něi)⑤而肉败⑥，不食。色恶，不食。臭 (xiù)⑦恶，不食。失饪 (rèn)⑧，不食。不时⑨，不食。割不正⑩，不食。不得其酱⑪，不食。肉虽多，不使胜食气 (xì)⑫。唯酒无量，不及乱⑬。沽酒市脯 (fǔ)⑭，不食。不撤⑮姜食，不多食。

注释

①厌：贪求。②脍：切细的鱼和肉。③饐：陈旧。④餲：变味。⑤馁：鱼腐烂。⑥败：肉腐烂。⑦臭：通"嗅"，气味。⑧饪：指烹调制作饭菜。⑨不时：不是吃饭的时候。⑩割不正：肉切得不方正。⑪酱：古时吃鱼配以芥酱，吃肉配以醢 (hǎi) 酱。⑫气：通"饩"，粮食。⑬乱：指醉酒。⑭沽酒市脯：买酒和干肉。⑮撤：去。

译文

粮食不贪吃精细的，鱼和肉不贪吃细美的。粮食放久变味的，鱼和肉腐烂的，都不吃。食物的颜色变坏了，不吃。气味变臭了，不吃。烹调不当，不吃。不是吃饭的时间，不吃。肉切得不方正，不吃。配酱搭得不适当，不吃。席上的肉虽多，但吃的量不要超过米面的量。只有酒没有限制用量，但不喝醉。买来的酒和肉干，不吃。每餐不能没有姜，但也不多吃。

古注

谢良佐注："圣人饮食如此，非极口腹之欲，盖养气体，不以伤生，当如此。然圣人之所不食，穷口腹者或反食之，欲心胜而不暇择也。"

李零《丧家狗》："中国人吃喝考究，有很多长处，但现在大吃二喝，划拳行令，转圈敬酒（强人所难，还叫什么敬），借酒撒疯，乱起哄，吃不成饭，实在讨厌。"

阅典笔记

国家发展了，变强了，讲究生活品质无可厚非，只要不苛求到需要付出代价便可以了。

10.9

祭于公，不宿肉①。祭肉不出三日。出三日，不食之矣。

注 释

①宿肉：过夜的肉。古代大夫参加国君祭祀以后，可以得到国君赐的祭肉。但祭祀活动一般要持续两三天，所以这些肉就已经不新鲜，不能再过夜了。

译 文

孔子参加国君祭祀典礼时分到的肉，不能留到第二天。祭祀用过的肉不超过三天；超过三天，就不吃了。

10.10

食不语，寝不言。

译 文

吃饭的时候不说话，睡觉的时候也不说话。

今 论

李零《丧家狗》："吃饭不说话，上床也不说话，太压抑。我讨厌借酒撒疯，但也不喜欢闷头吃饭。吃饭是享受，不像汽车加油，只是补充能量。饭桌上谈话，也是享受，边吃边谈，肠胃享受，大脑也享受。当然，说话和吃饭，时间怎么搭配，节奏怎么掌握，也要讲究。营养学家说，胃和大脑，互相会打架，打的结果，是胃受伤，脑子倒没事。话可以说，但别半天夹一口。说起来，没完没了。现存，谈生意，拉关系，全在饭桌上，有人光顾说话，还不断接手机，打手机，吃了半天，吃什么，不知道，吃多少，也不知道。这样吃饭也没劲。"

阅典笔记

工作的时候认真工作，放松的时候专心放松。

10.11

虽疏食、菜羹(gēng)①、瓜祭②，必齐(zhāi)③如也。

注 释

①菜羹：用菜做成的汤。②瓜祭：古人在吃饭前，把席上各种食品分出少许，放在食具之间祭祖。③齐：通"斋"。

译 文

即使是吃粗粮、喝菜汤，吃饭前也要把它们取出一些来祭祖，而且一定要像斋戒时那样严肃恭敬。

◎ 观乡人射

古注

朱熹注："古人饮食，每种各出少许，置之豆闲之地，以祭先代始为饮食之人，不忘本也。齐，严敬貌。孔子虽薄物必祭，其祭必敬，圣人之诚也。此一节，记孔子饮食之节。"

阅典笔记

凡事只要尽力就好，不需要攀比，心到自然诚。

10.12

席不正，不坐。

译文

席子放得不端正，不坐。

古注

谢良佐注："圣人心安于正，故于位之不正者，虽小不处。"

阅典笔记

也许有人会觉得"席不正，不坐"未免太过于吹毛求疵。其实不然。当大多数的人抛弃正确的"是非善恶"观念，便造成世风日下、人心不古的局面。人人为一己之私可以互相争斗，尔虞我诈，做一些损人不利己之事，葬送的是传统淳朴的民风。因此，别再轻忽自己一时放纵的言行，要守住做人的根本，真诚、善良、坚忍，那便是对得起个人的生命意义。

10.13

乡人饮酒①，杖者②出，斯出矣。

注释

①乡人饮酒：指行乡饮酒礼。②杖者：拿拐杖的人，指老年人。

译文

行乡饮酒礼仪结束后，要等老年人先出去，自己才能出去。

皇侃疏："乡人饮酒，谓乡饮酒之礼也。礼，五十杖于家，六十杖于乡，故呼老人为杖者也。乡人饮酒者贵龄崇年，故出入以老人者为节也。"

阅典笔记

尊老敬老是中华民族的传统美德。有敬老之心，才有尊敬老人的行为。尤其在当代，社会的飞速发展加快了不同年龄人群之间的代沟，年轻人与老人常常不能沟通，不能相互理解。在这种环境下，更要提倡尊老敬老的品德。

10.14

乡人傩 (nuó)①，朝服而立于阼 (zuò) 阶②。

注 释

①傩：古代驱逐疫鬼的一种仪式。②阼阶：东面的台阶。主人立在大堂东面的台阶，在这里欢迎客人。

译 文

乡里人举行驱逐疫鬼的仪式时，孔子总是穿着朝服站在东边的台阶上。

阅典笔记

古代习俗，在节日和祭祀的仪式结束后，要举行傩舞，即迎神和驱除疫鬼的活动。《周礼》中记载，周朝夏官方相氏，披熊皮，执戈持盾，带着绘有四只金黄色眼睛的面具，率领百隶，口中发出傩傩的声音，替乡民祛除疫鬼。

10.15

问①人于他邦，再拜而送之②。

注 释

①问：送礼问候。②再拜：拜两次，以表示对问候之人的敬重。

译 文

派使者向在其他诸侯国的朋友送礼问候，送别使者时拜两次。

10.16

康子馈 (kuì) 药，拜而受之。曰："丘未达，不敢尝。"

译文

季康子给孔子赠送药品，孔子拜谢之后接受了，说："我对药性不了解，不敢尝。"

古注

范祖禹注："凡赐食，必尝以拜。药未达则不敢尝。受而不饮，则虚人之赐，故告之如此。然则可饮而饮，不可饮而不饮，皆在其中矣。"

阅典笔记

勇敢地承认自己的不足，虚心求教之，对别人、对自己都是一个解脱。

10.17

厩 (jiù) 焚。子退朝，曰："伤人乎？"不问马。

译文

马棚失火了。孔子退朝回来，说："伤人了吗？"没有问马的情况怎么样。

阅典笔记

"以人为本"，这是中国自古以来的传统观念。

10.18

君赐食，必正席①先尝之；君赐腥②，必熟而荐③之；君赐生，必畜之。侍食于君，君祭，先饭。

注释

①正席：端正坐席以示尊敬。②腥：生肉。③荐：供奉。

君主赐给熟食，孔子一定要端正坐席后先郑重地尝一尝。君主赐给生肉，一定煮熟后先给祖宗上供。君主赐给活的牲畜，一定要饲养起来。侍奉君主吃饭，在君主举行饭前祭礼的时候，自己要先为君尝食。

阅典笔记

真正的尊重涉及生活中的一点一滴。

10.19

疾，君视^①之，东首^②，加朝服，拖绅 (shēn)^③。

注 释

①视：探视。②东首：头朝东，以示对君主的尊敬。③绅：束在腰间的大带子。

译 文

孔子病了，君主来探病。他头朝东躺着，身上盖上朝服，还拖着一条大带子。

古 注

朱熹注："病卧不能着衣束带，又不可以亵服见君，故加朝服于身，又引大带于上也。"

阅典笔记

孔子无力起床，又不愿失礼于君，于是就把朝服加盖身上，旁边拖着衣带，表示是穿着朝服面君的。

可见，孔子即使在病中，也努力做到不失礼，特别不能失礼于国君。

10.20

君命召，不俟 (sì) 驾行矣。

译 文

君主召见孔子，他不等车马备好就先步行走去了。

朱熹注：“急趋君命，行出而驾车随之。此一节，记孔子事君之礼。”

阅典笔记

任何在乎上司的人，都会紧张与上司的会面。

10.21

入太庙，每事问。

参见 3.15 章。

10.22

朋友死，无所归。曰：“于我殡 (bìn)①。”

注 释

①殡：停柩待葬。这里泛指丧葬事务。

译 文

朋友死了，没有人殓埋，孔子说：“丧事由我来办吧。”

阅典笔记

什么是朋友？朋友陷入困境，无人帮忙，自己挺身而出，这才是朋友。自己够朋友，别人才能够朋友。

10.23

朋友之馈 (kuì)，虽车马，非祭肉，不拜。

译 文

朋友赠送的礼物，即使是车马，只要不是祭肉，孔子在接受时就不拜。

今 论

李泽厚《论语今读》：“表孔子交友之道：重感情，讲原则。礼物重意义的重轻而非财物之厚薄；祭肉涉及祖先，礼重，故拜。”

礼物，不在于值多少钱，而在于意义是否重大。

10.24

寝不尸，居不容。

译文

睡觉时不像死尸一样挺着，平日居家不用保持做客或接待客人时那样庄重严肃的容仪。

古注

范祖禹注："寝不尸，非恶其类于死也。惰慢之气不设于身体，虽舒布其四体，而亦未尝肆耳。居不容，非惰也。但不若奉祭祀、见宾客而已，申申夭夭是也。"

阅典笔记

即使是机器也要休息，上润滑油。人一直紧绷着，总有断弦的一天——劳逸结合说的就是这个意思。

10.25

见齐 (zī) 衰 (cuī)①者，虽狎 (xiá)②，必变③。见冕者与瞽 (gǔ) 者④，虽亵 (xiè)⑤，必以貌。凶服⑥者式⑦之。式负版⑧者。有盛馔 (zhuàn)⑨，必变色而作⑩。迅雷风烈，必变。

注释

①齐衰：丧服，古时用麻布制成。②狎：亲近。③变：改变颜色，以示同情。④瞽者：盲人。⑤亵：常见、熟悉。⑥凶服：丧服。⑦式：通"轼"。古代车辆前部用于扶手的横木。这里作动词用。⑧负版：背着国家书籍。⑨馔：盛大的宴席。⑩作：站起来。

译文

看见穿丧服的人，即使关系亲密，也一定改变面色以示同情。看见穿礼服的人和盲人，即使熟悉，也一定要有礼貌。在乘车时遇见穿丧服的人，便俯伏在车前横木上以示同情。遇见背负国家图籍的人，也这样行礼。别人以丰盛的筵席款待，就改变容色，并站起来致谢。遇见疾雷大风，一定要改变神色。

今论

李泽厚《论语今读》："都是'礼'。其中，'有盛馔，必变色而作'，很有意思。今天恐怕仍有遗迹。这也很自然：为表示谢意、礼貌而'变色'也。"

阅典笔记

对于真正亲密的人，改变的不仅仅是面色言行，而是内心。

10.26

升车，必正立，执绥(suí)①。车中不内顾②，不疾言③，不亲指④。

注释

①绥：上车时扶手用的索带。②内顾：回头看。③疾：快速。④亲指：用手指划。

译文

上车时，一定先端正地站好，然后拉着绥带上车。在车上，不回头，不快速说话，不用自己的手指指点点。

阅典笔记

在公共场合，应该时刻注意自己的形象，尤其是公众人物，可能眨一下眼睛、喘一口气都能成为新闻焦点。时刻保证自己在公共场合的形象，不仅是礼仪，更重要的是修养。

10.27

色斯举矣①，翔而后集。曰："山梁雌(cí)雉(zhì)②，时哉！时哉！"子路共(gǒng)③之，三嗅(jú)④而作。

注 释

①色斯举矣：色，作色，动词。举，鸟飞起来。②山梁雌雉：聚集在山梁上的母野鸡。③共：通"拱"。④嗅：应为"臭"（jú）字之误，鸟张开两翅。

译 文

孔子脸色一变，野鸡就飞起来，然后集中落在一起。孔子说："这些山梁上的母野鸡，得其时呀！得其时呀！"子路向它们拱拱手，野鸡便张了张翅膀，飞走了。

阅典笔记

本章难解，争议颇多。孔子见到野鸡的飞落都有时机，不禁发出了这样的感叹。孔子一生觉得自己怀才不遇，进不得其时，退也不得其时。时机稍纵即逝，但往往因人们无心而错过。

先进篇

第十一

本篇共有 26 章，其中著名的文句有："未能事人，焉能事鬼"、"未知生，焉知死"、"过犹不及"等。这一篇中包括孔子对弟子们的评价，并以此为例说明"过犹不及"的中庸思想，学习各种知识与日后做官的关系，孔子对待鬼神、生死问题的态度。最后一章里，孔子和他的学生们各述其志向，反映出孔子政治思想上的倾向。

11.1

子曰："先进^①于礼乐，野人^②也；后进^③于礼乐，君子^④也。如用之，则吾从先进。"

注 释

①先进：指先学习礼乐而后再做官的人。②野人：没有贵族身份、地位低贱的人。③后进：先做官后学习礼乐的人。④君子：这里指世袭贵族。

译 文

孔子说："先学习礼乐而后再做官的人，是原来没有贵族身份的平民；先当了官然后再学习礼乐的人，是世袭贵族。如果要选用人才，那我主张选用先学习礼乐的人。"

古 注

程颐注："先进于礼乐，文质得宜，今反谓之质朴，而以为野人。后进之于礼乐，文过其质，今反谓之彬彬，而以为君子。盖周末文胜，故时人之言如此，不自知其过于文也。"

李零《丧家狗》："孔子更看重苦学生，宁用苦孩子，不用阔孩子。"

阅典笔记

每个人都有各自的生活环境、经历，即使我们没有刻意地去感受它，即使我们会记不得它，它仍然在每个人的生活中，刻骨铭心，不曾远离。

11.2

子曰："从我于陈、蔡①者，皆不及门②也。"

注释

①陈、蔡：均为国名。②及门：在某人门下当学生。

译文

孔子说："曾跟随我从陈到蔡去的学生，现在都不在门下了。"

今论

李零《丧家狗》："这话，肯定是孔子晚年讲的，也带有回顾性质。话是感伤的话。"

阅典笔记

孔子这样的慨叹，有思念弟子的意思，更体现出孔子对于与自己共过患难的弟子割舍不去的情怀与念想。

11.3

德行：颜渊、闵子骞(qiān)、冉伯牛、仲弓。言语：宰我、子贡。政事：冉有、季路。文学：子游、子夏。

译文

德行好的有：颜渊、闵子骞、冉伯牛、仲弓。善于辞令的有：宰我、子贡。擅长政事的有：冉有、季路。通晓文献知识的有：子游、子夏。

今论

南怀瑾《论语别裁》："一个人的成就，各有专长，全才很少。……我们观察人才，尤其在学生里可以看出来，有些学生品德非常好，但是绝不能叫他办事，他一办事就糟。所以作领导人的要注意，自己不能偏爱，老实的人，人人都喜欢，但不一定能够做事。有才具的人能办事，但不能要求他德行也好。所以过去中国帝王，用人唯才，尤其处乱世，拨乱反正的时候，要用才，只好不管德行。"

阅典笔记

看到别人的闪光点，爱人悦己。

11.4

子曰："回也非助我者也！于吾言无所不说 (yuè)。"

译 文

孔子说："颜回不是对我有帮助的人，他对我说的话没有不心悦诚服的。"

古 注

朱熹注："颜子于圣人之言，默识心通，无所疑问。故夫子云然，其辞若有憾焉，其实乃深喜之。"

今 论

李零《丧家狗》："这是明贬暗褒。"

阅典笔记

难道孔子真的没有犯过错误么？

11.5

子曰："孝哉闵子骞 (qiān)！人不间①于其父母昆②弟之言。"

注 释

①间：不同意，非议。②昆：哥哥，兄长。

译 文

孔子说："闵子骞真孝顺呀！人们对其父母兄弟称赞他的话，没有异议。"

背景

闵子骞的后母待他不好，冬天制棉衣，给亲生儿子用棉花做衬，而对闵子骞却用便宜而不能御寒的芦花。闵子骞的父亲非常愤怒，要把她休掉，闵子骞却来为后母求情，还说如果后母被赶走，两个弟弟（后母的亲生子）也会失去母亲。闵子骞的父亲大为感动，后母也被感化，从此对他非常好。

阅典笔记

对亲生父母孝敬尚且不易，就更不要说孝敬一个虐待自己的后妈了。闵子骞的做法证实，再差的人际关系，只要自己着眼于改善，总会感动对方，逐步使人际关系正常化的。当然，这种改善的前提是，弄清楚对方是羊还是狼。如果对方是中山狼，那么自己再努力，也只能成为别人口中的肥肉。

11.6

南容三复白圭①，孔子以其兄之子妻之。

注释

①白圭：指《诗经·大雅·抑之》的诗句："白圭之玷，尚可磨也，斯兰之玷，不可为也。"意思是白玉上的污点还可以磨掉，我们言论中有毛病，就无法挽回了。这是告诫人们要谨慎言语。

译文

南容反复诵读"白圭之玷，尚可磨也；斯言不玷，不可为也"的诗句。孔子把侄女嫁给了他。

古注

朱熹注："南容一日三复此言，事见家语，盖深有意于谨言也。此邦有道所以不废，邦无道所以免祸，故孔子以兄子妻之。"

今论

李零《丧家狗》："'南容'，即南宫适，……他只出现过三次。三次出现，是同一形象。他是个谨小慎微的人，爱惜羽毛，唯恐犯错误。孔子喜欢这样的人。"

阅典笔记

白玉有瑕疵可以琢磨，话说错了也可以道歉改正，但是也不要想到什么就说什么，"对不起"说多了就不再是对不起了。

11.7

季康子问：“弟子孰为好学？”孔子对曰：“有颜回者好学，不幸短命死矣！今也则亡 (wú)^①。”

注释

①亡：通“无”。

译文

季康子问孔子：“你的学生中谁是好学的？”孔子回答说：“有一个叫颜回的学生很好学，不幸短命死了。现在再也没有像他那样的了。”

古注

范祖禹注：“哀公、康子问同而对有详略者，臣之告君，不可不尽。若康子者，必待其能问乃告之，此教诲之道也。”

阅典笔记

可以看出，真正做到好学是很难的。孔子门下七十二贤人，三千弟子，真正能够称上好学的，只有颜回，其他人都还不够格。这是为什么呢？一方面是孔子要求的标准高，另一方面也可以看出颜回比一般的同学、一般的人都要勤奋得多。其他人虽然也勤奋，但是不如颜回执着、恒久。

11.8

颜渊死，颜路^①请子之车以为之椁 (guǒ)^②。子曰：“才不才，亦各言其子也。鲤^③也死，有棺而无椁。吾不徒行以为之椁。以吾从大夫之后，不可徒行也。”

注释

①颜路：颜无繇（yóu），字路，颜回的父亲，也是孔子的学生。②椁：古人所用棺材，内为棺，外为椁。③鲤：孔子的儿子，死时 50 岁，孔子 70 岁。

译文

颜渊死了，其父颜路请求孔子卖掉车，给颜渊买个外椁。孔子说：“不管有无才德，都是自己的儿子。我儿子孔鲤死时，也是有棺无椁。我没有卖掉自己的车子步行而给他买椁。因为我还跟随在大夫之后，是不可以步行的。"

今论

南怀瑾《论语别裁》："第十四章中所说的'素富贵，行乎富贵；素穷贱，行乎穷贱。'贫穷时就过贫穷的生活，不要做本分以外的事。家里没有钱，为了死要面子，向别人借钱负债来办丧事给活人看，这真叫作'死要面子，活受罪。'所以孔子说他儿子死了，没有钱，丧事也办得很简单，有棺而无椁，没有关系。"

11.9

颜渊死，子曰："噫(yī)！天丧予！天丧予！"

译文

颜渊死了，孔子说："唉！是老天爷要我的命呀！是老天爷要我的命呀！"

今论

南怀瑾《论语别裁》："这是颜回死了，孔子非常伤心的话，因为颜回在所有的弟子中，是最足以传孔门学问的。现在他死了，孔子学问的继承人，也将成问题。难得有像颜回这样可以传道的人了……"

阅典笔记

我们看错了世界，却反过来说世界欺骗了我们。——泰戈尔

11.10

颜渊死，子哭之恸(dòng)①。从者曰："子恸矣。"曰："有恸乎？非夫(fú)②人之为恸而谁为？"

注释

①恸：哀伤过度，过于悲痛。这是不合礼法的。②夫：指示代词，此处指颜渊。

◎ 脱骖馆人

译文

颜渊死了，孔子哭得极其悲痛。跟随孔子的人说："您悲痛过度了！"孔子说："悲伤过度吗？我不为他悲伤过度，又为谁呢？"

古注

朱熹注："言其死可惜，哭之宜恸，非他人之比也。"

阅典笔记

孔子一生拘谨，以身作则维持着他所倡导的礼制。即便是在给颜回买棺椁、厚葬的问题上，他也表现得理智异常。但是在这一刻，他再也抑制不住自己的感情了，什么礼制礼法统统站到一边去！

11.11

颜渊死，门人欲厚葬①之，子曰："不可。"门人厚葬之。子曰："回也，视予犹父也，予不得视犹子也②。非我也，夫二三子也。"

注释

①厚葬：隆重安葬。②予不得视犹子也：我不能把他当亲生儿子一样看待。

译 文

颜渊死了,孔子的学生们想要隆重地安葬他。孔子说:"不行。"学生们仍然隆重地安葬了他。孔子说:"颜回把我当父亲一样看待,我却不能把他当亲生儿子一样看待。这不是我的过错,是那些学生们干的。"

古 注

朱熹注:"丧具称家之有无,贫而厚葬,不循理也。故夫子止之。……叹不得如葬鲤之得宜,以责门人也。"

阅典笔记

表达爱的方式不同而已。

11.12

季路问事鬼神。子曰:"未能事人,焉能事鬼?"曰:"敢问死。"曰:"未知生,焉知死?"

译 文

季路问怎样侍奉鬼神。孔子说:"没能侍奉好活人,怎么能侍奉鬼神呢?"季路说:"请问死是怎么回事?"孔子回答说:"还不知道活着的道理,怎么能知道死呢?"

古 注

程颐注:"昼夜者,死生之道也。知生之道,则知死之道;尽事人之道,则尽事鬼之道。死生人鬼,一而二,二而一者也。或言夫子不告子路,不知此乃所以深告之也。"

今 论

李零《丧家狗》:"人是活人,鬼是死人,这两个问题,其实有关。孔子对鬼神不是不信,对死亡也非漠然视之,他只是比较超然,重视活人胜过死人,重视生命胜过死亡。李商隐有诗,'宣室求贤访逐臣,贾生才调更无伦。可怜夜半虚前席,不问苍生问鬼神'。孔子的态度,和汉文帝正好相反。"

阅典笔记

好好活着,不要仅仅寄希望于来世;好好做事,不要寄希望于亡羊补牢。

11.13

闵子侍侧，訚訚 (yín)①如也；子路，行行 (hàng)②如也；冉有、子贡，侃侃③如也。子乐。"若由也，不得其死然。"

注释

①訚訚：和颜悦色的样子。②行行：刚强的样子。③侃侃：说话理直气壮。

译文

闵子骞侍立在孔子身旁，一派和悦而温顺的样子；子路是一副刚强的样子；冉有、子贡是温和快乐的样子。孔子非常高兴。但又说："像仲由这样，只怕死于非命吧！"

今论

李零《丧家狗》："'子乐'，含有讥笑之义。他乐什么？乐子路愣头愣脑，既不严肃，也不轻松，北京话，牛牛的，劲劲儿的。他说，像他这副模样，恐怕会'不得其死'，即活不到寿限。古人说，'故强梁者不得其死'（《老子》第四十二章）。后来，子路果然死于卫，被人砍成肉泥，孔子难过，把肉酱都倒了（《礼记·檀弓上》)。"

阅典笔记

性格决定命运。刚正不阿固然难得，但一味地想着人定胜天而一往直前的人，终会被天所灭。

11.14

鲁人为①长府②。闵子骞曰："仍旧贯③，如之何？何必改作？"子曰："夫 (fú) 人不言，言必有中。"

注释

①为：翻修。②长府：鲁国的国库名。藏财货、兵器等的仓库叫"府"。③仍旧贯：沿袭老样子。贯，事，例。

鲁国翻修长府的国库。闵子骞道:"照老样子下去,怎么样? 何必改建呢? "孔子道:"这个人平日不大开口,一开口就说到要害上。"

古注

朱熹注:"言不妄发,发必当理,惟有德者能之。"

今论

南怀瑾《论语别裁》:"当处大事的时候,不要乱说,要说就'言必有中',像射箭打靶一样,一箭出去就中红心,说到要点上去。"

阅典笔记

不鸣则已,一鸣惊人。

11.15

子曰:"由之瑟①,奚(xī)为于丘之门? "门人不敬子路。子曰:"由也升堂矣,未入于室②也。"

注释

①瑟:古乐器,与古琴相似。②升堂入室:堂是正厅,室是内室,用以形容学习程度的深浅。

译文

孔子说:"仲由弹瑟,为什么在我这里弹呢? "孔子的学生们因此都不尊敬子路。孔子便说:"仲由嘛,他在学习上已经达到升堂的程度了,只是还没有入室罢了。"

今论

李泽厚《论语今读》:"'升堂入室',已是成语,说明孔子批评后又加以鼓励,即是说很有水平了,但需进一步提高。"

阅典笔记

这一段文字记载了孔子对子路的评价。孔子对学生的态度应该讲是比较客观的,有成绩就表扬,有过错就反对,让学生认识到自己的不足,同时又能树立起信心,取得更大的成绩。

11.16

子贡问："师与商①也孰贤？"子曰："师也过，商也不及。"曰："然则师愈②与？"子曰："过犹不及。"

注释

①师与商：师，颛孙师，即子张。商，卜商，即子夏。②愈：胜过，强些。

译文

子贡问孔子："颛孙师和卜商二人谁更好一些呢？"孔子回答说："颛孙师过分，卜商不足。"子贡说："那么是颛孙师好一些吗？"孔子说："过分和不足一样不好。"

古注

朱熹注："道以中庸为至。贤知之过，虽若胜于愚不肖之不及，然其失中则一也。"

今论

南怀瑾《论语别裁》："中庸之道很难做到，现在也有人故意讽刺中庸之道就是马马虎虎，这不是中庸，这是不及，把不及当作中庸，这就错了。"

阅典笔记

过犹不及，把握度看似简单，实则也许穷极一生都未必能把握好。

11.17

季氏富于周公，而求也为之聚敛而附益之。子曰："非吾徒也，小子鸣鼓而攻之，可也！"

译文

季氏比周朝的公侯还要富有，而冉求还帮他搜刮百姓来增加他的钱财。孔子说："他不是我学生了，你们大张旗鼓地去声讨他吧！"

背 景

鲁国的三桓（孟氏、叔孙氏、季氏）曾于前562年将公室，即鲁国国君直辖的土地和附属于土地上的奴隶瓜分，季氏分得三分之一。前537年，三桓第二次瓜分公室，季氏分得二分之一。由于季氏推行了新的政治和经济措施，所以很快富了起来。孔子的学生冉求帮助季氏积敛钱财，搜刮人民，所以孔子很生气，表示不承认冉求是自己的学生，而且让其他学生打着鼓去声讨冉求。

古 注

朱熹注："圣人之恶党恶而害民也如此。然师严而友亲，故己绝之，而犹使门人正之，又见其爱人之无已也。"

今 论

李泽厚《论语今读》："反对强征暴敛，主张藏富于民（"庶之富之"），一直是儒家政治思想特征之一。"

阅典笔记

有学问却无德，终究是个祸害。

11.18

柴①也愚，参也鲁，师也辟 (pì)②，由也喭 (yàn)③。

注 释

①柴：孔子弟子。高柴，字子羔。②辟：偏激。③喭：粗鲁。

译 文

高柴愚直，曾参迟钝，颛孙师偏激，仲由鲁莽。

今 论

李零《丧家狗》："上文（11.16），孔子说，'师也过，商也不及'，'过犹不及'。高柴蠢笨，曾参迟钝，属于'不及'，颛孙师偏激，子路鲁莽，属于'过'。"

阅典笔记

孔子认为，他的这些学生性格上各有特点，对他们的品质和德行必须加以纠正。这一段同样表达了孔子的中庸思想。

11.19

子曰："回也其庶①乎！屡空②。赐不受命，而货殖③焉，亿④则屡中。"

注 释

①庶：庶几，相近。②空：贫困、匮乏。③货殖：经商。④亿：同"臆"，猜测，估计。

译 文

孔子说："颜回的学问道德接近于完善了吧，可是他常常贫困。端木赐不听命运的安排，去做买卖，猜测行情，往往能猜中。"

古 注

程颐注："子贡之货殖，非若后人之丰财，但此心未忘耳。然此亦子贡少时事，至闻性与天道，则不为此矣。"

今 论

李零《丧家狗》："我怀疑，'庶'是'度'的通假字。'度'音 duó，有测度、意度之义，字形与庶有关。……'度'与'臆'同义，'屡空'与'屡中'相反，前后正好对称，意思是说，颜回命舛，度事屡空，子贡相反，臆则屡中。"

阅典笔记

人不仅要会做学问，还要会实践，不然常常会落到空有满腔笔墨而伸志不能。

11.20

子张问善人之道，子曰："不践 (jiàn) 迹，亦不入于室。"

译 文

子张问做善人的准则。孔子说："不沿着前人的脚印走，但学问和修养也还不完全到家。

今 论

南怀瑾《论语别裁》："由此可知孔子这里的'不践迹'，就是说做一件好事，不必要看出来是善行。为善要不求人知，如果为善而好名，希望成为别人崇敬的榜样，这就有问题。"

◎ 哀公立庙

阅典笔记

前人也是人，没有无所不能的前人。你可以不按前人的脚步走，但是你也不能太过自由放纵。

11.21

子曰：“论笃 (dǔ) 是与，君子者乎？色庄者乎？”

译文

孔子说：“听到人议论笃实诚恳就表示赞许，但还应看他是真君子呢，还是伪装庄重的人呢？”

古注

朱熹注：“言但以其言论笃实而与之，则未知其为君子者乎？为色庄者乎？言不可以言貌取人也。”

今论

李泽厚《论语今读》：“装出来的太多了，今日则干脆不装。‘忠厚老实’几成笑柄，呜呼。”

世界之大，人之众多，一千个人也许会有一万种想法，仅仅是一些人的议论不能断定一个人，况且许多事情本没有单方面的对与错。坚持自己。

11.22

子路问："闻斯行诸？"子曰："有父兄在，如之何其闻斯行之？"冉有问："闻斯行诸？"子曰："闻斯行之！"公西华曰："由也问：'闻斯行诸？'子曰：'有父兄在。'求也问：'闻斯行诸？'子曰：'闻斯行之！'赤也惑，敢问。"子曰："求也退，故进之；由也兼人，故退之。"

译 文

子路问："听到以后就去实践它吗？"孔子说："有父兄在，怎么能听到以后就去实践呢？"冉有问："听到以后就去实践它吗？"孔子说："听到了就去实践它。"公西华说："仲由问：'听到以后就去实践它吗？'您回答说：'有父兄健在，不能实践。'冉求问：'听到以后就去实践它吗？'您回答：'听到了就去实践它。'我糊涂了，冒昧地再问个明白。"孔子说："冉求总是退缩不前，所以我鼓励他；仲由好勇过人，所以我约束他。"

古 注

张栻注："闻义固当勇为，然有父兄在，则有不可得而专者。若不禀命而行，则反伤于义矣。"

阅典笔记

不仅是对别人，对自己也应该有反思精神。自己能够了解自己性格上的缺点在哪里，太冲？太懒？太偏激？太没追求？自己了解了自己的缺陷，那么办事的时候就多在这方面鼓励自己，或约束自己。

11.23

子畏于匡，颜渊后。子曰："吾以女（rǔ）为死矣。"曰："子在，回何敢死？"

译 文

孔子在匡地受到当地人围困，颜渊最后才逃出来。孔子说："我以为你已经死了呢。"颜渊说："先生还活着，我怎么敢死呢？"

今 论

南怀瑾《论语别裁》："这流露出孔门弟子对孔子的尊敬，以及道义之情的真诚自然。"

李泽厚《论语今读》："重要的不是漂亮的言词，而是某种忠挚态度。"

阅典笔记

颜回会说话，会做人，这一点连子贡都比不了。不过，这句话又有很多戏谑的成分，更像是两个关系很好的人缓和压抑气氛的自嘲。其实孔子和颜回不仅是师生关系了，更有一种知音的感情。

11.24

季子然①问："仲由、冉求可谓大臣与？"子曰："吾以子为异之问，曾（zēng）由与求之问。所谓大臣者，以道事君，不可则止。今由与求也，可谓具臣②矣。"曰："然则从之者与？"子曰："弑父与君，亦不从也。"

注 释

①季子然：鲁国季氏的同族人。②具臣：有才干的办事之臣。

译 文

季子然问："仲由和冉求可以算是大臣吗？孔子说："我以为您是问别人，原来是问仲由和冉求呀。所谓大臣，是能够用周公之道的要求来侍奉君主，如果这样不行，他宁肯辞职不干。现在仲由和冉求这两个人，只能算是有才之臣了。"季子然说："那么，他们会完全服从上级吗？"孔子说："如果上级杀父亲、杀君主，他们也不会服从的。"

古 注

朱熹注："以道事君者，不从君之欲。不可则止者，必行己之志。……言二子虽不足于大臣之道，然君臣之义则闻之熟矣，弑逆大故必不从之。盖深许二子以死难不可夺之节，而又以阴折季氏不臣之心也。"

南怀瑾《论语别裁》："这就是具臣，虽然只能算是具员，但也要有才能而又忠贞亮节。"

11.25

子路使子羔为费宰。子曰："贼夫人之子。"子路曰："有民人焉，有社稷焉。何必读书，然后为学？"子曰："是故恶（wù）夫佞（nìng）者。"

译 文

子路让子羔去作费地的长官。孔子说："这简直是害人子弟。"子路说："那个地方有老百姓，有社稷，治理百姓和祭祀神灵都是学习，难道一定要读书才算学习吗？"孔子说："所以我讨厌那些能言善辩的人。"

今 论

李泽厚《论语今读》："因为孔子一贯重视实践，强调力行，书本知识次要。子路用这话塞孔子的口，以子之矛，刺子之盾。孔子似乎没话可说，只好如此回答，神态如见。"

阅典笔记

书本，仅仅是学习的一小部分，却是一种知晓前人实践的捷径。

11.26

子路、曾晳（xī）①、冉有、公西华侍坐。子曰："以吾一日长乎尔，毋吾以也！居则曰：'不吾知也！'如或知尔，则何以哉？"子路率尔而对曰："千乘（shèng）之国，摄乎大国之间，加之以师旅，因之以饥馑（jǐn），由也为之，比及三年，可使有勇，且知方也。"夫子哂（shěn）之。"求，尔何如？"对曰："方六七十，如②五六十，求也为之，比及三年，可使足民。如其礼乐，以俟（sì）君子。""赤，尔何如？"对曰："非曰能之，愿学焉！宗庙之事，如会同，端章甫（fǔ）③，愿为小相（xiàng）④焉。""点，尔何如？"鼓瑟希⑤，铿（kēng）尔，舍瑟（sè）而作⑥。对曰："异乎三子者之撰！"子曰："何伤乎？亦各言其志也。"曰："莫（mù）⑦春者，春服⑧既成，冠者⑨五六人，童子⑩六七人，浴乎沂(yí)，风乎舞雩(yú)⑪，咏而归。"夫子喟然叹曰："吾与点也。"

三子者出，曾皙后。曾皙曰："夫三子者之言何如？"子曰："亦各言其志也已矣。"曰："夫子何哂由也？"曰："为国以礼。其言不让，是故哂之。""唯求则非邦也与？""安见方六七十如五六十而非邦也者？""唯赤则非邦也与？""宗庙会同，非诸侯而何？赤也为之小，孰能为之大？"

注释

①曾皙：孔子弟子。名点，字子皙。曾参的父亲。②如：或者。③端章甫：端，古代礼服的名称。章甫，古代礼帽的名称。这里都用作动词。④相：司仪。⑤希：通"稀"。这里指弹瑟的速度放慢，节奏逐渐稀疏。⑥作：站起来。⑦莫：通"暮"。⑧春服：夹衣。⑨冠者：成年人，20岁。⑩童子：指成童，15—20岁。⑪舞雩：雩，祭天求雨。雩祭有歌舞，故称舞雩。

译文

　　子路、曾皙、冉有、公西华四个人陪孔子坐着。孔子说："我年龄比你们大一些，不要因为我年长而感到拘束。你们平时总说：'没有人了解我啊！'假如有人了解你们，那你们要怎样去做呢？"子路首先轻率地回答："一个拥有一千辆兵车的国家，夹在大国中间，外有军事威胁，内有灾害饥荒，让我去治理，只要三年，就可以使人们勇敢善战，而且懂得道义。"孔子听了，微微一笑。孔子又问："冉

◎ 曾皙（曾点）

求，你会怎么样呢？"冉求答道："国土有六七十里或五六十里见方的国家，让我去治理，三年以后，就可以使百姓富足。至于这个国家的礼乐教化，就要等君子来施行了。"孔子又问："公西赤，你会怎么样？"公西赤答道："我不敢说能做到，而是愿意学习。在宗庙祭祀的活动中，或者在同别国的盟会中，我愿意穿着礼服，戴着礼帽，做一个小小的司仪。"孔子又问："曾皙，你会怎么样呢？"这时曾皙弹瑟的声音逐渐放慢，接着"铿"的一声，曾皙放下瑟站起来，回答说："我的志向和他们三位说的不一样。"孔子说："那有什么关系呢？也就是各人讲自己的志向而已。"曾皙说："暮春三月，春服已经穿好，

我和五六位成年人、六七个少年，去沂河里洗洗澡，在舞雩台上吹吹风，一路唱着歌走回来。"孔子长叹一声说："我是赞成曾皙的想法的。"

子路、冉有、公西华三个人都出去了，曾皙留在最后。他问孔子说："他们三人的话怎么样？"孔子说："也就是各自谈谈自己的志向罢了。"曾皙说："先生为什么要笑仲由呢？"孔子说："治理国家要讲礼让，可是他说话一点也不谦让，所以我笑他。"曾皙又问："难道冉求讲的不是治理国家吗？"孔子说："哪里见得六七十里或五六十里见方的地方就不是国家呢？"曾皙又问："公西赤讲的不是治理国家吗？"孔子说："宗庙祭祀和诸侯会盟，这不是诸侯的事又是什么？像赤这样的人如果只能做一个小司仪，那谁又能做大司仪呢？"

古　注

程颐注："孔子与点，盖与圣人之志同，便是尧、舜气象也。诚异三子者之撰，特行有不掩焉耳，此所谓狂也。子路等所见者小，子路只为不达为国以礼道理，是以哂之。若达，却便是这气象也。"

今　论

李零《丧家狗》："曾皙的回答本来只是随口一说，但孔子听了，另有想法。他欣赏曾皙之志，主要是因为，前面三位讲治国，最后要落实到个人幸福，这是目标性的东西，但他欣赏曾皙之志，并不是否定子路等人，因为过程也很重要。他笑子路不谦虚，但对冉有和公西华也有所保留。因为他们再怎么谦虚，也都是以治国安邦为己任，大国是国，小国也是国，大官是官，小官也是官，过分谦虚和不谦虚，都无改于事实。"

阅典笔记

本章很像《老子》和《庄子》，到了最后，给人一种很逍遥的感觉。但逍遥是这个世界上最来之不易的追求，看似没追求，实际上这样的目标最难实现。

颜渊篇

第十二

本篇共计 24 章。其中著名的文句有："克己复礼为仁，一日克己复礼，天下归仁焉"、"非礼勿视，非礼勿听，非礼勿言，非礼勿动"、"己所不欲，勿施于人"、"死生有命，富贵在天"、"四海之内，皆兄弟也"、"君子成人之美，不成人之恶"、"君子以文会友，以友辅仁"。本篇中，孔子的几位弟子向他问怎样才是仁。孔子还谈到怎样算是君子等问题。

12.1

颜渊问仁。子曰："克己复礼为仁。一日克己复礼，天下归仁焉。为仁由己，而由人乎哉？"颜渊曰："请问其目。"子曰："非礼勿视，非礼勿听，非礼勿言，非礼勿动。"颜渊曰："回虽不敏，请事斯语矣！"

译文

颜渊问什么是仁。孔子说："约束自己，一切都照着礼的要求去做，这就是仁。一旦这样做了，天下的人就会用仁来称赞他。修行仁德完全在于自己，难道还要靠别人吗？"颜渊说："请问修行仁德的具体细节。"孔子说："不合于礼的不要看，不合于礼的不要听，不合于礼的不要说，不合于礼的不要做。"颜渊说："我虽然不聪敏，请让我按照这些话去做。"

◎ **颜渊（颜回）**

古 注

朱熹注："此章问答，乃传授心法切要之言。非至明不能察其几，非至健不能致其决。故惟颜子得闻之，而凡学者亦不可以不勉也。程子之箴，发明亲切，学者尤宜深玩。"

今 论

李零《丧家狗》："《圣经·旧约》有摩西十诫，佛门也有八戒，儒门'四勿'也是一种戒，特点是以礼为规矩。"

阅典笔记

孔子的思想总是看似矛盾。要"复礼"就要"克己"，要"克己"就很难做到"直道"；而孔子又是支持"直道"的。这是处理个人自由和社会秩序的一种辩证思维。按照孔子的想法，为人要直率，但是这种直率以遵守公共秩序为前提，这是中国传统文化与西方文化非常不同的一点。

12.2

仲弓问仁。子曰："出门如见大宾，使民如承大祭。己所不欲，勿施于人。在邦无怨，在家无怨。"仲弓曰："雍虽不敏，请事斯语矣。"

译 文

仲弓问什么是仁。孔子说："出门办事如同去接待贵宾一样恭敬，役使百姓如同去进行重大的祭祀一样小心。自己不愿意要的，不要强加于别人；在诸侯国里做官不招人怨恨；在卿大夫的封地也没人怨恨。"仲弓说："我虽然不聪敏，请让我按照这些话去做。"

今 论

南怀瑾《论语别裁》："'使民如承大祭'。这个'民'就是群众。现代而言，是指对于一般老百姓，对群众社会的领导，为大家做事的时候，要负起责任，担负这个责任的态度，要'如承大祭'一般。古代对于祭祀是很慎重的事情。"

阅典笔记

很多事情，需要的不是一个聪明的脑瓜，而是一个求教的态度。

司马牛①问仁。子曰："仁者，其言也讱(rèn)②。"曰："其言也讱，斯谓之仁已乎？"子曰："为之难，言之得无讱乎？"

注释

①司马牛：孔子的学生。姓司马，名耕，字子牛。②讱：说话迟钝，引申为谨慎。

译文

司马牛问什么是仁。孔子说："仁人，说话是慎重的。"司马牛又问："说话慎重，这就叫做仁了吗？"孔子说："做起来很困难，说起来能不慎重吗？"

今论

李零《丧家狗》："孔了怎么说话，非常值得研究。以下三人都问仁，但答案不同，各有针对。这是典型的孔门对话。孔子答问，从来没有标准答案，就像中医看病，因人而异，对症下药，特点是不下定义，逻辑不周延。"

阅典笔记

慎重，并不是瞻前顾后，畏首畏尾，需要的时候就大胆地说出来吧！

司马牛问君子。子曰："君子不忧不惧。"曰："不忧不惧，斯谓之君子已乎？"子曰："内省不疚，夫何忧何惧？"

译文

司马牛问什么是君子。孔子说："君子不忧愁，不恐惧。"司马牛说："不忧愁，不恐惧，这样就可以叫做君子了吗？"孔子说："自己问心无愧，那还忧愁什么、恐惧什么呢？"

背景

司马牛是宋国大夫桓魋的弟弟。桓魋在宋国"犯上作乱"，曾企图谋杀孔子，遭到宋国当权者的打击，全家被迫出逃。司马牛逃到鲁国，拜孔子为师，并声称桓魋不是他的哥哥。

古注

朱熹注："牛之再问，犹前章之意，故复告之以此。……言由其平日所为无愧于心，故能内省不疚，而自无忧惧，未可遽以为易而忽之也。"

今论

南怀瑾《论语别裁》："不忧不惧是不容易的，要随时反省自己，内心没有欠缺的地方，没有遗憾的地方，心里非常安详，等于俗话说的：'平生不作亏心事，夜半敲门鬼不惊。'内心光明磊落，没有什么可怕的，有如大光明的境界，那时一片清净、祥和。"

阅典笔记

吾爱吾兄，吾更爱真理。

12.5

司马牛忧曰："人皆有兄弟，我独亡（wú）。"子夏曰："商闻之矣：死生有命，富贵在天。君子敬而无失，与人恭而有礼，四海之内，皆兄弟也。君子何患乎无兄弟也？"

译文

司马牛忧愁地说："别人都有兄弟，唯独我没有。"子夏说："我听说过这样的话：'死生有命，富贵在天。'君子只要对待所做的事情严肃认真，不出差错，对人恭敬而合乎礼的规定，那么，天下人就都是自己的兄弟了。君子何愁没有兄弟呢？"

今论

李零《丧家狗》："司马牛真正发愁的是，'人皆有兄弟，我独亡'，非常孤独。他说他没有兄弟，其实并不是真的没有。他有四个兄弟，巢、魋（tuí，即司马桓魋）、子顺和子车。他之所以这样讲，是因为司马桓魋作乱，他们都参加，他不认这些兄弟为兄弟。"

阅典笔记

血浓于水，但人生得一知己足矣。

12.6

子张问明①。子曰："浸润之谮 (zèn)②，肤受之愬 (sù)③，不行焉，可谓明也已矣。浸润之谮，肤受之愬，不行焉，可谓远也已矣。"

论语全集

二〇四

注 释

①明：明察。②谮：谗言，诬陷。③愬：诬告，诽谤。

译 文

子张问怎样做才算是明察。孔子说："像水那样慢慢渗透的谗言，像切肤之痛那样直接的诽谤，在你那里都行不通，可以算是明察了。像水那样慢慢渗透的谗言，像切肤之痛那样直接的诽谤，在你那里都行不通，可以算是有远见的了。"

古 注

朱熹注："毁人者渐渍而不骤，则听者不觉其入，而信之深矣。愬冤者急迫而切身，则听者不及致详，而发之暴矣。二者难察而能察之，则可见其心之明，而不蔽于近矣。此亦必因子张之失而告之，故其辞繁而不杀，以致丁宁之意云。"

今 论

李零《丧家狗》："谣言的特点，就是在暗地里进行，悄悄地，慢慢地，贴近你，包围你，让你甩都甩不开。君子应该从一开始就看明白，并迅速摆脱诽谤的包围，不让小人得逞。"

阅典笔记

坚持自己的信念，百邪不侵，但也不可固执，不听取他人建议。

12.7

子贡问政。子曰："足食，足兵，民信之矣。"子贡曰："必不得已而去，于斯三者何先？"曰："去兵。"子贡曰："必不得已而去，于期二者何先？"曰："去食。自古皆有死，民无信不立。"

译 文

子贡问怎样治理国家。孔子说："粮食充足，军备充足，取信于民。"子贡说：

"如果不得不去掉一项，那么在三项中先去掉哪一项呢？"孔子说："去掉军备。"子贡说："如果不得不再去掉一项，那么这两项中去掉哪一项呢？"孔子说："去掉粮食。自古以来人总是要死的，没有粮食顶多饿死。如果老百姓对统治者不信任，那么国家根本无法存在。"

今 论

李零《丧家狗》："这个说法，有点残酷，现代观念，死人可不是小事。但历代统治者都认为，如果能取得人民的信任，这个信任不动摇，即使死上一点人，甚至死很多人，天也塌不下来。"

阅典笔记

不仅是治国，小到一个人，大到一个单位、组织，如果不能对自己的成员、周围的个人或组织遵守信用，那么就算再财大气粗，也早晚会土崩瓦解。

12.8

棘(jí)子成①曰："君子质而已矣，何以文为？"子贡曰："惜乎！夫子之说君子也。驷(sì)②不及舌。文犹质也，质犹文也，虎豹之鞟(kuò)③犹犬羊之鞟。"

注 释

①棘子成：卫国大夫。②驷：拉一辆车的四匹马。③鞟：去掉毛的皮，即革。这里用花纹的毛色比喻文，用去毛的皮比喻质。

译 文

棘子成说："君子只要具有好的品质就行了，要那些表面文饰干什么呢？"子贡说："真遗憾，夫子您这样谈论君子。一言既出，驷马难追。本质就像文饰一样重要，文饰也像本质一样重要。去掉了毛的虎皮、豹皮，就如同去掉了毛的狗皮、羊皮一样，没有区别。"

今 论

李零《丧家狗》："人，或称裸猿，毛最短，几乎有皮无毛，最符合质，但我们有衣冠，还发明各种时装，比谁都文。时装就是我们的文。"

阅典笔记

在朝闻夕逝的今天，仅有内容比徒有其表更加的悲哀。

12.9

哀公问于有若曰："年饥，用不足，如之何？"有若对曰："盍 (hé) 彻①乎？"曰："二②，吾犹不足，如之何其彻也？"对曰："百姓足，君孰与不足？百姓不足，君孰与足？"

注释

①彻：抽取十分之一的税。②二：抽取十分之二的税。

译文

鲁哀公问有若说："遭了饥荒，国家用度困难，怎么办？"有若回答说："为什么不采取十分取一的田税法呢？"哀公说："现在抽十分之二，我还不够，怎么能采取十分取一法呢？"有若说："如果百姓富足了，您怎么会不富足呢？如果百姓的用度不够，您怎么又会够呢？"

古注

朱熹注："民富，则君不至独贫；民贫，则君不能独富。有若深言君民一体之意，以止公之厚敛，为人上者所宜深念也。"

阅典笔记

撑起国家的是人民，不是国库。

12.10

子张问崇德①、辨惑。子曰："主忠信，徙 (xǐ) 义②，崇德也。爱之欲其生，恶之欲其死；既欲其生，又欲其死，是惑也。'诚不以富，亦祇 (zhī) 以异。③'"

注释

①崇德：提高道德修养的水平。②徙义：向义靠扰。③诚不以富，亦祇以异：《诗经·小雅·我行其野》篇的最后两句。此诗表现了一个被遗弃的女子对其丈夫喜新厌旧的愤怒情绪。

译文

子张问怎样提高道德修养水平和辨别是非迷惑的能力。孔子说："以忠信

◎ 观蜡论俗

为主，向道义靠拢，这就是提高道德修养水平了。爱一个人，就希望他活下去，厌恶一个人，就恨不得他立刻死去；既要他活，又要他死，这就是迷惑。《诗经》里说：'即使不是嫌贫爱富，也是喜新厌旧。'"

今论

南怀瑾《论语别裁》："……'富'不限于财物的富有，道德学问的修养是无形、无价的财富。所以'诚不以富，亦只以异。'等于说，虽不是有形的富有，其实是真正的富有。因为你拥有崇高的人格修养和自己内心的安详，这正是极富有的大业。不过，不同于财物的富有而已。"

阅典笔记

爱一个人，并不是占有他，而是要他幸福。

12.11

齐景公问政于孔子，孔子对曰："君君、臣臣、父父、子子。"公曰："善哉！信如君不君，臣不臣，父不父，子不子，虽有粟，吾得而食诸？"

译 文

齐景公问孔子如何治理国家。孔子说："做君主的要有君主的样子，做臣子的要有臣子的样子，做父亲的要有父亲的样子，做儿子的要有儿子的样子。"齐景公说："讲得好呀！如果君不像君，臣不像臣，父不像父，子不像子，即使有粮食，我能吃得着吗？"

古 注

杨时注："君之所以君，臣之所以臣，父之所以父，子之所以子，是必有道矣。景公知善夫子之言，而不知反求其所以然，盖悦而不绎者。齐之所以卒于乱也。"

今 论

李零《丧家狗》："'君君臣臣，父父子子'，这类说法，不是孔子的发明，而是成语如《国语·晋语四》提到晋勃鞮语'君君臣臣，是谓明训'，就是这类说法。汉代有所谓'三纲五常'和'三纲六纪'，'纲'的头两条，就是出自于此，缺的只是'夫妇'之纲。"

阅典笔记

现在看来，一方面，我们总是希望打破等级秩序，而另一方面，我们又希望维护等级秩序。打破，是为了打破特权垄断，打破不平等；维护，是为了保证有条不紊的秩序。其实就目前而言，世界上还不存在消除等级的可能性，唯有使各等级间的沟通更加通畅，才能尽量缓和这种矛盾。

12.12

子曰："片言①可以折狱②者，其由也与！"子路无宿诺③。

注 释

①片言：诉讼双方中一方的言辞，即片面之辞。②折狱：断案。③宿诺：拖了很久而没有兑现的诺言。

译 文

孔子说："只听了片面之词就可以判决案件的，大概只有仲由吧。"子路说话没有不算数的时候。

古注

朱熹注："子路忠信明决，故言出而人信服之，不待其辞之毕也。……记者因夫子之言而记此，以见子路之所以取信于人者，由其养之有素也。"

今论

李零《丧家狗》："子路快人快语，性情中人，他断狱极果断，承诺决不拖延。"

阅典笔记

仲由可以以"片言"而"折狱"，这是为什么？历来有多种解释。但无论哪种解释，都可以证明子路在刑狱方面是卓有才干的。

12.13

子曰："听讼 (sòng)，吾犹人也。必也使无讼乎！"

译文

孔子说："审理诉讼案件，我同别人也是一样的。重要的是必须使人们之间没有诉讼的案件！"

古注

范祖禹注："听讼者，治其末，塞其流也。正其本，清其源，则无讼矣。"

今论

李零《丧家狗》："天下讼息，是古人幻想的理想世界。孔子热爱这种理想，当然不会热爱打官司，也注定当不了法家。"

阅典笔记

打官司并不可怕，怕的是明明有事情却不去打，这是对于国家威严的挑战。

12.14

子张问政。子曰："居之无倦，行之以忠。"

译文

子张问如何治理政事。孔子说："居于官位不疲倦懈怠，执行君令要忠实。"

今论

南怀瑾《论语别裁》："'居之无倦，行之以忠。'这八个字表面上看起来很容易，但认真地想，还真不容易。对自己的职务绝对诚敬而不厌倦，这是很成问题的。许多地方都可以看到工作服务态度差的人，有人说是因为待遇不好，所以工作情绪不好。这也不见得，有的地方，登报征求人才，只有一千五百元月薪的待遇，而应征的达六百多人，其中还有的是大学研究所毕业的。可见并不完全是待遇问题，而是教养的问题。"

阅典笔记

推而广之，这种思想就是一种敬业精神。身处在一个职位上，就要积极进取，投入到自己的职业里。否则，工作难有成就，最终深受其害的，还是自己。

12.15

子曰："博学于文，约之以礼，亦可以弗畔矣夫！"

参见 6.27 章。

12.16

子曰："君子成人之美，不成人之恶。小人反是。"

译文

孔子说："君子成全别人的好事，而不成全别人的坏事。小人则与此相反。"

古注

朱熹注："君子小人，所存既有厚薄之殊，而其所好又有善恶之异。故其用心不同如此。"

今论

李零《丧家狗》："'成人之美'是以正面表扬为主，'成人之恶'是以负面攻击为主。前者是君子，后者是小人。我觉得，现在的学术评论、文学评论、影视评论，见之正式的印刷品，多半是托关系，拉朋友，捧臭脚居多，经常和口碑拧着来。反之，网上的评论，则以批倒批臭为主，前者是伪君子，后者是真小人，都说不上厚道。"

阅典笔记

伤害别人，也救不了自己。

12.17

季康子问政于孔子。孔子对曰："政者，正也。子帅以正，孰敢不正？"

译文

季康子问孔子如何治理国家。孔子回答说："政就是正的意思。您本人带头端正自己的行为，那么还有谁敢不走正道呢？"

今论

南怀瑾《论语别裁》："政治的原则，就是'正己而正人'，自己先求得端正，然后方可正人，譬如一个教育家、宗教家，以感化的教育，转移社会风气，也可以说是'政者正也'的一个范例。"

阅典笔记

无论为人还是为官，首在一个"正"字。自己的毛病一大堆，却还去说教别人，让人怎么服气？

12.18

季康子患盗，问于孔子。孔子对曰："苟子之不欲，虽赏之不窃。"

译文

季康子苦于盗贼太多，问孔子怎么办。孔子回答说："假如您自己不贪图财利，即使奖励偷窃，也没有人偷盗。"

古注

胡安国注："季氏窃柄，康子夺嫡，民之为盗，固其所也。盍亦反其本耶？孔子以不欲启之，其旨深矣。"

阅典笔记

孔子阐释的仍然是为政者要正人先正己的道理。他希望当政者以自己的德行感染百姓。他没有让季康子用严刑峻法去制裁盗窃犯罪，而是主张用德治去教化百姓，以使人免于犯罪。

12.19

　　季康子问政于孔子曰："如杀无道，以就①有道，何如？"孔子对曰："子为政，焉用杀？子欲善而民善矣！君子之德，风；小人之德，草；草上之风，必偃 (yǎn)②。"

注释

　　①就：靠近。②偃：仆，倒。这里指被折服，被感化。

译文

　　季康子问孔子如何治理政事，说："如果杀掉坏人，来亲近好人，怎么样？"孔子说："您治理政事，为什么要杀戮呢？您只要想行善，老百姓也会跟着行善。在位者的品德好比风，在下的人的品德好比草，风吹到草上，草就必定跟着倒。"

古注

　　尹焞注："杀之为言，岂为人上之语哉？以身教者从，以言教者讼，而况于杀乎？"

今论

　　南怀瑾《论语别裁》："……一个大政治家的领导，应该造成一种风气。这都是讲政治的领导。但我们不要把它看呆了，凡是学问书本都要活用。假

◎ 题季札墓

使做一单位主管，下面只有三个人，同样的，只要主管品德超然，下面的风气自然会好。但在政治上要造成一个时代社会的风气并不太容易，也等于在军事上构成一个'气势'，是很不容易的事。"

阅典笔记

通过严刑酷法，达到对人的威慑作用，这种方法有一定道理，但如果用得过了，就会适得其反。后来秦朝二世而亡，可以为鉴。孔子反对杀人，主张"德政"。其实关于法度和德政，究竟该严该宽，并无定论，而要根据情况而定。

12.20

子张问："士何如斯可谓之达矣？"子曰："何哉，尔所谓达者？"子张对曰："在邦必闻，在家必闻。"子曰："是闻也，非达也。夫达也者，质直而好义，察言而观色，虑以下人。在邦必达，在家必达。夫闻也者，色取仁而行违，居之不疑。在邦必闻，在家必闻。"

译文

子张问："士怎样才可以叫做通达？"孔子说："你说的通达是什么意思？"子张答道："在诸侯国为官一定有名望，在大夫的封地里一必定有名声。"孔子说："这只是虚名，不是通达。所谓达，要品质正直，遵从礼义，善于察言观色，总是谦恭待人。这样的人，就可以在诸侯国和大夫封地里通达。至于有虚名的人，只是外表上装出有仁德的样子，行动上却违背了仁德，自己还以仁人自居不惭愧。但他无论在诸侯国还是在大夫的封地里都必定会有名声。"

今论

李零《丧家狗》："'达'是立身端正，内心好义，一言一行都很谦虚，为人行事都很练达。'闻'是属于大奸似忠一类，表面上看，很仁义，实际作为，正好相反，还以名人自居，自以为是，不以为非。两者是不一样的。"

阅典笔记

名声大的不一定就是人才，是不是人才，还得要用实践检验。过去的几十年里，人们迷信权威。不过，那些并非达人的文人还是应该注意一下，树大招风，一个不小心就会被戳破。所谓"出来混，迟早是要还的"。

12.21

樊迟从游于舞雩 (yú) 之下，曰："敢问崇德、修慝 (tè)①、辨惑。"子曰："善哉问！先事后得，非崇德与 (yú)？攻②其恶，无攻人之恶，非修慝 (tè) 与 (yú)？一朝之忿 (fèn)，忘其身以及其亲，非惑与 (yú)？"

注 释

①修慝：改正邪恶的念头。②攻：批判，指责。

译 文

樊迟陪孔子在舞雩台下散步，说："请问怎样提高品德修养，消除自己的邪念，辨别迷惑？"孔子说："问得好！先努力做事，然后才有收获，这不是提高品德的方法吗？反省自己的错误，不要批判别人的错误，这不就是消除邪念的方法吗？由于一时的气愤，就忘记了自身的安危，甚至牵连自己的亲人，这不是迷惑吗？"

古 注

范祖禹注："先事后得，上义而下利也。人惟有利欲之心，故德不崇。惟不自省己过而知人之过，故慝不修。感物而易动者莫如忿，忘其身以及其亲，惑之甚者也。惑之甚者必起于细微，能辨之于早，则不至于大惑矣。故惩忿所以辨惑也。"

今 论

李零《丧家狗》："人的优缺点总是形影相随，孔子的谈话都是因材施教。子张正义感强，但流于偏激。针对这一点，孔子跟他强调，主要是'辨惑'，即不要好恶过深，失去对人的理智判断。樊迟的优点是求知心切，说干就干，非常勇武，但缺点是性格外向，脾气急躁，缺乏耐心。孔子针对这一点，一是告他'先事后得'，即不要急于求成；二是告他不要对人心存恶念，最好多反省自己的过错，少计较别人的错误；三是告他不要逞一时之愤，随便发脾气，不顾自己，也不顾父母。"

阅典笔记

儒家思想是特别注重反思精神的。当我们做事出现问题的时候，很自然地会去指责别人，指责客观环境，西方心理学已经证明，这是人类的一种普遍现象。但是，当你指责的人或物过多，当你觉得全天下的人和物都有问题的时候，那肯定是你自己有问题了。

12.22

樊迟问仁。子曰："爱人。"问知 (zhì)[①]。子曰："知人。"樊迟未达。子曰："举直错[②]诸枉，能使枉者直。"樊迟退，见子夏曰："嚮 (xiàng)[③]也吾见于夫子而问知 (zhì)，子曰：'举直错诸枉，能使枉者直'，何谓也？"子夏曰："富哉言乎！舜有天下，选于众，举皋 (gāo)陶 (yáo)[④]，不仁者远[⑤]矣。汤[⑥]有天下，选于众，举伊尹[⑦]，不仁者远矣。"

注释

①知：通"智"。②错：错，通"措"，放置。③嚮：通"向"，过去。④皋陶：舜时掌握刑法的大臣。⑤远：动词，远离。⑥汤：商朝的建立者。⑦伊尹：汤的宰相，曾辅助汤灭夏兴商。

译文

樊迟问什么是仁。孔子说："爱人。"樊迟问什么是智。孔子说："了解人。"樊迟还不明白。孔子说："选拔正直的人，罢黜邪恶的人，这样就能使邪者归正。"樊迟退出来，见到子夏说："刚才我见到老师，问他什么是智，他说'选拔正直的人，罢黜邪恶的人，这样就能使邪者归正'，这是什么意思？"子夏说："这话多么富有寓意呀！舜有天下，在众人中挑选人才，把皋陶选拔出来，不仁的人就被疏远了。汤有了天下，在众人中挑选人才，把伊尹选拔出来，不仁的人就被疏远了。"

古注

程颐注："圣人之语，因人而变化。虽若有浅近者，而其包含无所不尽，观于此章可见矣。非若他人之言，语近则遗远，语远则不知近也。"

今论

李零《丧家狗》："知人在于善任，好人立，则坏人去。人不要好恶太深，如蝇逐臭，如蚊嗜血，光盯着坏东西，而要尽量发现好东西。只要把好的东西树立起来，坏的东西自然成不了气候。"

阅典笔记

此乃爱人的智慧。

12.23

子贡问友。子曰："忠告而善道(dǎo)①之,不可则止,毋(wú)自辱焉。"

注 释

①道：通"导"，引导。

译 文

子贡问怎样交朋友。孔子说："忠诚地劝告他，好好地引导他，如果不听也就罢了，不要自取其辱。"

今 论

李泽厚《论语今读》："朋友之道，平等独立，不宜强加于人。即使忠言善告，也应适可而止；如不被接受，也就算了，否则自讨没趣。这种'处世之道'，至今有用。"

阅典笔记

真正的朋友，并不会在意逆耳的忠言。

12.24

曾子曰："君子以文会友，以友辅仁。"

译 文

曾子说："君子以文章学问来结交朋友，依靠朋友帮助自己修养仁德。"

古 注

朱熹注："讲学以会友，则道益明；取善以辅仁，则德日进。"

今 论

南怀瑾《论语别裁》："这篇书一开始，颜渊问的是仁。到这里最后的结论，提到曾子讲的朋友之道，同时再度表明作人也就是仁的用。所谓仁就是爱人；也是人与人之间相处和自处的高度修养；也可以说是作人的艺术。"

阅典笔记

所谓君子之交。

子路篇

第十三

本篇共有 30 章，其中著名的文句有："名不正则言不顺，言不顺则事不成"、"欲速则不达"、"父为子隐，子为父隐"、"居处恭、执事敬、与人忠"、"言必信，行必果"、"君子和而不同，小人同而不和"、"君子泰而不骄，小人骄而不泰"。本篇包含的内容比较广泛，其中有关于如何治理国家的政治主张，孔子的教育思想，个人的道德修养与品格完善，以及"和而不同"的思想。

13.1

子路问政。子曰："先之，劳之。"请益，曰："无倦。"

译文

子路问怎样管理政事。孔子说："自己做在老百姓之前，然后再劳役百姓。"子路请求再多讲一点。孔子说："永远不要懈怠。"

古注

程颐注："子路问政，孔子既告之矣。及请益，则曰'无倦'而已。未尝复有所告，姑使之深思也。"

今论

南怀瑾《论语别裁》："为政作主管的，尤其是作战带兵的，都是这样：自己站在前面，有艰难困苦与辛劳，我领先担负了；利益方面也

◎ **子路（仲由）**

是先让人家，自己不要，这是'外其身'，而实际上最后的成功还是自己，这是领导的'先之'的道理。"

阅典笔记

"先天下之忧而忧,后天下之乐而乐。"范仲淹的这句名言,其精神在于"敢为先"。不是有句话么,说打仗的时候喊"跟我上"的都能打胜仗,喊"给我冲"的都不知道该给谁冲……

13.2

仲弓为季氏宰，问政。子曰："先有司①，赦小过，举贤才。"曰："焉知贤才而举之？"曰："举尔所知。尔所不知，人其舍之者②？"

注释

①有司：古代负责具体事务的官吏。②人其舍之者：原本为"人其舍诸"，上博楚简则为"人其舍之者"。今根据李零分析，从后者。

译文

仲弓做了季氏家臣，问怎样管理政事。孔子说："先给办事人员做表率，赦免他们的小错，选拔贤才来任职。"仲弓又问："怎样知道是贤才而把他们选拔出来呢？"孔子说："选拔你所熟悉的人、不熟悉的人以及被舍弃的人。"

古注

范祖禹注："不先有司，则君行臣职矣；不赦小过，则下无全人矣；不举贤才，则百职废矣。失此三者，不可以为季氏宰，况天下乎？"

今论

李泽厚《论语今读》："战争时期，人才易出，也不重小德。和平年月则反是，于是贤才大能被扼杀、封禁在所谓'德才兼备'、实则以拘小节求全责备的'原则'下而抱恨终身者，多矣。"

◎ 仲弓（冉雍）

阅典笔记

过去都认为，孔子的这句话说的是推荐人才只推荐自己熟悉的，因为自己熟悉的人他才知道好坏。上博楚简出土后，我们看到了现在这个版本，也就是说，无论认识不认识，甚至是被别人抛弃的，只要是人才，都应当推荐。相比之下，前者虽有理，但是目光狭隘，近于狡辩；而后者才真正具有决决之风、浩浩正气。有这样的气度，人才何苦不出？

13.3

子路曰："卫君①待子而为政，子将奚(xī)先？"子曰："必也正名乎！"子路曰："有是哉，子之迂也！奚其正？"子曰："野哉，由也！君子于其所不知，盖阙(què)②如也。名不正，则言不顺；言不顺，则事不成；事不成，则礼乐不兴；礼乐不兴，则刑罚不中；刑罚不中，则民无所错手足。故君子名之必可言也，言之必可行也。君子于其言，无所苟而已矣！"

注释

①卫君：卫出公，卫灵公之孙。其父蒯聩被卫灵公宠妃南子驱逐出国，卫灵公死后，出公继位。蒯聩要回国争夺君位，遭到出公拒绝。②阙：存疑。

译文

子路说："卫国国君要您去治理国家，您打算先做什么呢？"孔子说："首先必须正名分。"子路说："有这样做的吗？您太迂腐了。有什么好纠正的？"孔子说："真粗野啊！仲由！君子对于不了解的事情，大概避而不谈吧。名分不正，说起话来就不顺当；说话不顺当，事情就办不成；事情办不成，礼乐就不能兴盛；礼乐不能兴盛，刑罚的执行就不会得当；刑罚不得当，百姓就不知怎么办好。所以，君子一定要定下名分，必须能够说得明白，说出来一定能够行得通。君子对于自己的言行，是从不马马虎虎对待的。"

古注

程颐注："名实相须。一事苟，则其余皆苟矣。"

今论

南怀瑾《论语别裁》："就是孔子讲的，名不正，思想就不纯正，'则民无所措手足'。这个时代，老百姓不知哪个思想是对的。"

阅典笔记

名不正则言不顺，正确的事情为什么不敢大声地说出来呢？

樊迟请学稼。子曰："吾不如老农。"请学为圃(pǔ)①。曰："吾不如老圃。"樊迟出。子曰："小人哉，樊须也！上好礼，则民莫敢不敬；上好义，则民莫敢不服；上好信，则民莫敢不用情②。夫如是，则四方之民襁(qiǎng)③负其子而至矣，焉用稼？"

注释

①圃：菜地，引申为种菜。②情：情实。③襁：背婴孩的宽带。

译文

樊迟问孔子如何种庄稼。孔子说："我不如老农。"樊迟又问如何种菜。孔子说："我不如老菜农。"樊迟走后，孔子说："樊迟真是小人。居上位者重礼制，百姓就不敢不敬畏；居上位者重道义，百姓就不敢不服从；居上位者重信用，百姓就不敢不用真心来对待你。要是做到这样，四面八方的百姓就会背着自己襁褓中的小孩来投奔，哪里用得着自己亲自去种庄稼呢？"

古注

杨时注："樊须游圣人之门，而问稼圃，志则陋矣，辞而辟之可也。待其出而后言其非，何也？盖于其问也，自谓农圃之不如，则拒之者至矣。须之学疑不及此，而不能问。不能以三隅反矣，故不复。及其既出，则惧其终不喻也，求老农老圃而学焉，则其失愈远矣。故复言之，使知前所言者意有在也。"

○ 宋人伐木

今 论

李泽厚《论语今读》："在民主政治和现代官僚体制出现之前，中国文官体制是最完备和最有效的，其基本观念可说来自此处。孟子有'劳心者治人，劳力者治于人'这种明确表述。与此相反，从农家、墨家到毛泽东，中国思想史上又一直有废除劳心劳力区分、由生产者直接管理政务的乌托邦观念。"

阅典笔记

在孔子时代，教育的目的，就是为了培养实行统治的知识分子。这在当时的历史条件下有其相对的合理性。就现在而言，各行各业所做的事情，都是一种社会分工，哪一个环节缺了，社会都不能正常运转。

13.5

子曰："诵《诗》三百，授之以政，不达；使于四方，不能专对；虽多，亦奚以为？"

译 文

孔子说："诵读《诗经》三百余篇，让他处理政务，却不会办事；让他当外交使节，不能独立地交涉；即使读得很多，又有什么用呢？"

今 论

南怀瑾《论语别裁》："如果所学与行政配合不起来，不能得心应手，不能通情达理，那就要外放出去，使于四方，去各处经验、多历练。这就和后来司马迁'读万卷书，行万里路'的道理一样，经验不够，就使于四方，到处去增加人生的经历，然后再回来考察他，如果处理事情还是不能专精、深入，那么再培养、训练也没有用。这种人才，只能成为书呆子。"

阅典笔记

读书不只是为了读书而已，关键是要理解其中的思想。

13.6

子曰："其身正，不令而行；其身不正，虽令不从。"

译 文

孔子说："自身端正了，即使不发布命令，老百姓也会去做；自身不正，即使发布命令，老百姓也不会服从。"

阅典笔记

上梁正，则下梁刚。

13.7

子曰："鲁卫之政，兄弟也。"

译 文

孔子说："鲁和卫两国的政事，就像兄弟一样。"

古 注

朱熹注："本兄弟之国，而是时衰乱，政亦相似，故孔子叹之。"

阅典笔记

有些事情并不如传闻中那么重要，知足常乐。

13.8

子谓卫公子荆①："善居室。始有，曰：'苟②合③矣！'少④有，曰：'苟完矣。'富有，曰：'苟美矣。'"

注 释

①卫公子荆：卫国大夫，字南楚，卫献公的儿子。被认为是有道德的人。②苟：实在是。③合：给，足。④少：稍微。

译 文

孔子谈到卫国的公子荆时说："他善于居家理财。刚开始有一点财产，他说：'实在是足够了。'稍微多一点时，他说：'实在是太完备了。'富有以后，他说：'实在是太完美了。'"

今 论

南怀瑾《论语别裁》："一个穷小子出身，渐渐环境好了，自然会奢侈起来，这种习惯容易养成；习惯了以后，一旦穷了，再要想俭省，就困难了。"

阅典笔记

满足并不是就不去奋斗，而是把自己从不满的情绪中解放出来。只有真的解放出来，才能有更多的精力和热情去奋斗，从而改变自己的处境。

13.9

子适卫，冉有仆①。子曰："庶矣哉！"冉有曰："既庶②矣，又何加焉？"曰："富之。"曰："既富矣，又何加焉？"曰："教之。"

注 释

①仆：驾车。②庶：这里指人口众多。

译 文

孔子到卫国去，冉有为他驾车。孔子说："人口真多！"冉有说："人口够多了，还要再做什么？"孔子说："使他们富起来。"冉有说："富了以后又还要做些什么？"孔子说："教育他们。"

古 注

朱熹注："庶而不富，则民生不遂，故制田里，薄赋敛以富之。……富而不教，则近于禽兽。故必立学校，明礼义以教之。"

今 论

南怀瑾《论语别裁》："繁荣、富有、文化教育，是政治发展的三阶段。"

阅典笔记

人汇聚在一起，并不是因为财富，而是因为同样的理念、信念、精神。

13.10

子曰："苟有用我者，期(jī)①月而已可也，三年有成。"

注 释

①期月：一年的月份周而复始，指一整年。期，周期。

译 文

孔子说："如果有人用我治理国家，一年便可以搞出个样子，三年就会卓有成效。"

阅典笔记

孔子是要把自己的思想付诸实践的,要取得官位、取得威望,因此,他宣传自己毫无不妥。反倒是现在很多知识分子,骨子里希望能够成名,却又忸怩作态,实在可笑!

13.11

子曰:"'善人为邦百年,亦可以胜残去杀矣。'诚哉是言也!"

译 文

孔子说:"'善人治理国家一百年,也就可以消除残暴,废除刑罚杀戮了。'这话真对呀!"

古 注

尹焞注:"胜残去杀,不为恶而已,善人之功如是。若夫圣人,则不待百年,其化亦不止此。"

今 论

李泽厚《论语今读》:"可见均需渐进,暴力不能立即消除,死刑更不可立即废止,即使'善人'、'圣王'为之,也需时间,这是一个漫长的进步过程。"

阅典笔记

百年中的变数,无人可知。

13.12

子曰:"如有王者,必世而后仁。"

译 文

孔子说:"如有王者兴起,也一定要三十年才能使仁德普行。"

阅典笔记

动不动就三十年、一百年的,拖的时间也太长了吧!

13.13

子曰："苟正其身矣，于从政乎何有？不能正其身，如正人何！"

译文

孔子说："如果端正了自身的行为，参政治国还有什么困难呢？如果不能端正自身的行为，怎能使别人端正呢？"

阅典笔记

君子，未必适合做君主。他有端正的行为，也要人们都会效法才行。

13.14

冉子退朝①。子曰："何晏②也？"对曰："有政。"子曰："其事也？如有政，虽不吾以③，吾其与(yù)④闻之。"

注释

①退朝：指季氏的私朝。冉有身为季氏家臣，不能朝见国君。②晏：晚。③不吾以："不以吾"的倒装。④与：参与。

译文

冉求从季氏的私朝回来。孔子说："为什么回来得这么晚呀？"冉求说："有政事。"孔子说："只是一般的事务吧？如果有政事，虽然国君不用我了，我也会知道的。"

古注

朱熹注："礼：大夫虽不治事，犹得与闻国政。是时季氏专鲁，其于国政，盖有不与同列议于公朝，而独与家臣谋于私室者。故夫子为不知者而言，此必季氏之家事耳。若是国政，我尝为大夫，虽不见用，犹当与闻。今既不闻，则是非国政也。语意与魏征献陵之对略相似。其所以正名分，抑季氏，而教冉有之意深矣。"

今论

李零《丧家狗》："看来，冉有和季氏商谈过什么事，不便泄漏，他没跟老师讲实话，孔子起了疑心。"

对于大事件，不要寄希望于堵塞言路，因为毫无用处。

13.15

定公问："一言而可以兴邦，有诸？"孔子对曰："言不可以若是。其几(jī)也，人之言曰：'为君难，为臣不易。'如知为君之难也，不几乎一言而兴邦乎！"曰："一言而丧邦，有诸？"孔子对曰："言不可以若是。其几也，人之言曰：'予无乐乎为君。唯其言而莫予违也。'如其善而莫之违也，不亦善乎！如不善而莫之违也，不几乎一言而丧邦乎！"

译文

鲁定公问："一句话可以使国家兴盛，有这样的话吗？"孔子答道："不可能有这样的话。但有相近的话，有人说：'做君主难，做臣子也不容易。'如果知道了做君主的难处是什么，这不近乎于一句话可以使国家兴盛吗？"鲁定公又问："一句话可以亡国，有这样的话吗？"孔子回答说："不可能有这样的话。但有相近的话，有人说：'我做君主并没有什么可高兴的，我所高兴的只在于，我说的话没有人敢违抗。'如果说得对而没有人违抗，不也好吗？如果说得不对而没有人违抗，那不就近乎于一句话可以亡国吗？"

古注

范祖禹注："言不善而莫之违，则忠言不至于耳。君日骄而臣日谄，未有不丧邦者也。"谢良佐注："知为君之难，则必敬谨以持之。惟其言而莫予违，则谗谄面谀之人至矣。邦未必遽兴丧也，而兴丧之源分于此。然此非识微之君子，何足以知之？"

今论

南怀瑾《论语别裁》："如果我们研究历史上一些成功和失败人物的性格，会发现很有趣的对比。有些人的性格，喜欢接受别人更好的意见；不过，能立刻改变，马上收回自己的意见，改用别人更好意见的人太少。"

阅典笔记

一个信念，一个理想，一个坚持，也许会决定人的一生——一句话，一辈子，一生情，一杯酒……

13.16

叶 (shè) 公问政。子曰："近者说 (yuè)，远者来。"

译 文

叶公问孔子怎样处理政务。孔子说："使境内的人高兴，使远方的人归附。"

阅典笔记

人们注重的，往往，还是心灵上的幸福。

13.17

子夏为莒 (jǔ) 父 (fǔ) 宰，问政。子曰："无欲速，无见小利。欲速则不达，见小利则大事不成。"

译 文

子夏做莒父的总管，问孔子怎样办理政事。孔子说："不要求快，不要贪小利。求快反而达不到目的，贪求小利就做不成大事。"

古 注

朱熹注："欲事之速成，则急遽无序，而反不达。见小者之为利，则所就者小，而所失者大矣。"

阅典笔记

欲速则不达。被琐碎的利益所扰的心，往往已经无暇顾及其他。

13.18

叶 (shè) 公语 (yù)① 孔子曰："吾党有直躬者②，其父攘 (rǎng) 羊③，而子证④之。"孔子曰："吾党之直者异于是。父为子隐，子为父隐，直在其中矣。"

注 释

①语：告诉。②直躬：正直。③攘：偷。④证：告发。

叶公告诉孔子说："我们乡党有个正直的人，他的父亲偷了人家的羊，他告发了父亲。"孔子说："我们乡党正直的人和你讲的不一样：父亲为儿子隐瞒，儿子为父亲隐瞒。正直就在其中了。"

今论

李零《丧家狗》："孔子是亲情至上主义者，他提倡的为尊者讳，在中国是个坏传统，至今仍很有市场。领导、父母、老师，干什么坏事都得遮着，居然以为美德。谁不遮，谁倒霉。"

阅典笔记

真正正直的父亲难道不希望自己的孩子是一个堂堂正正的人么？

13.19

樊迟问仁。子曰："居处恭，执事敬，与人忠；虽之夷狄，不可弃也。"

译文

樊迟问什么是仁。孔子说："起居端庄有礼，办事严肃认真，待人忠心诚意。即使到了落后的夷狄之地，也不可放弃这些。"

古注

康有为注："公理既备，则不徒在礼义文明之邦，人皆尊信，即在夷狄野蛮之国，而公理不可废，亦必不见弃也。仁本为公理。"

今论

李零《丧家狗》："樊迟问行，孔子讲了三条待人处事的原则：在家有礼貌，干事很敬业，对人很忠诚，就是到了夷狄之地，这三条也不能丢。"

阅典笔记

认真、忠诚、端庄是人生中不可或缺的品质，但偶尔入乡随俗一下也许会发现新的东西。

13.20

子贡问曰："何如斯可谓之士矣？"子曰："行己有耻，使于四方，

不辱君命，可谓士矣。"曰："敢问其次。"曰："宗族称孝焉，乡党称弟 (tì) 焉。"曰"敢问其次。"曰："言必信，行必果，硁硁 (kēng)①然小人哉! 抑②亦可以为次矣。"曰："今之从政者何如？"子曰："噫! 斗筲 (shāo) 之人③，何足算也？"

注 释

①硁硁：这里引申为像石块那样坚硬,固执。②抑：表示转折。③斗筲之人：比喻器量狭小的人。筲，竹器，容一斗二升。

译 文

子贡问道："怎样才称得上士？"孔子说："自己在做事时有知耻之心，出使外国能够完成君主交付的使命，便可以称得上是士。"子贡说："请问次一等的呢？"孔子说："宗族称赞他孝顺父母，乡党们称赞他尊敬兄长。"子贡又问："请问再次一等的呢？"孔子说："说到一定做到，做事一定坚持到底，不问是非地固执己见，那是小人啊! 但也可以称得上是再次一等的士了。"子贡又说："现在的执政者，您看怎么样？"孔子说："唉! 这些器量狭小的人，哪里能算呢？"

古 注

朱熹注："此其志有所不为，而其材足以有为者也。子贡能言，故以使事告之。盖为使之难，不独贵于能言而已。"

今 论

李泽厚《论语今读》："可见，'小人'并不是道德不好的人，只是一般普通人而已。而且还能'言必信，行必果'，也不容易。比起博大君子来，当然差一等，但比'今日从政者'，还远远高出一层。"

阅典笔记

重要的是不要随便许诺。

13.21

子曰："不得中行①而与之，必也狂②狷 (juàn)③乎! 狂者进取，狷者有所不为也。"

注释

①中行：行为合乎中庸。②狂：勇于进取。③狷：洁身自好。

译文

孔子说："如果不能结交奉行中庸之道的人，那一定要结交狂者和狷者！狂者勇于进取，狷者不肯做坏事。"

古注

孟子曰："孔子岂不欲中道哉？不可必得，故思其次也。如琴张、曾皙、牧皮者，孔子之所谓狂也。其志嘐嘐然，曰：'古之人！古之人！'夷考其行而不掩焉者也。狂者又不可得，欲得不屑不洁之士而与之，是狷也，是又其次也。"

今论

李零《丧家狗》："孔子说，如果不能和第一种人结交，难道只能和后两种人为伍吗？'狂'是过，'狷'是不及，过犹不及，他都不赞同，赞同的是中庸之行。刘宝楠指出，《孟子·尽心下》对这段话有解释。孟子说，孔子的意思是，不能和中行之人交，就和狂者交，不能和狂者交，就和狷者交。杨伯峻说，孟子的话，未必符合孔子本意，但可备参考。"

阅典笔记

"狂"与"狷"是两种对立的品质。一是流于冒进，敢作敢为；一是流于退缩，不敢作为。孔子认为，中行就是不偏狂不偏狷。狂者如果多加锤炼，也可以中行；狷者如果多加激励，同样可以中行。

◎ 忠信济水

13.22

子曰："南人有言曰：'人而无恒①，不可以作巫医②。'善夫！""不恒其德③，或承之羞。"子曰："不占而已矣。"

注释

①无恒：古人认为没有恒心不吉利，因而不能充当治病的巫医。②巫医：用卜筮为人治病的人。上古常用巫师祝祷的方式为人治病。③不恒其德，或承之羞：《易经·恒卦·爻辞》中的句子。

译文

孔子说："南方人说：'人如果做事没有恒心，就不能当巫医。'这话说得真好啊！""人不能长久地保存自己的德行，免不了遭受耻辱。"孔子说："这是告诉没有恒心的人，不用去占卦了。"

古注

杨时注："君子于易苟玩其占，则知无常之取羞矣。其为无常也，盖亦不占而已矣。"

今论

南怀瑾《论语别裁》："这一路下来，都是讨论人的问题，以现代来说，包括了人才的分类、人格的类别、人性的研究，这些都与为政有关系。"

阅典笔记

凡事贵在坚持。

13.23

子曰："君子和而不同，小人同而不和。"

译文

孔子说："君子讲求和谐而不同流合污，小人只求完全一致而不讲求协调。"

今论

李泽厚《论语今读》："中国哲学一直强调'和'，也即是强调'度'，强调'过犹不及'和'中庸'，其道理是一致的，此即所谓'吾道一以贯之'。这是中国的辩证法。"

君子有的不是现成的酒肉，而是共同的理念，以及在不同地方为其奋斗的身影——所谓形散而神不散。

13.24

子贡问曰：“乡人皆好之，何如？”子曰：“未可也。”“乡人皆恶之，何如？”子曰：“未可也。不如乡人之善者好之，其不善者恶之。”

译文

子贡问孔子说：“全乡人都喜欢，这个人怎么样？”孔子说：“这还不能肯定。”子贡又问孔子说：“全乡人都厌恶，这个人怎么样？”孔子说：“这也是不能肯定的。最好的人是全乡的好人都喜欢他，全乡的坏人都厌恶他。”

古注

朱熹注：“一乡之人，宜有公论矣，然其间亦各以类自为好恶也。故善者好之而恶者不恶，则必其有苟合之行。恶者恶之而善者不好，则必其无可好之实。”

今论

李零《丧家狗》：“民意是政治，不是真理。群众说了算，绝不能滥用。”

阅典笔记

孔子对舆论有所保留，他说过“众好之，必察焉；众恶之，必察焉”（见15.18章）。这里其实说的是同一个意思：不以众人的好恶为依据，而应以善恶为标准。听取众人的意见是应当的，这虽然也是判断一个人优劣的依据之一，但绝不是唯一的依据。

13.25

子曰：“君子易事①而难说(yuè)②也。说(yuè)之不以道，不说(yuè)也；及其使人也，器之③。小人难事而易说(yuè)也。说(yuè)之虽不以道，说(yuè)也；及其使人也，求备焉。”

注 释

①事：侍奉。②说：通"悦"。③器之：量才使用他。

译 文

孔子说："为君子办事很容易，但很难取悦于他。不按正道去讨好他，他是不会喜欢的。但是，当他用人的时候，总是量才而用人。为小人办事很难，但要取悦于他则很容易的。不按正道去讨好他，他也喜欢。但等到他用人的时候，却是求全责备。"

古 注

朱熹注："君子之心公而恕，小人之心私而刻。天理人欲之间，每相反而已矣。"

阅典笔记

能够坚持作君子的人实属不易。人，常常被自己的弱点打败。

13.26

子曰："君子泰而不骄，小人骄而不泰。"

译 文

孔子说："君子安静坦然而不傲慢无礼，小人傲慢无礼而不安静坦然。"

今 论

南怀瑾《论语别裁》："这又是君子与小人的对比。君子之人很舒泰，这个泰字，包括了很多意义：度量宽宏，胸襟开阔，光明爽朗，这就是泰。君子虽然很舒泰，态度绝不骄傲。小人既骄傲，又自卑，心里像猫爪一样，到处都是毛病，心境就不泰然了。"

阅典笔记

虚张声势，依旧填补不了内心的空虚。

13.27

子曰："刚、毅、木、讷 (nè)，近仁。"

译文

孔子说："刚强、果敢、朴实、谨慎，这四种品德接近于仁。"

古注

程颐注："木者，质朴。讷者，迟钝。四者，质之近乎仁者也。"

今论

南怀瑾《论语别裁》："这一句话，包括一个人的三种个性。刚，很刚强，换句话说有脾气，而且是很明显的有脾气，不对就是不对，绝不愿放在肚子里不响，教他做不合理的事情，他绝不干。毅，是果敢，有决断。木讷，是看起来好像笨笨的，但很厚道、朴实。如有这三个因素具备的人就太好了，再不然有其中的一点，也都是近于仁道的人物。"

阅典笔记

"仁"是孔子哲学的一个中心概念，在不同的语境下有不同的意思，总的来说，是孔子对于完人的理想，是他心目中的最高境界。

🌀 13.28 🌀

子路问曰："何如斯可谓之士矣？"子曰："切切偲偲(sī)①、怡怡(yí)②如也，可谓士矣。朋友切切偲偲，兄弟怡怡。"

注释

①切切偲偲：切磋勉励。②怡怡：和顺的样子。

译文

子路问："怎样才可以称为士呢？"孔子说："互助督促勉励，相处和和气气，可以算是士了。朋友之间互相督促勉励，兄弟之间相处和和气气。"

古注

胡安国注："切切，恳到也。偲偲，详勉也。怡怡，和悦也。皆子路所不足，故告之。又恐其混于所施，则兄弟有贼恩之祸，朋友有善柔之损，故又别而言之。"

今论

南怀瑾《论语别裁》："这几句话看起来好像教条，反省起来，我们每天对朋友、对同事、对兄弟都能愉快相处，和蔼相亲，就不易办到，尤其对子路的个性正好下一针砭。"

这跟自身修养有关，和天生的性格也有关。有的人天生好脾气，对谁都和和气气的。

13.29

子曰："善人教民七年，亦可以即戎①矣。"

注 释

①即戎：参军作战。即，就。戎，兵事。

译 文

孔子说："善人教育人民七年，就可以叫他们去当兵打仗了。"

古 注

程颐注："七年云者，圣人度其时可矣。如云期月、三年、百年、一世、大国五年、小国七年之类，皆当思其作为如何乃有益。"

阅典笔记

孔子很少言兵，但他非常重视国防。强兵的目的，在于防守，而不在于进攻。很多时候，我们无心去与别人一争高下，但是往往会成为别人眼中的假想敌。只要不去侵犯别人，也就可以问心无愧了。

13.30

子曰："以不教民战，是谓弃之。"

译 文

孔子说："用未经训练的民众去作战，这可以说是抛弃他们。"

今 论

南怀瑾《论语别裁》："个人的修养也是如此，随时要准备战斗的精神，但不轻易用兵。中国武功的道理也是一样，练拳、练刀、练剑的人，要练到最高的武功，可不是为了轻易杀害别人，而主要在于求得和平的自卫。"

阅典笔记

成功向来都是向有准备的人敞开怀抱。

宪问篇

第十四

本篇共计 44 篇。其中著名文句有："见危授命，见利思义"、"君子上达，小人下达"、"古之学者为己，今之学者为人"、"不在其位，不谋其政"、"君子思不出其位"、"君子耻其言而过其行"、"修己以安百姓"、"仁者不忧，智者不惑，勇者不惧"。这一篇中所包括的主要内容有：作为君子必须具备的某些品德，孔子对当时社会上的各种现象所发表的评论，孔子提出"见利思义"的义利观等。

14.1

宪①问耻。子曰："邦有道，谷②；邦无道，谷，耻也。""克③、伐④、怨、欲不行焉，可以为仁矣？"子曰："可以为难矣，仁则吾不知也。"

注释

①宪：即原思。②谷：做官者的俸禄。③克：胜。④伐：自夸。

译文

原宪问孔子什么是可耻。孔子说："国家政治清明，做官拿俸禄；国家政治混乱，做官还拿俸禄，这就是可耻。"原宪又问："好胜、自夸、怨恨、贪欲都没有的人，可以算做到仁了吧？"孔子说："这算是是很难得的了，但是不是做到了仁，我就不知道了。"

古注

朱熹注："邦有道不能有为，邦无道不能独善，而但知食禄，皆可耻也。

宪之狷介，其于邦无道谷之可耻，固知之矣；至于邦有道谷之可耻，则未必知也。故夫子因其问而并言之，以广其志，使知所以自勉，而进于有为也。"

今 论

李零《丧家狗》："孔子的处世之道是，能当官，一定要当官，不能当官，才退隐。机会不能丢，原则不能丢，老命也不能丢。失节不行，饿死不行，蹲监狱也不行。……他老人家一点都不傻，世道好不好，先得试一试，只要有从政的机会，绝不放弃。试过，感觉不对，也别豁出命来硬拼，而是不抛头，不露面，说话小心，把自己保护得好好的。"

◎ 原思（原宪）

阅典笔记

不管拿多少俸禄，只要能干好同等价值的事情，无论何时都可以心安理得。

14.2

子曰："士而①怀居②，不足以为士矣！"

注 释

①而：如果。②怀居：这里指留恋家居的安逸生活。

译 文

孔子说："士如果留恋家庭的安逸生活，就不配做士了。"

今 论

李零《丧家狗》："孔子提倡人才流动。他说，'士'如果'怀居'，以为'好出门不如歹在家'，就不配称为'士'了。"

阅典笔记

真的勇士，敢于面对惨淡的人生，难道不可享受一下么？

◎ 问礼老聃

14.3

子曰："邦有道，危言危行；邦无道，危行言孙(xùn)②。"

译文

孔子说："国家政治清明，要正直地说话，正直地做人；国家政治混乱，还要正直地做人，但说话要谨慎。"

古注

尹焞注："君子之持身不可变也，至于言则有时而不敢尽，以避祸也。然则为国者使士言孙，岂不殆哉？"

今论

李零《丧家狗》："孔子的处世哲学是，人应该以直道事人，但天下有道和无道，不一样。天下有道，可以直言直行；无道，行可以直，但言不行，说话一定要小心谨慎，尽量往回缩。孔子对乱世，态度很现实，同流合污，与时俯仰，他不肯。但挺身而出，赌气饿死、蹲监狱，他也不赞成。"

"韬光养晦"和"胆小怕事",有时候从表面上很难分得清。如果真的有志于改变衰颓的局面,首先就要忍辱负重,保住自己,韬光养晦,积蓄力量,然后寻找机遇。

14.4

子曰:"有德者必有言,有言者不必有德;仁者必有勇,勇者不必有仁。"

译文

孔子说:"有道德的人,一定有善言,但有善言的人不一定有道德;有仁德的人一定勇敢,但勇敢的人都不一定有仁德。"

古注

尹焞注:"有德者必有言,徒能言者未必有德也。仁者志必勇,徒能勇者未必有仁也。"

阅典笔记

每个人都是一个多面体,特别是在需要人 N 面玲珑的世道中。

14.5

南宫适 (kuò) 问于孔子曰:"羿 (yì)①善射,奡 (ào)②荡舟,俱不得其死然。禹、稷 (jì)③躬稼,而有天下。"夫子不答。南宫适 (kuò) 出。子曰:"君子哉若人!尚德哉若人!"

注释

①羿:这里所说的是夏朝时有穷国的国君,曾夺夏太康的王位,后被其臣寒浞所杀。②奡:一作"浇",传说中寒浞的儿子,以力大著称,善于水战。③禹、稷:禹,夏朝的开国之君,善于治水,注重发展农业。稷,周朝的祖先,又为谷神,教民种植庄稼。

译文

南宫适问孔子："羿善于射箭，奡善于水战，最后都不得好死。大禹和后稷都亲自种植庄稼，却得到了天下。"孔子没有回答。南宫适出去后，孔子说："这个人真是个君子啊！这个人真崇尚道德！"

古注

康有为注："盖德与力，自古分疆，而有力者终不如有德。嬴政、亚力山大、成吉斯汗、拿破仑之闻，必不如孔子及佛与耶苏也，此为万古德力之判案也。"

◎ 南容（南宫适）

今论

李零《丧家狗》："南宫适的问题，孔子不回答，等他走了，反而赞美他，夸他是君子，道德高尚。这是为什么？我想，他对南宫适的话并不一定完全赞同。南宫适谨小慎微，反对逞强好胜，孔子很欣赏，禹、稷是古昔圣贤，他也不反对，但'禹、稷耕稼而有天下'这话，毕竟有点樊迟的味道，孔子不爱听。孔子欣赏南宫适的人生态度，所以赞美他，但对他的话又有所保留。因为话不好讲，所以干脆不说话。"

阅典笔记

亲民者得民。

14.6

子曰："君子而不仁者有矣夫，未有小人而仁者也。"

译文

孔子说："身为君子却没有仁德的人是有的，但身为小人却有仁德的人是没有的。"

今论

南怀瑾《论语别裁》："孔子所要求的对象，主要的是知识分子。在古代教育不普及，知识分子少，一个君子当然要仁慈。但是人非圣贤，谁能无过？

有时不仁也是难免的事。至于坏人当然没有仁慈的心，坏人如果有了仁心，就不是坏人，有句俗语'强盗发善心'，这是不大可能的。如真的强盗发了善心，他就不作强盗而改作好人了。"

阅典笔记

没有完完全全的好人，也没有彻彻底底的坏人。

14.7

子曰："爱之，能勿劳乎？忠焉，能勿诲乎？"

译 文

孔子说："爱他，能不使他经受劳苦吗？忠于他，能不教导他吗？"

古 注

苏轼注："爱而勿劳，禽犊之爱也；忠而勿诲，妇寺之忠也。爱而知劳之，则其为爱也深矣；忠而知诲之，则其为忠也大矣。"

今 论

南怀瑾《论语别裁》："教育和《孙子兵法》一样，'置之死地而后生'，硬要想办法使他受苦，使他知道困苦艰难。以这种道理，就能理解'爱之，能勿劳乎？'这句话，也可以理解人生。"

阅典笔记

爱，不是溺爱；忠，不是盲从。

14.8

子曰："为命①，裨(bì) 谌(chén)②草创之，世叔③讨论之，行人④子羽⑤修饰之，东里⑥子产润色之。"

注 释

①命：辞令。②裨谌：郑国大夫，善于出谋划策。③世叔：姓游，名吉，郑国大夫。子产死后，继子产为相。④行人：官名，掌管外交事务。⑤子羽：即公孙挥，字子羽，郑国大夫，经常出使四方。⑥东里：地名，郑国大夫子产居住的地方，在今郑州市。

译文

孔子说:"郑国拟定的外交辞令,由裨谌起草的,经世叔研究并提出意见,再由外交官子羽加以修饰,由子产作最后修改润色。"

古注

朱熹注:"郑国之为辞命,必更此四贤之手而成,详审精密,各尽所长。是以应对诸侯,鲜有败事。孔子言此,盖善之也。"

今论

南怀瑾《论语别裁》:"这段话的意思是说,郑国在那么混乱的时代始终人才济济,发出来的文告,有那么慎重,经过这几个大手笔的考虑才拿出来。这是孔子告诫从政的学生,一个从政的人,一下笔乃至写一个条子都要当心,尤其是有关政治大问题的决定,一写下去,就在历史上留下一个模子,不能草率。所以孔子提到'为命'之难,告诉学生们,不要疏忽。"

阅典笔记

在竞争越来越复杂的今天,团队合作成为了竞争的首选模式。从头到脚的一揽子买卖,越来越受到挑战;而合作共赢,乃是大势所趋。

14.9

或问子产。子曰:"惠人也。"问子西①。曰:"彼哉!彼哉!"②问管仲。曰:"人也。夺伯氏③骈(pián)邑(yì)④三百,饭疏食,没(mò)齿⑤无怨言。"

注释

①子西:这里一般指楚国的公子申,为楚国的令尹(宰相)。②彼哉彼哉:表示轻蔑的习惯用语。③伯氏:齐国大夫。④骈邑:地名,伯氏的采邑。⑤没齿:终其天年,即死。

译文

有人问子产是个怎样的人。孔子说:"是个宽厚慈惠的人。"又问子西。孔子说:"他呀!他呀!"又问管仲。孔子说:"是个有才干的人,他把伯氏骈邑的三百户采地夺走,使伯氏终生只能吃粗茶淡饭,直到老死也没有怨言。"

今论

李零《丧家狗》:"我理解,孔子这段话,重点是讲仁政。他认为,仁政必宽猛相济，不能一味宽。上述三人，孔子的评价，管仲最高，虽猛而不失其仁。子产有惠名，临终遗言，犹知以猛济宽，也还不错。子西之仁是妇人之仁，最后把命都搭进去了，最下。"

阅典笔记

"当断不断，必受其乱。"子产、子西、管仲都是当时的名相。孔子对子产、管仲都相当肯定，对子西却似颇有微词。子西也曾救国于危难之中，后来却仁而无勇，谋而无断，不禁令人惋惜。

14.10

子曰："贫而无怨难，富而无骄易。"

译文

孔子说："贫穷而能没有怨恨是很难做到的，富裕而不骄傲是容易做到的。"

今论

李零《丧家狗》："人生有很多难过的关，穷是一大关。古人说，'由俭入奢易，由奢入俭难'（宋王素《世范》卷中引）。但这个'易'也恰恰埋伏着'难'。穷人，穷则思变，急于致富，当然有强烈冲动。但富家子看破钱，还容易一点；苦孩子看破钱，就难了，因为他没见过钱。"

◎ 俎豆礼容

生活富裕、事业有成的人，能够不骄不躁，保持一颗平常心，这很不容易。但在孔子看来，安贫乐道更难。为什么？因为相对于富贵者，贫穷者处处于劣势。他们没地位，没财力，可能还会受到歧视，受别人的白眼。他们可能会急功近利，可能会仇富，可能会抱怨社会。

14.11

子曰："孟公绰 (chuò)①为赵魏②老③则优④，不可以为滕薛⑤大夫。"

注 释

①孟公绰：鲁国大夫。②赵、魏：赵氏、魏氏，是晋国实力最强的卿。战国时期，赵、魏、韩三家瓜分晋国，列为诸侯。③老：大夫的家臣。④优：有余。⑤滕、薛：皆为当时的小诸侯国。

译 文

孔子说："孟公绰做晋国赵氏、魏氏的家臣，能力绰绰有余，但不能胜任滕、薛这样小国的大夫。"

古 注

胡安国注："知之弗豫，枉其才而用之，则为弃人矣。此君子所以患不知人也。言此，则孔子之用人可知矣。"

今 论

李泽厚《论语今读》："人才之特殊性也。能做大官（赵、魏，大国也）也未必能办具体事，何况大官还有各种各样，有的是以他的'道德'高、资历深、专门用作摆设，什么实际事不干，也干不了。孟公绰可能就属于这类。"

阅典笔记

对人才的认识确实很难，要看清楚一个人是怎样的人，拥有怎样的才能，适合什么工作，确实不是一件容易的事情。有的人适合执行具体事务，有的人适合策划出点子。如果把人放错了位置，不能人尽其才，后果可能不堪设想。

14.12

子路问成人①。子曰："若臧武仲②之知(zhì)，公绰(chuò)③之不欲，卞庄子④之勇，冉求之艺，文⑤之以礼乐，亦可以为成人矣。"曰："今之成人者何必然？见利思义，见危授命，久要⑥不忘平生之言，亦可以为成人矣。"

注释

①成人：人格完备的完人。②臧武仲：鲁国大夫臧孙纥，以智慧高深、知识渊博著称。③公绰：孟公绰，孔子认为他不贪。④卞庄子：鲁国卞邑的大夫，以勇敢著称。⑤文：文饰。⑥要：困顿。

译文

子路问怎样才算完美的人。孔子说："具有臧武仲的智慧，孟公绰的不贪，卞庄子的勇敢，冉求的多才多艺，再用礼乐加以修饰，就算是一个完美的人了。"孔子又说："现在的完人何必一定要这样呢？见到利益能想到是否合乎道义的要求，遇到危险能献出生命，长久处于逆境还不忘平日的诺言，这样也可以称为完美的人。"

古注

胡安国注："今之成人以下，乃子路之言。盖不复闻斯行之之勇，而有终身诵之之固矣。未详是否？"

今论

南怀瑾《论语别裁》："这四个人的优点：高度的智慧；道德的涵养，没有私欲，没有火气，心气平和；品德好的人，往往有点像废人一样，所以又要加上勇敢、决断、侠义的精神，这样还不能算是全才或全人，还要加上文艺境界，与高度的礼教修养，这样几个条件合拢来，就可以为成人了。这该多难！"

阅典笔记

智、清、勇、艺、义，这就是孔子心目中一个完人的所应当具备的素质。能把这几点都做到，几乎不可能，人无完人。完美无缺的人，只能从文学作品中找到了。

14.13

子问公叔文子^①于公明贾^②曰:"信乎?夫子^③不言、不笑、不取乎?"公明贾对曰:"以^④告者过也。夫子时然后言,人不厌其言;乐然后笑,人不厌其笑;义然后取,人不厌其取。"子曰:"其然,岂其然乎?"

注释

①公叔文子:公孙拔,卫献公之子,为人廉静。②公明贾:卫国人。③夫子:这里指公叔文子。④以:这个。

译文

孔子向公明贾问到公叔文子,说:"先生他不说、不笑、不取钱财,是真的吗?"公明贾回答道:"这是传话人的过错。先生他到该说时才说,因此别人不厌恶他说话;高兴时才笑,因此别人不厌恶他笑;合于道义的利益他才索取,因此别人不厌恶他索取。"孔子说:"原来这样,难道真是这样吗?"

古注

朱熹注:"厌者,苦其多而恶之之辞。事适其可,则人不厌,而不觉其有是矣。是以称之或过,而以为不言、不笑、不取也。然此言也,非礼义充溢于中,得时措之宜者不能。文子虽贤,疑未及此,但君子与人为善,不欲正言其非也。"

今论

南怀瑾《论语别裁》:"……公叔文子这个人在历史上有点问题。所以孔子听了他的解释说:'是吗?真的吗?'是表示怀疑口气。是否这个人徒有虚名,很难断定,如白居易的诗:'周公恐惧流言日,王莽谦恭未篡时。向使当初身便死,一生真伪复谁知?'"

阅典笔记

孔子对公叔文子的态度,始终抱以怀疑,究竟是觉得这个人太完美,完美得令人难以置信,还是公叔文子言行不一,这就不得而知了。评价一个人,一不能看表面,二要"日久见人心"。

14.14

子曰:"臧武仲以防^①求为后^②于鲁,虽曰不要 (yāo)^③君,吾不信也。"

注 释

①防：臧武仲的封邑。②为后：立后。③要：要挟。

译 文

孔子说："臧武仲用防邑作交换条件，请求鲁君立臧为作为臧氏的后嗣。纵然有人说他不是要挟君主，我是不相信的。"

古 注

朱熹注："武仲得罪奔邾，自邾如防，使请立后而避邑。以示若不得请，则将据邑以叛，是要君也。"

阅典笔记

孔子认为臧武仲以自己的封地为据点，要挟君主，犯上作乱，犯下了不忠的大罪。按南怀瑾的说法，"中国历史的藩镇祸国，都是同此一例的办法"。

14.15

子曰："晋文公①谲（jué）而不正，齐桓公②正而不谲。"

注 释

①晋文公：春秋五霸之一。②齐桓公：春秋五霸之首。

译 文

孔子说："晋文公诡诈而不正直，齐桓公正直而不诡诈。"

古 注

朱熹注："二公皆诸侯盟主，攘夷狄以尊周室者也。虽其以力假仁，心皆不正，然桓公伐楚，仗义执言，不由诡道，犹为彼善于此。文公则伐卫以致楚，而阴谋以取胜，其谲甚矣。二君他事亦多类此，故夫子言此以发其隐。"

今 论

南怀瑾《论语别裁》："因为他（指晋文公）吃尽流亡的痛苦，深深了解人心的险恶，所以便懂得如何运用权术。齐桓公就不是这样，孔子认为他比较好，而齐桓公与晋文公两个人的遭遇也大有不同。根据孔子这两句话，研究历史上帝王、领导人的心理，与少年时代的遭遇、环境的培养都大有关系。"

阅典笔记

齐桓公的称霸，打着"尊王攘夷"的旗号，内尊天子，外抗侵略，这当然符合孔子的"礼"；而晋文公的称霸则是召见周天子，这就让孔子怒不可遏了。

14.16

子路曰:"桓公杀公子纠①,召忽②死之,管仲不死。"曰:"未仁乎？"子曰:"桓公九合诸侯③,不以兵车④,管仲之力也。如⑤其仁！如其仁！"

注释

①公子纠:齐桓公的哥哥。齐桓公与他争位,杀掉了他。②召忽:管仲和召忽都是公子纠的家臣。公子纠被杀后,召忽自杀,管仲归服于齐桓公,并当上宰相。③九合诸侯:指齐桓公多次召集诸侯盟会。④不以兵车:即不用武力。⑤如:乃。

译文

子路说:"齐桓公杀了公子纠,召忽自杀以殉,管仲却没有自杀。"接着又说:"管仲不能算有仁德吧？"孔子说:"桓公多次会盟诸侯,不用武力,都是管仲的功劳啊。这就是他的仁德！这就是他的仁德！"

古注

朱熹注:"如其仁,言谁如其仁者,又再言以深许之。盖管仲虽未得为仁人,而其利泽及人,则有仁之功矣。"

今论

李泽厚《论语今读》:"拙意以为孔子是从为民造福的客观巨大功业出发来肯定管仲的,正如将'博施于民而能济众'的'圣'放在'仁'之上一样。"

阅典笔记

死,并不能解决问题。活着,洗刷自己的罪孽。

14.17

子贡曰:"管仲非仁者与(yú)？桓公杀公子纠,不能死,又相(xiàng)之。"子曰:"管仲相(xiàng)桓公,霸诸侯,一匡①天下,民到于今受其赐。微②管仲,吾其被(pī)发左衽(rèn)③矣！岂若匹夫匹妇之为谅④也,自经⑤于沟渎(dú)而莫之知也。"

注释

①匡:正。②微:没有。③被发左衽:披散头发、左开衣襟,这是当时的落后民族的风俗。④谅:小节小信。⑤自经:上吊自杀。

译文

　　子贡问："管仲不能算是有仁德了吧？桓公杀了公子纠，他不能为公子纠殉死，反而做了齐桓公的宰相。"孔子说："管仲辅佐桓公，称霸诸侯，匡正天下，老百姓至今还享受到他的好处。如果没有管仲，恐怕我们也要像落后民族一样，披散着头发，衣襟向左开了。难道让管仲像普通老百姓那样恪守小节，在小山沟里上吊自杀而谁也不知道他吗？"

今论

　　南怀瑾《论语别裁》："这就不能拿普通一般人的情形来责备管仲了。普通人一碰到失败就自杀，毫无价值，好像倒在污水沟里，这样一死了之，又有什么意义？所以他不轻易为公子纠而死，以致后来有这么大的贡献。那么这生死之间的价值取舍，就另是一番评估了。"

阅典笔记

　　成大事者不止于小爱，而是爱天下之大爱。

14.18

　　公叔文子之臣大夫僎(xún)①与文子同升诸公。子闻之曰："可以为文矣。"

注释

　　①僎：公叔文子的家臣。

译文

　　公叔文子的家臣僎，与他一同做了卫国的大夫。孔子听说了这件事以后说："他（指公叔文子）死后，可以给他'文'的谥号了。"

今论

　　李泽厚《论语今读》："自己的下级由自己推荐与自己同时晋升至同等地位。在等级森严的传统社会中（甚至在今日中国）颇不容易，难怪孔子赞美之。嫉贤妒能，古今同病。文子之不愧为'文'，至少是落落大方，文雅得体。但在近现代社会，此乃常规。应依靠制度去改变习俗及心理。"

阅典笔记

　　领导提拔下属是很正常的事，但把下属提拔到和自己一样的位子，这就难能可贵了。

14.19

子言卫灵公之无道也，康子①曰："夫如是，奚(xī)而②不丧？"孔子曰："仲叔圉(yǔ)③治宾客，祝鮀(tuó)治宗庙，王孙贾治军旅。夫如是，奚(xī)其丧？"

注释

①康子：即季康子。②奚而：为何。③仲叔圉：即孔文子。他与后面提到的祝鮀、王孙贾都是卫国的大夫。

译文

孔子讲到卫灵公的无道，季康子说："既然如此，为什么他没有败亡呢？"孔子说："因为他有仲叔圉接待宾客，祝鮀管理宗庙祭祀，王孙贾统率军队，像这样，怎么会败亡呢？"

古注

尹焞曰："卫灵公之无道宜丧也，而能用此三人，犹足以保其国，而况有道之君，能用天下之贤才者乎？诗曰：'无竞维人，四方其训之。'"

今论

李泽厚《论语今读》："'无道'一词太广泛，暂译腐败。此谓有贤臣，虽昏君也暂可不败亡，可见人才重要。但总有一天，这些人才被逐被杀；但如有制度保障，便没关系了；制度之重要也。"

阅典笔记

领导有领导的做法，下属有下属的做法。领导的任务是抓大放小，决定大政方针，了解大局情况，一般把具体的事务交给下面的人去做就行了。勤劳的领导是好的，但是太过勤劳，事无巨细都要过问，累死自己不说，还限制了下面人才的能力发挥，从更长远来看，还限制了人才的培养。

14.20

子曰："其言之不怍(zuò)，则为之也难！"

译　文

孔子说："一个人大言不惭，兑现这些话就一定很困难。"

今　论

南怀瑾《论语别裁》："孔子说这话的意思，指有些人吹牛脸都不红，这还不算，最怕是吹了牛不兑现。真做到了，就不算是吹牛了。所以我们做事、说话时要慎重考虑，大言不惭很容易，要看自己能不能做到。"

阅典笔记

谎话说多了，不仅圆谎困难，且你将为你逐渐消解的真诚付出代价。

14.21

陈成子①弑简公。孔子沐浴而朝，告于哀公曰："陈恒弑其君，请讨之。"公曰："告夫三子②！"孔子曰："以吾从大夫之后，不敢不告也。君曰'告夫三子'者。"之三子告，不可。孔子曰："以吾从大夫之后，不敢不告也。"

注　释

①陈成子：即陈恒，齐国大夫，又叫田成子。前481年，他杀死齐简公，拥立齐平公，自任相国。②三子：鲁国实际当政的"三桓"，即孟氏、叔孙氏、季氏三家。

译　文

陈成子杀了齐简公。孔子斋戒沐浴以后上朝，向鲁哀公报告说："陈恒把他的君主杀了，请出兵讨伐他。"哀公说："你去向孟氏、叔孙氏、季氏三位大夫报告吧"。孔子退朝后说："因为我曾经做过大夫，所以不敢不来报告。国君却说'你去向孟氏、叔孙氏、季氏三位大夫报告吧'。"孔子去向孟氏、叔孙氏、季氏三位大夫报告，但三位大夫不同意出兵。孔子又说："因为我曾经做过大夫，所以不敢不来报告啊！"

古　注

朱熹注："以君命往告，而三子鲁之强臣，素有无君之心，实与陈氏声势相倚，故沮其谋。而夫子复以此应之，其所以警之者深矣。"

今　论

李泽厚《论语今读》："这就是孔夫子的'迂'劲；因为当个官，依据礼制，

'应当'过问国事。虽知白说，也要去说。这也是一种'知其不可而为之'的精神？！哀公之所以要孔子'告夫三子'，因为实权在他们手里。"

阅典笔记

孔子虽然口头上总是强调"不在其位，不谋其政"，但实际看来，他是"不在其位，也谋其政"。陈成子杀齐简公，这在孔子看来真是"不可忍"的事情。这不仅仅是因为以下犯上，大逆不道。或许孔子已经觉察到，在鲁国专权的三桓，如果再不加以限制，那就是下一个陈成子，否则他也犯不着急急忙忙进宫面见鲁哀公。

14.22

子路问事君。子曰："勿欺也，而犯之。"

译文

子路问怎样侍奉君主。孔子说："不欺骗他，但可以犯颜直谏。"

古注

范祖禹注："犯非子路之所难也，而以不欺为难。故夫子教以先勿欺而后犯也。"

今论

李泽厚《论语今读》："如今刚好相反。报喜不报忧，阿谀逢迎，无所不至。"

阅典笔记

听不得忠言的领导，没有跟随他的必要。

14.23

子曰："君子上达，小人下达。"

译文

孔子说："君子追求仁德，小人追求财利。"

古注

康有为注："君子尊鬼神，由清明而进至子穷理尽性以舍是。小人用体魄，由昏浊而日污，下至于纵欲作孽而速戾。"

南怀瑾《论语别裁》:"综合一般的观点来解释,所谓'上达',以现在思想的习惯而言,就是比较形而上的、升华的。所谓'下达',就是比较现实的、卑下的。"

阅典笔记

对于"上达"、"下达"的解释,从古至今,各不相同。其实用一句形象一点的话来说,近似于"人往高处走,水往低处流"。

14.24

子曰:"古之学者为己,今之学者为人。"

译 文

孔子说:"古代的人学习是为了提高自己,而现在的人学习是为了向别人炫耀。"

古 注

程颐注:"为己,欲得之于己也。为人,欲见知于人也。……古之学者为己,其终至于成物。今之学者为人,其终至于丧己。"

今 论

李零《丧家狗》:"学习应该是为自己而学习,而不是为别人而学习。我理解,为自己学习,就是为了自己的兴趣爱好而学习;为了找工作找饭碗,表面上也是为了自己,其实是为了别人。"

阅典笔记

无论是提高自己,或是炫耀自己,都是为了自己而学习,只是最终表现的方式不一样罢了。

14.25

蘧(qú)伯玉①使人于孔子。孔子与之坐而问焉,曰:"夫子何为?"对曰:"夫子欲寡其过而未能也。"使者出。子曰:"使乎!使乎!"

注 释

①蘧伯玉:卫国的大夫,名瑗(yuàn),孔子到卫国时曾住在他的家里,对他评价很高。

蘧伯玉派使者去拜访孔子。孔子与使者坐下,然后问道:"先生最近在做什么?"使者回答说:"先生想要减少自己的错误,但未能做到。"使者走了以后,孔子说:"好使者啊,好使者啊!"

古 注

朱熹注:"言其但欲寡过而犹未能,则其省身克己,常若不及之意可见矣。使者之言愈自卑约,而其主之贤益彰,亦可谓深知君子之心,而善于辞令者矣。故夫子再言使乎以重美之。"

今 论

南怀瑾《论语别裁》:"看了这节对话,被人问到长官的事时,替自己主管应对得那么谦虚,那么得体,所以等到他离开以后,孔子就立刻告诉他一些学生,这个人够得上当代表,够得上当大使,他替派他出来的主管所答的话,谦虚而不失体,非常恰当。换句话说,也看出这个使臣本身的修养学问。"

阅典笔记

使者,往往都是优秀的政客。看人家的回答,多么有档次。

14.26

子曰:"不在其位,不谋其政。"曾子曰:"君子思不出其位。"

参见 8.14 章

14.27

子曰:"君子耻其言而过其行。"

译 文

孔子说:"君子认为说得多而做得少是可耻的。"

今 论

南怀瑾《论语别裁》:"很多话都是意义相同的。不过这个地方,孔子以不同的语句讲出来。就是说要言而有信,讲话要兑现;牛吹大了,事实上做不到,这是君子引为可耻的。不要把话讲得超过了自己的表现,做不到的,绝不吹牛。"

14.28

子曰："君子道者三，我无能焉：仁者不忧，知(zhì)者不惑，勇者不惧。"子贡曰："夫子自道也。"

译文

孔子说："君子之道有三个方面，我都未能做到：仁德的人不忧愁，聪明的人不迷惑，勇敢的人不畏惧。"子贡说："这正是老师的自我表述啊！"

古注

尹焞注："成德以仁为先，进学以知为先。故夫子之言，其序有不同者以此。"

今论

李零《丧家狗》："子贡会说话，他说，老师说的正是老师自己。"

阅典笔记

没有人能够真正完全达到这三个方面，只要尽力去做就好了。

14.29

子贡方(bàng)人①。子曰："赐也贤乎哉！夫(fú)我则不暇(xiá)。"

注释

①方人：评论、诽谤别人。

译文

子贡评论别人的短处。孔子说："端木赐啊，你真的就那么好吗？我可没有闲工夫去评论别人。"

古注

朱熹注："比方人物而较其短长，虽亦穷理之事。然专务为此，则心驰于外，而所以自治者疏矣。故褒之而疑其辞，复自贬以深抑之。"

今论

李零《丧家狗》："俗话说，人比人，气死人。动物行为学家说，不光人，两只老鼠搁一块儿，都有这类问题。予贡喜欢与人攀比。孔子说，你真比人家强吗？要是我，我才没工夫操这个心。"

对于别人的错误，可以对他本人指出来，而不是在背后议论。

14.30

子曰："不患人之不己知，患其不能也。"

参见 1.16 章。

14.31

子曰："不逆诈^①，不亿^②不信，抑亦先觉者，是贤乎！"

注释

①逆：迎。预先猜测。②亿：通"臆"，臆测。

译文

孔子说："不预先怀疑别人欺诈，也不凭空猜测别人不诚实，却能事先觉察别人的欺诈和不诚实，这就是贤人！"

古注

杨时注："君子一于诚而已，然未有诚而不明者。故虽不逆诈、不亿不信，而常先觉也。若夫不逆不亿而卒为小人所罔焉，斯亦不足观也已。"

今论

南怀瑾《论语别裁》："平生经验，的确碰到过许多这样的事，明知道对方满口都是谎言，但是姑且就让他骗。他讲完了以后，他所期望的、所要求的目的，也让他达到。但是我们自己心里有数，知道他在骗。"

阅典笔记

"君子坦荡荡，小人长戚戚。"不要见到谁都疑神疑鬼的，这样看似显得自己很谨慎，很有心计，实际上是却是神经质。当然，坦荡归坦荡，防卫归防卫，不去无端猜疑，并不是说不提高警惕性，只不过做什么都有一个度。

14.32

微生亩^①谓孔子曰："丘何为是栖(xī)栖^②者与(yú)？无乃为佞(nìng)乎？"孔子曰："非敢为佞也，疾固^③也。"

注释

①微生亩：姓微生，名亩，又作"尾生亩"。②栖栖：忙碌不安、不安定的样子。③疾固：疾，忧患。固，固执。

译文

微生亩对孔子说："孔丘，你为什么这样四处奔波游说呢？你不是卖弄口才吧？"孔子说："我不是敢卖弄口才，只是担心人们顽固不化。"

古注

朱熹注："圣人之于达尊，礼恭而言直如此，其警之亦深矣。"

今论

李泽厚《论语今读》："从口气看，微生亩大概是个老顽固的前辈，但孔子仍针锋相对地回答了他，没有让步。"

阅典笔记

道不同，可以不相为谋。不过，除非是大是大非的原则问题，否则不要总是从自己的角度出发，对不同的意见抱以敌视态度。整天自命清高，憋在屋子里对那些办事者说三道四，自己却不愿意行动的人，其实是没用的人。

14.33

子曰："骥(jì)不称其力，称其德也。"

译文

孔子说："千里马值得称赞的不是它的气力，而是它的品德。"

今论

李零《丧家狗》："马有什么'德'可称？郑玄以为'调良'，即训练得好。但'德'可训得……也可能是指它跑的结果到底怎么样，即是骡子是马，拉出来遛遛看。跑到终点的马才叫好马。"

阅典笔记

关于"德"的见解争议很大。这让我想起了一篇高考满分作文《赤兔之死》，说赤兔乃是一忠义之马，其对关羽的忠义，如同关羽为人。这篇作文用来解释本章，大体上还是比较合适的。

14.34

或曰："以德报怨，何如？"子曰："何以报德？以直报怨，以德报德。"

译 文

有人说："用恩德来报答怨恨，如何？"孔子说："那用什么来回报恩德呢？应该是用正直来回报怨恨，用恩德来回报恩德。"

今 论

南怀瑾《论语别裁》："以直道而行。是是非非，善善恶恶，对我好的当然对他好，对我不好的当然不理他，这是孔子的思想。他是主张明辨是非的。"

阅典笔记

我们总是说"以德报怨"这种智慧来源于孔子，实际上是断章取义，真正提倡"报怨以德"的是老子。孔子提倡为人直率，对于怨恨要秉持公正，以眼还眼，以牙还牙。当然，这一番言论，特别适用于执法者、监督者。为人处世，往往不能过于斤斤计较这些，"以德报怨"，常常能够收买人心。

14.35

子曰："莫我知也夫！"子贡曰："何为其莫知子也？"子曰："不怨天，不尤人；下学而上达。知我者其天乎！"

译 文

孔子说："没有人了解我啊！"子贡说："为什么没有人了解您呢？"孔子说："我不埋怨上天，也不责备别人；下学人事而上达天命。了解我的只有天吧！"

朱熹注："盖在孔门，惟子贡之智几足以及此，故特语以发之。惜乎其犹有所未达也！"

李零《丧家狗》："请注意，孔子经常说，别在乎别人知不知道自己，但这段话却透露出，他对自己不为人知还是非常在乎的，而且有点酸酸的无奈。他虽说'不怨天，不尤人'，但还是慨叹，知他者只有老天。"

孔子这段话比较有意思，他说自己不怨天尤人的过程中，就有几分怨天尤人的情绪在里面。其实这才是真实的孔子。孔子这番话，很符合一个词——问心无愧。做自己认为对的事情，不要管别人怎么看，问心无愧就好。

❧ 14.36 ❧

公伯寮 (liáo)①愬 (sù)②子路于季孙。子服景伯③以告，曰："夫子固有惑志，于公伯寮，吾力犹能肆诸市朝。"子曰："道之将行也与，命也；道之将废也与，命也。公伯寮其如命何！"

①公伯寮：孔子的弟子。姓公伯，名寮，字子周，曾任季氏的家臣。②愬：通"诉"，告发，诽谤。③子服景伯：鲁国大夫，姓子服，名何，字伯，"景"是他的谥号。

公伯寮向季氏诽谤子路，子服伯把这件事告诉孔子，并说："季氏已经对子路产生了疑心，对于公伯寮，我的力量能把他杀了陈尸街头。"孔子说："治道能够得到推行，这是命运决定的；治道不能得到推行，这还是命运决定的。公伯寮能把命运怎么样呢？"

朱熹注："言此以晓景伯，安子路，而警伯寮耳。圣人于利害之际，则不待决于命而后泰然也。"

谋事在人，成事在天。很多事情，即使我们再努力也做不到，决定命运的并不是自己。尽力，无憾便好。

14.37

子曰："贤者辟(bì)^①世，其次辟地，其次辟色，其次辟言。"子曰："作者七人^②矣。"

注释

①辟：通"避"，逃避。②七人：即伯夷、叔齐、虞仲、夷逸、朱张、柳下惠、少连。

译文

孔子说："贤人逃避动荡的社会而隐居，次一等的逃避到另外一个地方去，再次一点的逃避别人难看的脸色，再次一点的回避别人难听的话。"孔子又说："这样做的已经有七个人了。"

今论

李零《丧家狗》："这一干人，全是古代的怪人，主动边缘化，主动疏离主流社会。你别看，孔子碰到的隐者，他们对孔子，都是冷嘲热讽，孔子对他们，却是敬佩之极。孔子知道，他所在的世界，这些人才是清，他们看不起的才是浊。他想跟他们谈话，都被拒绝了。因为他奔走呼号的劝说对象，在他们看来，都是十足的坏蛋，费那个劲儿干什么？何苦来哉！孔子站在清浊二道之间，举目无亲，彷徨无地。爱清，却不肯厝身于清；恨浊，又不能忘情于浊，好像《夜奔》的林冲，'专心投水浒，回首望天朝'。"

阅典笔记

逃避，终究不是解决问题的办法。

14.38

子路宿于石门^①。晨门^②曰："奚自？"子路曰："自孔氏。"曰："是知其不可而为之者与(yú)？"

注释

①石门：鲁国都城的外门。②晨门：主管城门晨开夜关的人。

译文

子路在石门过夜，看门的人问："从哪里来？"子路说："从孔子那里来。"看门的人说："是那个明知做不到却还要去做的人吗？"

今论

李泽厚《论语今读》："从这两章均可看出儒学与道家（避世）并非全不相容，但儒学骨干仍然是'知其不可而为之'，可称悲壮。此语之流传千古，岂不因是。"

阅典笔记

"知其不可而为之"，这是做人的大道理。人要有一点锲而不舍的追求精神，许多事情都是经过艰苦努力和奋斗而得来的。当然，这是从战略层面来讲；如果从战术层面讲，当我们"不可为"时，就要反思自己是不是哪里做得不好。

14.39

子击磬（qìng）①于卫，有荷蒉（kuì）②而过孔氏之门者，曰："有心哉！击磬乎！"既而曰："鄙哉！硁硁（kēng）③乎！莫己知也，斯④己⑤而已矣。深则厉，浅则揭。⑥"子曰："果哉！末⑦之难（nàn）⑧矣。"

◎ 侍席鲁君

注释

①磬：一种打击乐器。②荷蒉：肩背着草筐。③硁硁：击磬的声音。④斯：则。⑤己：守己。⑥深则厉，浅则揭：《诗经·邶（bèi）风·匏（páo）有苦叶》中的句子。⑦末：无。⑧难：反驳，责问。

译文

孔子在卫国击磬，有一位背扛草筐的人从门前走过说："有深意啊！这击磬声！"一会儿又说："偏狭啊！这硁硁声！没有人了解自己，就专守己志算了。《诗经》说：水深就穿着衣服趟过去，水浅就撩起衣服趟过去。"孔子说："说得真干脆，没有什么能再问他了。"

今论

李零《丧家狗》："此章足以说明，孔子说不患人不知，其实他还是非常在乎的。"

阅典笔记

本章似乎是对上一章"知其不可而为之"的解释。孔子的思想，有时候会自相矛盾，最为突出的，就是他对自身处境的想法。一方面，他说别人理解不理解自己不重要，自己内心无愧、安贫乐道就好；另一方面，他又不甘于现状，四处奔走游说，希望能找到对自己有知遇之恩的人，让自己一展宏图。

14.40

子张曰："《书》云：'高宗①谅阴②，三年不言'，何谓也？"子曰："何必高宗？古之人皆然。君薨（hōng）③，百官总己以听于冢宰④三年。"

注释

①高宗：指商高宗武丁，为殷商中兴之主。②谅阴：古时天子守丧之称。③薨：诸侯死称薨。④冢宰：官名，相当于后世的宰相。

译文

子张说："《尚书》上说，'商高宗守丧，三年不讲话'，这是什么意思？"孔子说："不仅是高宗，古人都是这样。君主死了，朝廷百官都各管自己的职事，听命于冢宰，满三年为止。"

古 注

　　胡安国注："位有贵贱，而生于父母无以异者。故三年之丧，自天子达。子张非疑此也，殆以为人君三年不言，则臣下无所禀令，祸乱或由以起也。孔子告以听于冢宰，则祸乱非所忧矣。"

阅典笔记

　　国君死了，在宰相的领导下，百官集体决定国家大事。

14.41

　　子曰："上好礼，则民易使也。"

译 文

　　孔子说："居上位的人崇尚礼仪，那么百姓就容易治理了。"

今 论

　　南怀瑾《论语别裁》："《春秋》责备贤者，就是要求领导的人，主管的人，以仁爱待人，能够好礼，下面容易受感化，慢慢被主管教育过来了，就容易领导。"

阅典笔记

　　说教远远没有榜样的力量强大。

14.42

　　子路问君子。子曰："修己以敬。"曰："如斯而已乎？"曰："修己以安人。"曰："如斯而已乎？"曰："修己以安百姓。修己以安百姓，尧、舜其犹病诸！"

译 文

　　子路问什么叫君子。孔子说："修养自己，保持严肃恭敬的态度。"子路说："这样够了吗？"孔子说："修养自己，安抚别人。"子路说："这样够了吗？"孔子说："修养自己，安定百姓。能够做到修养自己使所有百姓都安乐，尧、舜恐怕都难以做到呢！"

古 注

程颐注："君子修己以安百姓，笃恭而天下平。惟上下一于恭敬，则天地自位，万物自育，气无不和，而四灵毕至矣。此体信达顺之道，聪明睿知皆由是出，以此事天缬帝。"

阅典笔记

修炼自己是君子立身处世和管理政事的关键所在。真正有修养的人，不只为自己而活，也为周围的人，甚至为天下苍生而活。

14.43

原壤①夷俟(sì)②。子曰："幼而不孙(xùn)弟(tì)，长(zhǎng)而无述焉，老而不死，是为贼！"以杖叩其胫(jìng)。

注 释

①原壤：鲁国人，孔子旧友。他母亲死了，他还大声歌唱，孔子认为这是大逆不道。②夷俟：夷，双腿分开而坐。俟，等待。

译 文

原壤叉开双腿坐着，等待孔子。孔子骂他说："年幼的时候，你不讲孝悌，长大了又没有什么可说的成就，老了还不快死，真是个祸害！"说着，用手杖敲他的小腿。

今 论

李零《丧家狗》："孔子讨厌不讲礼貌的人。原壤是他的发小，两人太熟。他跟孔子不客气，孔子也跟他不客气，连棍子都用上了。"

阅典笔记

一生都没有一点值得骄傲的人是可怜的。但，这样的人真的存在么?

14.44

阙(què)党①童子将命②。或问之曰："益者与(yú)？"子曰："吾其居于位③也，见其与先生④并行也。非求益者也，欲速成者也。"

注 释

①阙党：孔子家住的地方。②将命：传达辞命。③居于位：居于席位。《礼记》规定，童子不可居于成人之位。④先生：年长者。

译 文

阙里的一个童子负责为宾主传话。有人问孔子："这是个求上进的孩子吗？"孔子说："我看见他坐在成年人的位子上，又见他和长辈并肩而行。他不是要求上进的人，而是个急于求成的人。"

今 论

李零《丧家狗》："躁进和上进不一样，差别在这里。"

阅典笔记

年轻人血气方刚，正是干事业的好时候。但是急功近利，总想一步登天，这似乎也是天生的毛病。直到摔了跟头，才逐渐明白自己是谁；即便是侥幸登上天了，也往往缺乏艰苦的经历和扎实的根基，为未来的失败埋下伏笔。当然，年轻人急功近利，成年人也有责任。成年人总是对年轻人寄予不切实际的厚望，希望他们一步登天，这让他们怎么能调整心态脚踏实地呢？

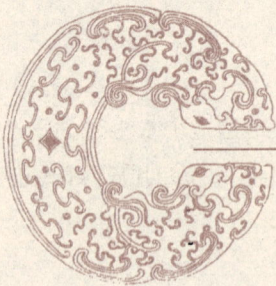

卫灵公篇

第十五

本篇包括42章，其中著名文句有："无为而治"、"志士仁人，无求生以害仁，有杀身以成仁"、"人无远虑，必有近忧"、"躬自厚而薄责于人"、"君子求诸己，小人求诸人"、"己所不欲，勿施于人"、"小不忍则乱大谋"、"人能弘道，非道弘人"、"当仁不让于师"、"有教无类"、"道不同，不相为谋"。本篇内容涉及孔子的"君子小人"观的若干方面，孔子的教育思想和政治思想，以及孔子在其他方面的言行。

15.1

卫灵公问陈 (zhèn)① 于孔子。孔子对曰："俎 (zǔ) 豆② 之事，则尝闻之矣；军旅之事，未之学也。"明日遂行。

注释

①陈：通"阵"，作战队伍的阵法。②俎豆：俎豆是古代盛食物的器皿，被用作祭祀时的礼器。

译文

卫灵公向孔子问军队列阵之法。孔子回答说："祭祀礼仪方面的事情，我曾听说过；用兵打仗的事，从来没有学过。"第二天，孔子便离开了卫国。

今论

李泽厚《论语今读》："后世除某些腐儒外，一般士大夫总是既反对对外用兵又坚持抗战到底。"

阅典笔记

从总体上讲，孔子反对用战争的方式解决国与国之间的争端，当然在具体问题上也有例外，孔子主张以礼治国。

15.2

在陈绝粮，从者病，莫能兴 (xīng)。子路愠 (yùn) 见曰："君子亦有穷乎？"子曰："君子固穷，小人穷斯滥矣。"

译文

孔子一行在陈国断了粮食，随从的人都饿坏了，没有人能爬得起来。子路非常愤怒，来见孔子说："君子也有穷得毫无办法的时候吗？"孔子说："君子没办法但还坚持着，小人穷困的时候，就会胡作非为了。"

古注

何晏注："滥，溢也。言君子固有穷时，不若小人穷则放溢为非。"

今论

李零《丧家狗》："小人的特点就是受不了穷，穷了就会发牢骚，甚至大发脾气。"

阅典笔记

君子和小人的区别不在于财富，而在于内心。

15.3

子曰："赐也，女 (rǔ)①以予为多学而识 (zhì)②之者与 (yú)？"对曰："然，非与 (yú)？"曰："非也。予一以贯之。"

注释

①女：通"汝"，你。②识：记。

译文

孔子说："端木赐啊，你以为我是学习很多知识并把所学都记住了吗？"子贡答道："是啊，难道不是这样吗？"孔子说："不是的。我是用一个中心把它们贯彻始终的。"

李零《丧家狗》："人的记忆分两种：一种是死记硬背，机械记忆；一种是在理解的基础上记忆，靠联想来记忆。孔子跟子贡讲的话，意思是说，你以为我是博闻强记啥都记得住吗？不是。其实，我是靠'一以贯之'。"

阅典笔记

在这里，孔子在向子贡介绍一种学习方法，也是一种学习态度。方法在于，学习并不是死记硬背，关键是找到一条学习的主线，把学到的东西有机地串联起来，这样一门通，门门通。

15.4

子曰："由！知德者鲜矣。"

译 文

孔子说："仲由啊！懂得道德的人太少了。"

古 注

朱熹注："德，谓义理之得于己者。非己有之，不能知其意味之实也。自第一章至此，疑皆一时之言。此章盖为愠见发也。"

15.5

子曰："无为而治①者，其舜也与(yú)！夫何为哉？恭己正南面而已矣。"

注 释

①无为而治：国家的统治者不必有所作为便可以治理国家了。

译 文

孔子说："能够无所作为而治理天下的人，大概只有舜吧！他做了些什么呢？只是庄严端正地居位听政罢了。"

古 注

朱熹注："无为而治者，圣人德盛而民化，不待其有所作为也。独称舜者，绍尧之后，而又得人以任众职，故尤不见其有为之迹也。恭己者，圣人敬德之容。既无所为，则人之所见如此而已。"

今 论

李零《丧家狗》："道家也好，儒家也好，所谓无为，其实是无不为。当头的不是专家内行，但他会选会管会用专家内行，'一个笨蛋管一堆聪明人'，当然省心省力。"

阅典笔记

垂拱而治，道家最主张，孔子也很欣赏。在中国古代，垂拱而治是帝王的最高境界；现代管理学也认为，好的领导其实是休息的领导。

～◎ 15.6 ◎～

子张问行①。子曰"言忠信，行笃（dǔ）敬，虽蛮貊（mò）②之邦，行矣；言不忠信，行不笃敬，虽州里③，行乎哉？立，则见其参（cān）④于前也；在舆（yú），则见其倚于衡⑤也。夫然后行！"子张书诸绅（shēn）⑥。

注 释

①行：行得通。②蛮貊：古人对少数民族的贬称。蛮在南方，貊在北方。③州里：指近处。④参：并立。⑤衡：车辕前面的横木，用于套住牲口。⑥绅：贵族系在腰间的大带。

译 文

子张问如何才能使自己到处都能行得通。孔子说："说话要忠信，行事要笃敬，即使到了落后民族的地区，也能行得通；说话不忠信，行事不笃敬，就是在本乡本土，能行得通吗？站着，就仿佛看到"忠信笃敬"这几个字显现在面前，坐车时就好像看到这几个字刻在车辕前的横木上，这样才能使自己到处行得通。"子张把这些话写在了腰间的大带上。

古 注

程颐注："质美者明得尽，渣滓便浑化，却与天地同体。其次惟庄敬以持养之，及其至则一也。"

今 论

李泽厚《论语今读》："所谓野蛮地区也行得通，仍是强调'文化'力量。本章与前之'闻'、'达'章，意思差不多。子张偏重外在事务，与曾参侧重内在修养确不一样，所以康有为表彰子张而批评曾参。所谓'参于前'、'倚于衡'、'书诸绅'，为随时提醒自己不要忘记。"

阅典笔记

社会中充满了尔虞我诈，但也正是因为如此，忠信之人才更显得难能可贵，也才更能够得到别人的信任。其实这个世界上最大的"心计"，就是对人始终保持一颗诚恳的心。

15.7

子曰："直哉史鱼①！邦有道，如矢②；邦无道，如矢。君子哉蘧(qú)伯玉！邦有道，则仕；邦无道，则可卷③而怀之。"

注释

①史鱼：卫国大夫，姓史，名鳅（qiū），字子鱼，他多次向卫灵公推荐蘧伯玉。②矢：箭。③卷：收起来，指隐居民间不做官。

译文

孔子说："史鱼真是正直啊！国家政治清明，他的言行像箭一样直；国家政治混乱，他的言行也像箭一样直。蘧伯玉也真是一位君子啊！国家政治清明，他就出来做官；国家政治坏乱，他就辞官把自己收起来。"

今论

李泽厚《论语今读》："据史载，史鱼曾以尸谏，并见效。大概是孔子发此赞叹的原因之一。但孔子并非教条主义者，两种态度都赞赏。还可能更欣赏后者。"

阅典笔记

倘若乱世之时，所有的有识之士都把自己藏起来，这个世界会变成什么样子？

15.8

子曰："可与言，而不与之言，失人；不可与言，而与之言，失言。知(zhì)者不失人，亦不失言。"

译文

孔子说："可以跟他说的话，却不跟他说，这就是失掉了朋友；不可以跟他说的话，却跟他说，这就是说错了话。有智慧的人既不失去朋友，又不说错话。"

古注

刘宝楠正义："荀卿曰：'礼恭然后可与言道之方。有争气者，勿与辩也。'"

今论

李零《丧家狗》："孔子慎言，对说话很讲究。他认为，该跟人交谈而不交谈，是'失人'；不该跟人交谈而交谈，是'失言'；真正聪明的人，既不'失人'，也不'失言'。'可与言而不与言'是属于隐瞒，'不可与言而与之言'是属于急躁。"

阅典笔记

朋友，即使拳脚相加，也还是朋友；路人，即使推杯换盏，依然是路人。

15.9

子曰："志士仁人，无求生以害仁，有杀身以成仁。"

译文

孔子说："志士仁人，不会为了求生而损害仁德，只有牺牲自己的性命来成全仁德。"

古注

朱熹注："志士，有志之士。仁人，则成德之人也。理当死而求生，则于其心有不安矣，是害其心之德也。当死而死，则心安而德全矣。"

今论

李零《丧家狗》："孔子热爱生命，决不轻易玩命。但生命诚可贵，仁义价更高。他说，志士仁人，不会为了苟活而损害仁，只会为了仁而毅然献身，这叫'杀身成仁'。"

阅典笔记

与孟子极力倡导的"舍生取义"不同，孔子的"杀身成仁"并没有那么极端。至少从《论语》上看来，孔子在绝大多数时候，倡导的都是一种温和的做法：这个世道好，我就出来做官，推行德政，兼济天下；世道太差，我就躲起来，修行自己的道德，独善其身。

15.10

子贡问为仁。子曰："工欲善其事，必先利其器。居是邦也，事其大夫之贤者，友其士之仁者。"

译文

子贡问怎样实行仁德。孔子说："做工的人想把活儿做好，必须首先使他的工具锋利。住在一个国家，就要侍奉大夫中的那些贤者，与士人中的仁者交朋友。"

今论

钱穆《论语新解》："工无利器，不能善其业，犹人无材德，不能尽其仁。器不自利，必经磨厉，亦如人之材德，必事贤友仁，然后得所切磋薰陶而后能成也。仁者，人与人相处之道。仁德必于人羣中磨厉薰陶而成。有其德而后可以善其事，犹工人之必有器以成业。"

阅典笔记

三思而后行，远比在盲目的行动中面对无数的意外要轻松有效得多。

15.11

颜渊问为邦。子曰："行夏之时①，乘殷之辂（lù）②，服周之冕③，乐则《韶》舞④。放⑤郑声⑥，远佞（nìng）人。郑声淫，佞人殆。"

注释

①夏之时：夏朝的历法，即农历。②殷之辂：商朝的车是木制成，比较朴实。③周之冕：周朝的礼帽。④《韶》舞：舜时的舞乐。⑤放：抛弃。⑥郑声：郑国的乐曲，孔子认为是淫声。

译文

颜渊问怎样治理国家。孔子说："用夏道的历法，乘商朝的车子，戴周朝的礼帽，奏舜时的《韶》乐，禁绝郑国的乐曲，疏远花言巧语的人。郑国的乐曲浮靡不正派，花言巧语的人太危险。"

古 注

张载注："礼乐，治之法也。放郑声，远佞人，法外意也。一日不谨，则法坏矣。虞夏君臣更相饬戒，意盖如此。"

今 论

李零《丧家狗》："过去有四句话，住美国房，开德国车，娶日本老婆，吃中国菜（异说多，不备举）。孔子说，历法是夏代的好，车子是商代的好，帽子是周代的好，音乐是古典的好，最好把不同时期的好捏一块儿。现在，中国的历法、车子、帽子已经全盘西化，音乐也被打得落花流水，中国自己的宝贝，或曰国粹，只剩中医、京剧、方术、武术、中国菜等不多几种了，还有就是中国话、中国字和中国人。但就连这些，也都是变了味的东西。"

阅典笔记

任何时代，任何社会，其文化无不体现国民心态对政治现状的映射，是当时社会时尚、社会心态、社会思想潮流的记载。即便一个时代再混乱不堪，也有值得我们借鉴和反思的宝贵经验。

15.12

子曰："人无远虑，必有近忧。"

译 文

孔子说："人没有长远的考虑，一定会有眼前的忧患。"

古 注

苏轼注："人之所履者，容足之外，皆为无用之地，而不可废也。故虑不在千里之外，则患在几席之下矣。"

今 论

南怀瑾《论语别裁》："从事政治、个人作人，都要以这两句话作根据，随时随地要有深虑远见，不要眼光短视，否则很快就会有忧患到来。小而言之，个人是如此，大而言之，国家的前途也是如此。"

阅典笔记

现实比理想要累人得多。

◎ 受鱼致祭

15.13

子曰："已矣乎！吾未见好德如好色者也。"

参见 9.18 章。

15.14

子曰："臧文仲其窃位者与(yú)？知柳下惠①之贤而不与立②也。"

注释

①柳下惠：春秋中期鲁国大夫，姓展，名获，字禽，受封于柳下，惠是他的私谥。②与立：并立为官。

译文

孔子说："臧文仲是一个窃居官位的人吧！他明知道柳下惠是个贤人，却不举荐他一起做官。"

古注

范祖禹注："臧文仲为政于鲁，若不知贤，是不明也；知而不举，是蔽贤也。不明之罪小，蔽贤之罪大。故孔子以为不仁，又以为窃位。"

今 论

李零《丧家狗》："臧文仲知柳下惠贤，却放着位子不给柳下惠，孔子骂他是'窃位者'。'窃位'即俗话说'占着茅坑不拉屎'。我们的很多教授都有退休恐惧症，就像有些当官的，一旦从岗位上退下来，马上身心崩溃，甚至一命鸣呼。他们常常找各种借口，赖着不走；不但不走，还嫉贤妒能，不是贴心人，绝不让位。这种人就是属于'窃位者'。"

阅典笔记

真正的贤人，是掩盖不住的，不如与他一起，向他学习。

❦ 15.15 ❧

子曰："躬自厚①而薄责②于人，则远怨矣！"

注 释

①厚：指厚责。②责：要求。

译 文

孔子说："多责备自己少责备别人，可以避免别人的怨恨。"

古 注

朱熹注："责己厚，故身益修；责人薄，故人易从。所以人不得而怨之。"

今 论

南怀瑾《论语别裁》："这点很重要，也很难。躬就是反躬自问，自厚并不是对自己厚道，而是对自己要求严格；对于别人错了的，责备人家时，不要像对自己那么严肃。这样处世作人，对长官也好，对同事也好，对部下也好，怨恨就少了。相反的，一个社会风气，到了乱的时候，往往是对别人要求重，对自己要求轻；要求别人特别严格，原谅自己轻而易举。所以孔孟之道，都是教我们反身而诚，责备人家要以宽厚存心，要求自己要以严格检点。"

阅典笔记

责备别人也是一件很费精力的事情，不需要让别人的错误来拖累自己。

15.16

子曰："不曰'如之何、如之何'者，吾末如之何也已矣。"

译文

孔子说："遇事从来不说'怎么办、怎么办'的人，我对他也不知怎么办才好。"

今论

李零《丧家狗》："一往无前，也一往无后，不计代价，也不问后果，没头没脑，也没心没肺，这种人，你该拿他怎么办？孔子说，不念叨'怎么办，怎么办'的人，我不知道该拿他怎么办。"

阅典笔记

沉默，是一种很强大的武器。

15.17

子曰："群居终日，言不及义，好行小慧，难矣哉！"

译文

孔子说："整天聚在一起，说的话都达不到道义，专好卖弄小聪明，这种人想要教导太难了！"

古注

康有为注："所谓临事而惧，好谋而成也盖人之生也，与忧俱来，处世之艰，动生祸变。故作为者多忧患，出入以度，外内知惧，生于忧患，而后见于安乐。"

今论

南怀瑾《论语别裁》："社会到了乱的时候，就容易犯这个毛病。大家在一起，讲起话来，没什么内容，无正事可谈，谈闲话，讲些不相干的话，没有真正的人生观，现今社会上这一类的人不少，娱乐场所更多了。大家如此，社会精神已经瘫痪，没有文化精神了。可是更严重的是'好行小慧'，喜欢使用小聪明，厉害得很，目前这个社会就是这样，全世界到处都是'好行小慧'，盛行使用小聪明，孔子只有摇头了：'难矣哉！'叹口气，到了这个样子，还有什么办法可以挽救？"

再多的臭皮匠，也未必顶一个诸葛亮。过多了，反而会引起一些不必要的麻烦。

15.18

子曰：“君子义以为质，礼以行之，孙以出之，信以成之。君子哉！”

译　文

孔子说：“君子用义来修养自己的品质，按照礼来行事，用谦逊的态度讲话，靠诚信取得成功，这就是君子了。”

古　注

朱熹注：“义者制事之本，故以为质干。而行之必有节文，出之必以退逊，成之必在诚实，乃君子之道也。”

今　论

李零《丧家狗》：“‘君子以义为质’，义是藏在心里的东西，属于质。质是内在的东西，他要把这样的东西展示给别人，不能张牙舞爪，一定要谦逊，叫‘孙（逊）以出之’。而‘礼以行之’，是把礼当做执行义和维护义的标准，怎么执行，怎么维护？靠的是信，说到做到。孔子认为，能做到这四点，才算君子。”

阅典笔记

孔子认为，义是人的内在美德，是君子的根本品质。而其他一切的品德，都是从这个内心中的“义”发散出去的。而“礼”、“逊”、“成”都是“义”的表现，也是检验是否做到“义”的试金石。

15.19

子曰：“君子病无能焉，不病人之不己知也。”

参见 1.16 章。

15.20

子曰："君子疾没 (mò) 世而名不称焉。"

译文

孔子说："君子担心死亡以后自己的名字不能流芳千古。"

古注

范祖禹注："君子学以为己，不求人知。然没世而名不称焉，则无为善之实可知矣。"

今论

南怀瑾《论语别裁》："这是一个大问题。司马迁写《史记》,在《伯夷列传》中,特别引用孔子的这句话。孔子说,一个君子,最大的毛病,是怕死了以后,历史上无名,默默无闻,与草木同朽。但是历史留名,谈何容易？"

阅典笔记

只要能够面带微笑地死去,就可以安然地接过孟婆手中的汤了。名垂千史,始终是个可遇而不可求的累人活儿。

15.21

子曰："君子求诸己,小人求诸人。"

译文

孔子说："君子反求于自己,小人苛求于别人。"

今论

李零《丧家狗》："孔子认为,只有'无欲',才配称为'刚'（参看《公冶长》5.11）。'无欲'的意思不是清心寡欲,而是无求于人。朱注引杨氏说,把上面三章解释为意义关联的一组,如果是这样,这三章的意思就是：'不怕人不知'（15.19）、'就怕死无闻'（15.20）、'还得靠自己'（15.21）。"

阅典笔记

不可能所有事情都会有人帮助你。做小人的话,最后郁闷的还是自己。

15.22

子曰："君子矜 (jīn) 而不争，群而不党。"

译文

孔子说："君子庄重而不与别人争执，合群而不结党营私。"

古注

朱熹注："庄以持己曰矜。然无乖戾之心，故不争。和以处众曰群。然无阿比之意，故不党。"

今论

李泽厚《论语今读》："中国成语中'结党营私'、'党同伐异'等等，都是坏的意思。但现代社会便是靠多党各营其私而相制衡，以成社会之大公。无党或一党而可以公平、正义，倒成了空想。"

阅典笔记

争是一种积极向上的生活态度，是进取心的一种表现。如果人人不争，恐怕世界也不会太美好，也许会变得死气沉沉，毫无生机。但是，争也要"君子之争"。所谓"矜而不争"，说的是那种无所不用其极的恶性争夺。

15.23

子曰："君子不以言举人，不以人废言。"

译文

孔子说："君子不根据一个人说的话来举荐他，也不因为一个人不好而不采纳他有价值的言论。"

今论

李零《丧家狗》："'不以言废人'和'不以言举人'还不太一样。'不以言举人'，是不凭你讲了几句正确的话，就全面肯定你，极力推举你；'不以言废人'，是不凭你说了几句错误的话，就全盘否定你，从此不用你。"

阅典笔记

即使墙倒众人推，也要有自己的选择。

15.24

子贡问曰："有一言而可以终身行之者乎？"子曰："其'恕'乎！已所不欲，勿施于人。"

译文

子贡问孔子问道："有没有一个字可以终身奉行的呢？"孔子回答说："那就是恕吧！自己不愿意的，不要强加给别人。"

今论

南怀瑾《论语别裁》："……我们人类的心理，有一个自然的要求，都是要求别人能够很圆满……这样希望别人好，是绝对的自私，因为所要求对方的圆满无缺点，是以自己的看法和需要为基础。我认为对方的不对处，实际上只是因为违反了我的看法，根据自己的需要或行为产生的观念，才会觉得对方是不对的。"

阅典笔记

己所欲的，也勿随便施于人。别人的想法，未必和你的是一样的。

15.25

子曰："吾之于人也，谁毁谁誉？如有所誉者，其有所试矣。斯民也，三代之所以直道而行也。"

译文

孔子说："我对于别人，诋毁过谁？赞美过谁？如有所赞美的，那一定是经过考察的。夏、商、周三代的人都是这样做的，所以三代能推行正道。"

古注

朱熹注："吾之所以无所毁誉者，盖以此民，即三代之时所以善其善、恶其恶而无所私曲之民。故我今亦不得而枉其是非之实也。"

今论

南怀瑾《论语别裁》："孔子这里说，听了谁毁人，谁誉人，自己不要立下断语；另一方面也可以说，有人攻讦自己或恭维自己，都不去管。"

阅典笔记

一个人是好是坏，是忠是奸，是善是恶，不要妄下断言，也不要无中生有，而是要通过自己的考察来判断。这是对人的一种尊重，也是对自己的一种责任。

15.26

子曰："吾犹及史之阙(què)文①也，有马者借人乘之②。今亡矣夫！"

注释

①阙文：史官记史，遇到有疑问的地方便缺而不记，这叫做阙文。②有马者借人乘之：有马的人自己不能训练驾驭，而靠别人训练。和前句"阙文"一样，比喻不必强不知以为知。

译文

孔子说："我还能够看到史书因为存疑而空缺不及的情况，如同有马的人自己不会调教便把马借给别人训练一样。这种精神，今天没有了罢！"

古注

杨时注："史阙文、马借人，此二事孔子犹及见之。今亡矣夫，悼时之益偷也。"

今论

李零《丧家狗》："孔子主张多闻阙疑，认为自己不懂的东西，最好留下来。他说，他还见过史官记录中的'阙文'。这种'阙文'留下来，是让后来者补正，就像自己有马，借给别人骑。他说这种精神，现在已经没有了。"

阅典笔记

孔子说古人写历史，不清楚的地方就空出来，等待大家共同来考证。可是他所处的时代，人们发表主观观点的欲望，远远超过了对客观事实追寻的责任心。

15.27

子曰："巧言乱德。小不忍则乱大谋。"

◎ 金人铭背

译文

孔子说："花言巧语就败坏人的德行。小事情不忍耐，就会败坏大谋划。"

今论

南怀瑾《论语别裁》："'小不忍，则乱大谋。'有两个意义，一个是人要忍耐、凡事要忍耐、包容一点，如果一点小事不能容忍，脾气一来，坏了大事。……一个意思是，作事要有忍劲，狠得下来，有决断，有时候碰到一件事情，一下子就要决断，坚忍下来，才能成事，否则不当机立断，以后就会很麻烦，姑息养奸，也是小不忍。"

阅典笔记

越早认输，为反击准备的时间就越长。

15.28

子曰："众恶(wù)之，必察焉；众好之，必察焉。"

译文

孔子说："大家都厌恶他，我必须对他加以考察；大家都喜欢他，我也一定对他加以考察。"

杨时注："惟仁者能好恶人。众好恶之而不察，则或蔽于私矣。"

今 论
李零《丧家狗》："孔子对舆论抱怀疑态度，认为舆论全都说好，或全都说坏，反而可疑。我非常欣赏这种态度，参看《子路》13.24。"

阅典笔记
这一章和 15.25 章合起来看，特别有用。15.25 章说的是判断一个人的价值和好坏，不能主观臆断；本章则是说，不能随波逐流，对言论盲目相信。总而言之，要经过自己的客观考察，经过自己大脑的独立思考，经过自己的理性判断，然后再作出结论。

15.29

子曰："人能弘道，非道弘人。"

译 文
孔子说："人能够使道发扬光大，不是道使人的才能扩大。"

古 注
张载注："心能尽性，人能弘道也；性不知检其心，非道弘人也。"

今 论
南怀瑾《论语别裁》："这是上面这几段中的主干思想——人的问题。一切人事、一切历史，都是人的问题。人才能够弘扬道。所谓道，就是真理，这是一个抽象的名词，呆板的，它不能弘扬人，须要人培养真理。这就是重点。所以孔子始终讲的是人文的文化。"`

阅典笔记
在道德缺失的年代，一件稀松平常的礼仪事件就能够使人一夜成名，尽收膜拜，不得不让人感到悲哀。

15.30

子曰："过而不改，是谓过矣。"

译文

孔子说："有了过错而不改正，这才真叫错了。"

今论

李泽厚《论语今读》："改了就没有错误了。它显示儒学宽容精神。不然，算老账，结怨仇。冤冤相报，对人对己，有何好处？大到政治，小如生活，何莫不然？"

阅典笔记

"人非圣贤，孰能无过？"只要不是没有回头路的重大错误，每个人就都有改错的机会。一个人犯错，关键不在于错误，而在于能否改正错误，保证今后不再犯同样的错误。有了过错并不可怕，可怕的是坚持错误，不加改正。孔子以"过而不改，是谓过矣"的简练语言，向人们道出了这样一个真理。

15.31

子曰："吾尝终日不食，终夜不寝，以思，无益，不如学也。"

译文

孔子说："我曾经整天不吃，彻夜不眠，去左思右想，结果没有什么好处，还不如去学习呢。"

古注

朱熹注："此为思而不学者言之。盖劳心以必求，不如逊志而自得也。"

今论

李泽厚《论语今读》："同'思而不学则殆'。既然'学'常指行为、实践，不脱离实践去空想，固然有好的方面，缺点则是使中国纯粹思辨太不发达，以至无真正哲学可言，亦一大损失。今天如何保持此传统优长而反省和匡正其缺失，需仔细探讨。"

阅典笔记

思考也是学习的一种方式，不过要劳逸结合。

15.32

子曰："君子谋道不谋食。耕也，馁（něi）①在其中矣；学也，禄②在其中矣。君子忧道不忧贫。"

注 释

①馁：饥饿。②禄：做官的俸禄。

译 文

孔子说："君子只追求道义而不谋求衣食。耕田，也常要饿肚子；学习，可以得到俸禄。君子只担心学不到道义，而不担心贫穷。"

古 注

朱熹注："耕所以谋食，而未必得食。学所以谋道，而禄在其中。然其学也，忧不得乎道而已；非为忧贫之故，而欲为是以得禄也。"

今 论

李零《丧家狗》："人类社会，自有贫富分化，就有劳心劳力、治人治于人的矛盾，孔子看得很清楚。人，越是土里刨食，越是饿肚子，不如读书有前途。孔子知道，即使饿着肚子读书，也没关系，只要把书读好，将来有官做，就有禄米，以前的亏空，也可以补回来。所以，他才说'谋道不谋食'、'忧道不忧贫'。"

阅典笔记

经济基础，决定上层建筑——不要妄图跟生存搏斗，我们很多时候会甘拜下风。

15.33

子曰："知（zhì）及之，仁不能守之，虽得之，必失之。知（zhì）及之，仁能守之，不庄以莅（lì）①之，则民不敬。知（zhì）及之，仁能守之，庄以莅（lì）之，动之不以礼，未善也。"

注 释

①莅：治理。

译 文

孔子说："凭借聪明足以得到它，但仁德不能守住它，即使得到，也一定会丧失。凭借聪明足以得到它，仁德可以守住它，却不能庄重地治理国家，那么百姓就会不遵命你；凭借聪明足以得到它，仁德可以保持它，能够庄重地治理国家，但不照礼的要求行动，那也是不完善的。"

古 注

朱熹注："学至于仁，则善有诸己而大本立矣。莅之不庄，动之不以礼，乃其气禀学问之小疵，然亦非尽善之道也。故夫子历言之，使知德愈全则责愈备，不可以为小节而忽之也。"

今 论

李零《丧家狗》："孔子讲了四条，'知（智）'、'仁'、'庄'、'礼'，最后落实在礼。"

阅典笔记

所谓"马上得天下"却不能"马上治天下"。创业时期，靠的是智慧和勇气。但随着盘子越来越大，你手下的人也越来越多，再用以前的办法来管理，就会出乱子。"仁"可以深入人心，创造组织内良好人文氛围；"庄"用以维持领导的权威；"礼"则注重秩序，保证组织的顺畅运转。

15.34

子曰："君子不可小知①而可大受②也，小人不可大受而可小知也。"

注 释

①小知：做小事情。②大受：承担大任。受，责任，使命。

译 文

孔子说："君子不能让他们做那些小事，但可以让他们承担重大的使命。小人不能让他们承担重大的使命，但可以让他们做那些小事。"

古 注

朱熹注："此言观人之法。知，我知之也。受，彼所受也。盖君子于细事未必可观，而材德足以任重；小人虽器量浅狭，而未必无一长可取。"

今 论

李泽厚《论语今读》："即人各有材，优劣同在，故不能求全责备。'小人'也有一技之长，'君子'也有各种弱点和缺失。"

阅典笔记

把做大事的人放在小地方，虽不能人尽其才，但还算是磨练心性；把做小事的人放在重要位置，他不能胜任，非要出乱子不可。因此，用人要量才适用，但有时破格提拔也未尝不可。尤其是在人强我弱、存亡之际，如西汉之韩信，蜀汉之魏延，唐之姚崇、宋璟，明之王守仁、袁崇焕，都是破格提拔的人物。当然，破格提拔，要有一定的制度作保证。没有制度监督，那就很有可能发展为任人唯亲。

15.35

子曰："民之于仁也，甚于水火。水火，吾见蹈而死者矣，未见蹈仁而死者也。"

译 文

孔子说："百姓们对于仁道的需要，比对于水火的需要更迫切。我只见过人跳到水火中而死的人，却没有见过实行仁德而死的。"

今 论

南怀瑾《论语别裁》："孔子说：我看见过人跳到水里被淹死，跳到火里被烧死。仁义没有这样可怕，真去做的话，不会被饿死的，真仁义还有好处的。可是人害怕，不肯去做，所以叫人做坏事很容易，叫人做好事反而怕。但没有看见人因为做好事而死，没有做好事的人，倒是死得更惨。"

阅典笔记

仅追求仁德而不食人间烟火的人，总会殉于仁德。

15.36

子曰："当仁，不让于师。"

译 文

孔子说："遇到可实践仁德的机会，对老师也不必谦让。"

古 注

康有为注："当，田相值也。礼尚辞让，独至于为仁之事，则宜以为己任，勇往当之，无所辞让。即至于师，亦不必让；师不为，则己为之，不必避长者也。……墨过于师，可也。"

今 论

李零《丧家狗》："我喜欢这句话。亚里士多德说，'吾爱吾师，吾更爱真理'，也是类似表达。有的学生很油滑，他是'吾爱吾师，吾亦爱真理'，或'吾爱吾师，吾只爱吾师之真理'。现在，更有甚者，老师也是工具，他什么都不爱。"

阅典笔记

这就是"当仁不让"这个成语的出处。

🌀 15.37 🌀

子曰："君子贞而不谅。"

译 文

孔子说："君子固守正道，而不拘泥于小信。"

今 论

李零《丧家狗》："'贞'和'谅'都是信，但信和信不一样。'贞'是遵守原则的信，只要不违反原则，可以有所变通。'谅'不同，它是拘泥小信，死守诺言。孔子说'言必信，行必果'是'硁硁然小人哉'（《子路》13.20），孟子也说'大人者，言不必信，行不必果，唯义所在'（《孟子·离娄下》）。死守'言必信，行必果'，流于偏执，不知变通，就是这里的'谅'。"

阅典笔记

前面孔子曾说过："言必信，行必果"，这不是君子的作为，而是小人的举动。孔子注重"信"的道德准则，但它必须以"道"为前提，即服从于仁、礼的规定。离开了仁、礼这样的大原则，而讲什么"信"，就不是真正的"信"。

15.38

子曰："事君，敬其事而后其食①。"

注 释

①食：食禄，俸禄。

译 文

孔子说："侍奉君主要认真办事，而把领俸禄的事放在后面。"

古 注

朱熹注："君子之仕也，有官守者修其职，有言责者尽其忠。皆以敬吾之事而已，不可先有求禄之心也。"

今 论

李泽厚《论语今读》："可见，如前所说，君臣之间此时尚有条件。先把工作做好才拿薪水，从而不拿薪水也就可以不必做事，还我一个自由人？！虽然孔子并无此意，可能只是针对当时只拿薪水而不认真做事的人而发。"

阅典笔记

君子无功不受禄，没有真功夫，其实连讨价还价的资本都没有。

15.39

子曰："有教无类。"

译 文

孔子说："人人都可以接受教育，不分类别。"

古 注

朱熹注："人性皆善，而其类有善恶之殊者，气习之染也。故君子有教，则人皆可以复于善，而不当复论其类之恶矣。"

今 论

南怀瑾《论语别裁》："这是孔子的教育精神。他不分阶级，不分地域，不分智愚，只要肯受教，以人文文化为基础，一律谆谆教诲。"

阅典笔记

孔子的教育对象、教学内容和培养目标都有自己的独特性。他办教育，反映了当时文化下移的现实，"学在官府"的局面得到改变，除了出身贵族的子弟可以受教育外，其他各阶级、阶层都有了受教育的机会。他广招门徒，不分种族、氏族，都可以到他的门下受教育。因此，孔子被誉为中国古代伟大的教育家，开创了中国古代私学的先例，奠定了中国传统教育的基本思想。

15.40

子曰："道不同，不相为谋。"

译 文

孔子说："主张不同，就不能一起谋事。"

今 论

南怀瑾《论语别裁》："思想目的不同，没有办法共同相谋。但并没有说一定要排斥。没有办法互相讨论计划一件事，只好各走各的路。"

阅典笔记

"我不同意你的观点，但我誓死捍卫你说话的权利。"这样的素质，今天很多人都不具备。不但不具备，连更为基本的"道不同，不相为谋"的素质也不具备——他们不允许不同"道"的存在。

15.41

子曰："辞达而已矣。"

译 文

孔子说："言辞能表达意思就行了。"

今 论

南怀瑾《论语别裁》："说话、文章都是辞。当然，写文章要成为一个文学家很难，说话要训练得善于言词，擅于演讲也很难。虽然不要求太华丽，但是有一个主要的目的，那便是能够真正表达自己的意思。"

阅典笔记

最朴实的话，最温暖。

15.42

"师冕①见，及阶，子曰："阶也。"及席，子曰："席也。"皆坐，子告之曰："某在斯，某在斯。"师冕出。子张问曰："与师言之道与(yú)？"子曰："然。固相(xiàng)②师之道也。"

注　释

①师冕：名字是冕的乐师。古代乐师一般为盲人。②相：帮助。

译　文

乐师冕来见孔子，走到台阶沿，孔子说："这是台阶。"走到坐席旁，孔子说："这是坐席。"等大家都坐下来，孔子告诉他："某某在这里，某某在那里。"师冕走后，子张就问孔子："这就是与乐师谈话的方式吗？"孔子说："这就是帮助乐师的方式。"

古　注

朱熹注："古者瞽必有相，其道如此。盖圣人于此，非作意而为之，但尽其道而已。"

今　论

李泽厚《论语今读》："'道'也可译作'规则'、'道德'等等，这'道'即'礼'，亦'仁'，合乎道理，切于人情。亦今日对待残疾人的人道主义，足见'礼'由'仁'出，非常形象，至今适用。'仁'由'礼'出是从历史来源说；'礼'由'仁'出，是从后世个体说。所以并不矛盾，由此亦可结合孟、荀，同归孔氏。"

阅典笔记

孔子是个爱乐之人，本章讲的就是他与乐师的相处。古代的乐师，大多为盲人，所以孔子也就会经常和残疾人打交道。对待残疾人的态度，更应当有一颗仁爱的心。不过，现在那些假装残疾、以乞讨为生的江湖骗子，实在是坏了残疾人的名声，应当坚决抵制。所谓"贞而不谅"是也。

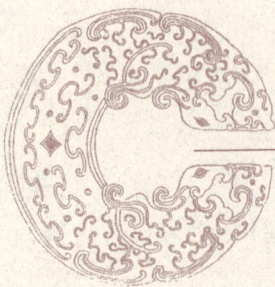

季氏篇

第十六

本篇包括 14 章,其中著名的文句有:"不患寡而患不均,不患贫而患不安"、"生而知之"、"君子有三戒:少之时,血气未定,戒之在色;及其壮也,血气方刚,戒之在斗;及其老也,血气既衰,戒之在得"、"君子有三畏:畏天命,畏大人,畏圣人之言"。本篇主要谈论的问题包括孔子及其学生的政治活动,与人相处和结交时须注意的原则,君子的三戒、三畏和九思等。

16.1

季氏①将伐颛(zhuān)臾(yú)②。冉有、季路见于孔子,曰:"季氏将有事③于颛臾。"孔子曰:"求!无乃尔是过与(yú)?夫颛臾,昔者先王以为东蒙主④,且在城邦之中矣,是社稷之臣也。何以伐为?"冉有曰:"夫子欲之,吾二臣者皆不欲也。"孔子曰:"求!周任⑤有言曰:'陈力⑥就列⑦,不能者止。'危而不持,颠而不扶,则将焉用彼相⑧矣?且尔言过矣,虎兕(sì)⑨出于柙(xiá)⑩,龟玉毁于椟(dú)中,是谁之过与(yú)?"冉有曰:"今夫颛臾,固而近于费(bì)⑪。今不取,后世必为子孙忧。"孔子曰:"求!君子疾夫舍曰欲之而必为之辞。丘也闻有国有家者,不患贫而患不均,不患寡而患不安。盖均无贫,和无寡,安无倾。夫如是,故远人不服,则修文德以来之。既来之,则安之。今由与求也,相夫子,远人不服,而不能来也;邦分崩离析,而不能守也;而谋动干戈于邦内。吾恐季孙之忧,不在颛臾,而在萧墙⑫之内也。"

◎ 职司委史

注释

①季氏：指季康子。②颛史：鲁国的附属国。③事：军事行动。④东蒙主：主持祭祀东蒙山的人。⑤周任：周代史官，有良史之称。⑥陈力，发挥能力。⑦就列：就任职位。⑧相：这里是辅助的意思。⑨兕：类似野牛的独角怪兽。⑩柙：关押野兽的木笼。⑪费：季氏的采邑。⑫萧墙：照壁屏风。指宫廷之内。

译文

季氏将要讨伐颛臾。冉有、子路去见孔子说："季氏快要攻打颛臾了。"孔子说："冉求！这不是你的过错吗？颛臾从前是周天子让它主持东蒙山的祭祀的，而且是鲁国的疆域之内的国家，这是我们国家的臣子啊。为什么要讨伐它呢？"冉有说："季氏想去攻打，我们两个人都不愿意。"孔子说："冉求，周任有句话说：'能够施展自己的才力，就接受这个职务；实在做不好就辞职让位。'有了危险不去扶助，跌倒了不去搀扶，那还用辅助的人干什么呢？而且，你说的话错了。老虎、犀牛从笼子里跑出来，龟甲、玉器在匣子里被毁坏了，这是谁的过错呢？"冉有说："现在颛臾城墙坚固，而且离季氏的采邑费邑很近，现在不把它夺取过来，将来一定会成为子孙的忧患。"孔子说："冉求！君子痛恨那种不肯实说'自己想要那样做'而又一定要找出理由来为之辩解的做法。我听说，不管是诸侯还是大夫，不怕贫穷，而怕财富不均；不怕人口少，而怕不安定。由于财富均匀了，也就没有所谓贫穷；大家和睦了，就不会感到人少；境内安定了，也就没有倾覆的危险了。正因为这样，所以远方的人如果不归服，就用仁、义、礼、乐教化他们使他们归顺；已经归顺的，就让他们安心住下去。现在，仲由和冉求你们两个人辅助季氏，远方的人不归服而不能使他来归；国内民心离散，却不能保证安全，反而策划在国内发动战争。我担心季氏的忧患不在颛臾，而是在鲁国的宫廷之内啊！"

背景

　　季氏谋伐颛臾，在前484—前480年间。以季氏为代表的三桓与鲁哀公有矛盾，哀公想除掉操纵国政的三桓，季氏担心世代为鲁臣的颛臾帮助哀公，故采取先发制人的战术。

古注

　　谢良佐注："当是时，三家强，公室弱，冉求又欲伐颛臾以附益之。夫子所以深罪之，为其瘠鲁以肥三家也。"

今论

　　南怀瑾《论语别裁》："'陈力就列，不能者止。'这八个字，有几个意义：……一个人做人家的干部，高级的干部也好，基层的干部也好，要把自己的力量尽量贡献出来；否则自己不愿意干的，就早不要干。这就是现在讲的责任问题。"

　　李零《丧家狗》："'既来之，则安之'，意思是既然把他们吸引来了，就要好好安抚他们，让他们安心住下去。现在的用法有点变，成了您既然来了，就好好待着吧。……所谓'来之'，所谓'安之'，都是软硬兼施。"

阅典笔记

　　"陈力就列，不能者止。"现代人都盯着位子高、权力重、票子多，可是忘了，伴随着这些丰厚的待遇，自己要承担相应的责任。

　　这一章的文字，有很多成为现在我们常用的成语，如"陈力就列，不能者止"、"不患贫（寡）而患不均"、"既来之，则安之"、"祸起萧墙"等等。

16.2

　　孔子曰："天下有道，则礼乐征伐自天子出；天下无道，则礼乐征伐自诸侯出。自诸侯出，盖十世希不失矣；自大夫出，五世希不失矣；陪臣执国命，三世希不失矣。天下有道，则政不在大夫。天下有道，则庶人不议。"

译 义

孔子说："天下太平的时候，制作礼乐和出兵打仗的权力掌握在天子的手中；天下无道的时候，制作礼乐和出兵打仗的权力掌握在诸侯的手中。权力掌握在诸侯手中，大概经过十代很少有不垮台的；权力掌握在大夫手中，经过五代很少有不垮台的；权力掌握在家臣手中，经过三代很少有不垮台的。天下太平，国家政权就不会落在大夫手中。天下太平，老百姓也就不会议论纷纷了。"

古 注

康有为注："洪范称'谋及庶人'，'庶人从，谓之大同'。……若今本'庶人不议'，则专制防民口之厉王为有道耶？"

今 论

南怀瑾《论语别裁》："时代安定，国家上了轨道，不论文化、教育、政治、经济、军事等等，中央政府可以事权专一。当时代变了，政权有了问题，地方的势力起来了，不管文化、政治、经济、军事等等，中央政府没有办法贯彻命令，由地方势力揽权。用唐代的历史来说，就是藩镇专擅，外藩权力膨胀；以现代史来说，就是军阀的割据专权，妨碍了国家民族的建设进步许多年。"

阅典笔记

关于"庶人不议"，争议一直很大。究竟孔子的意思是说，国家治理好了，老百姓自然就不会对政治说三道四了，还是说，老百姓就不应该对国家大事指手画脚？

16.3

孔子曰："禄之去公室五世矣，政逮于大夫四世矣，故夫三桓之子孙微矣。"

译 义

孔子说："鲁国失去国家政权已经有五代了，政权落在大夫之手已经四代了，所以三桓的子孙也衰微了。"

古 注

苏轼注："礼乐征伐自诸侯出，宜诸侯之强也，而鲁以失政。政逮于大夫，宜大夫之强也，而三桓以微。何也？强生于安，安生于上下之分定。今诸侯大夫皆陵其上，则无以令其下矣。故皆不久而失之也。"

今 论

南怀瑾《论语别裁》："懂了真正的变，就晓得如何'适变'，不等到'变'来了以后才变，而先领导变。我常说第一等人是自己制造机会，领导了变；第二等人机会来的时候，把握了机会，如何去应变；第三等人失去机会，被动受变，随物化去了。"

阅典笔记

有人说过，自己用不着给后代留下多大的家产。如果后代有本事，什么都没有也照样可以飞黄腾达；如果后代没本事，给他金山银山最后也会败家。

16.4

孔子曰："益者三友，损者三友：友直，友谅①，友多闻，益矣；友便(pián)辟(bì)②，友善柔③，友便(pián)佞④，损矣。"

注 释

①谅：诚信。②便辟：惯于走邪道。③善柔：善于和颜悦色骗人。④便佞：惯于花言巧语。

译 文

孔子说："有益的交友有三种，有害的交友有三种：同正直的人交朋友，同诚信的人交朋友，同博学多闻的人交朋友，是有益的。同惯于走邪道的人交朋友，同善于阿谀奉承的人交朋友，同惯于花言巧语的人交朋友，是有害的。"

今 论

南怀瑾《论语别裁》："……在朋友中，对自己有害处的三种，第一'友便辟'。就是有怪癖脾气的人，有特别的嗜好，或者也可说软硬都不吃，使人对他觉得有动辄得咎之难的朋友。第二'友善柔'。就是个性非常软弱，依赖性太重。甚至，一味依循迎合于你，你要打牌，他也好，你要下棋，也不错，你要犯法，他虽然感觉不对，也不反对，跟着照做不误。用现代语来说，等于是娇妻型的朋友，可以说是成事不足，败事也不足。第三'友便佞'。这种人更坏，可以说是专门逢迎凑合的拍马屁能手，绝对是成事不足，败事有余的家伙，特别要当心。"

阅典笔记

近朱者赤，近墨者黑。

16.5

孔子曰："益者三乐，损者三乐。乐①节礼乐 (yuè)，乐道②人之善，乐多贤友，益矣；乐骄乐 (yuè)，乐佚游，乐宴乐③，损矣。"

注 释

①乐：爱好。②道：称道。③宴乐：宴饮取乐。

译 文

孔子说："有益的爱好有三种，有害的爱好有三种。以礼乐节制自己为爱好，以称道别人的好处为爱好，以有许多贤德之友为爱好，这是有益的。喜好骄纵作乐，喜欢闲游，喜欢大吃大喝，这就是有害的。"

今 论

李泽厚《论语今读》："如今宴请、佚游，却大有益处。特别是旅游之乐，已成为今日生活之需要。"

阅典笔记

一个人的兴趣、生活习惯，直接影响着这个人的一生。比如起床的早晚、是否准时赴约、是否喜欢交朋友，这些很小很小的事情，有可能影响人的整个命运。

16.6

孔子曰："侍于君子有三愆 (qiān)①：言未及之而言谓之躁，言及之而不言谓之隐，未见颜色而言谓之瞽 (gǔ)②。"

注 释

①愆：过失。②瞽：盲人。

译 文

孔子说："侍奉君子有三种过失：还没有问到你的时候就说话，这是急躁；已经问到你的时候你却不说，这叫隐瞒；不看君子的脸色而贸然说话，这是瞎子。"

古 注

尹焞注："时然后言，则无三者之过矣。"

阅典笔记

拍马屁，逢迎上司也有技巧，要有眼力见儿。

16.7

孔子曰："君子有三戒：少之时，血气未定，戒之在色；及其壮①也，血气方刚，戒之在斗；及其老也，血气既衰，戒之在得②。"

注 释

①壮：壮年，年满三十。②得：贪求占有。

译 文

孔子说："君子有三种事情应引以为戒：年少的时候，血气还不成熟，应警惕不要沉溺于女色；到了壮年，血气方刚，应警惕不要与人争斗；等到老年，血气已经衰弱了，应警惕不要贪得无厌。"

今 论

李零《丧家狗》："年轻人，气血旺盛，好色好斗，这类冲动，可以转移。太监被阉，据说好吃，嘴头特别壮。人老了，豪放不起来，'了不起'变成'老不起'（马王堆帛书《养生方》的术语），好色、好斗的劲儿歇了，没关系。老头、老太太，另有爱好，比如买股票、买彩票。这种游戏特刺激，花甲老人也似脱缰野马。但孔子说了，'戒之在得'，如果志在必得，心脏、血管受不了。"

阅典笔记

无论何时都要忌沉迷，忌冲动，忌贪婪。

16.8

孔子曰："君子有三畏：畏天命，畏大人①，畏圣人之言。小人不知天命而不畏也，狎(xiá)②大人，侮圣人之言。"

注 释

①大人：居高位的人。②狎：亲昵而不尊重。

译 文

孔子说："君子有三件敬畏的事情：敬畏天命，敬畏居高位的人，敬畏圣人的话。小人不懂天命，因而也不敬畏；不尊重地位高贵的人；轻侮圣人的话。"

古 注

朱熹注："畏者，严惮之意也。天命者，天所赋之正理也。知其可畏，则其戒谨恐惧，自有不能已者。"

今 论

李零《丧家狗》："马克思说，无产者无畏，其实无知者也无畏。王朔说，'我是流氓我怕谁'，他写过一本书，叫《无知者无畏》。"

阅典笔记

敬畏是一种品德，只有懂得敬畏的人才会懂得自我约束和提高。

16.9

孔子曰："生而知之者，上也；学而知之者，次也；困而学之，又其次也。困而不学，民斯为下矣。"

译 文

孔子说："生来就知道的人，是上等人；经过学习以后才知道的人，是次一等的人；遇到困难再去学习的人，是又次一等的人。遇到困难还不学习的人，这种人就是下等的人了。"

古 注

杨时注："生知学知以至困学，虽其质不同，然及其知之一也。故君子惟学之为贵。困而不学，然后为下。"

阅典笔记

只要能够心怀诚意地学习，都是一样的人。

◎ 晏婴沮封

16.10

孔子曰:"君子有九思:视思明,听思聪,色思温,貌思恭,言思忠,事思敬,疑思问,忿 (fèn) 思难,见得思义。"

译文

孔子说:"君子有九件事要思考:看时要明察,听时要听清,脸色要温和,态度要谦恭,说话要忠诚,办事要谨慎,遇到疑问要咨询,生气时要避免惹祸,获取利益时要思考是否合乎道义。"

古注

程颐注:"九思各专其一。"谢良佐注:"未至于从容中道,无时而不自省察也。虽有不存焉者寡矣,此之谓思诚。"

今论

李零《丧家狗》:"这几句话,意思是,君子有九件事要考虑:观察,是不是看明白了;倾听,是不是听清楚了;脸色,是不是和蔼;体态,是不是恭顺;说话,是不是诚实;办事,是不是牢靠;有疑问,该向谁请教;发脾气,有什么后患;有机会拿,该不是该拿。"

不好的行为要避免，不好的人要教化。

16.11

子曰："见善如不及，见不善如探汤。吾见其人矣，吾闻其语矣。隐居以求其志，行义以达其道。吾闻其语矣，未见其人也。"

译 文

孔子说："看到好的行为就担心达不到，看到不好的行为就好像把手伸到开水中一样赶快避开。我见到过这样的人，也听到过这样的话。以隐居避世来保全自己的志向，依照道义而贯彻自己的主张。我听到过这种话，却没有见到过这样的人。"

古 注

朱熹注："求其志，守其所达之道也。达其道，行其所求之志也。盖惟伊尹、太公之流，可以当之。当时若颜子，亦庶乎此。然隐而未见，又不幸而蚤死，故夫子云然。"

今 论

南怀瑾《论语别裁》："这里两条作为对比。上面是说专门做好事，坏事碰都不碰，这样的人蛮多，第二条的人难了，一辈子功名富贵不足以动心的，这在理论上讲容易，到功名富贵摆在面前时，而能够不要的，却很难很难！这是人生哲学。"

阅典笔记

本章孔子的重点其实在后面一句。在孔子的理想中，如果世道与自己的志向不合，索性就不要和这样的世道合作，自己躲起来，但是坚持自己的思想。

16.12

齐景公有马千驷（si），死之日，民无德而称焉。伯夷叔齐饿于首阳之下，民到于今称之。其斯之谓与①？

注 释

①其斯之谓与：此句之前恐有脱文。古注认为，脱漏的就是"诚不以富，亦祇以异"（12.10）一句。

译 文

齐景公有四千匹马，死的时候，百姓们觉得他没有什么德行可以称颂。伯夷、叔齐饿死在首阳山下，百姓们到现在还对他们称颂不已。说的就是这个意思吧。

古 注

胡安国注："程子以为第十二篇错简'诚不以富，亦只以异'，当在此章之首。今详文势，似当在此句之上。言人之所称，不在于富，而在于异也。"

今 论

南怀瑾《论语别裁》："如果没有薄帝王而不为的修养，随便讲'隐居以求其志'，那也只是说说叫叫而已。"

阅典笔记

人的价值不在于他的财富有多少，名气有多大，而在于他的品格有多好。哗众取宠，名气越大越可笑。

16.13

陈亢（gāng）问于伯鱼①曰："子亦有异闻乎？"对曰："未也。尝独立，鲤趋而过庭。曰：'学《诗》乎？'对曰：'未也。''不学《诗》，无以言。'鲤退而学《诗》。他日，又独立，鲤趋而过庭。曰：'学礼乎？'对曰：'未也。''不学礼，无以立！'鲤退而学礼。闻斯二者。"陈亢退而喜曰："问一得三：闻《诗》，闻礼，又闻君子之远（yuàn）②其子也。"

注 释

①伯鱼：孔子之子孔鲤的字。②远：不偏爱。

译 文

陈亢问孔鲤："你在老师那里听到过特别的教诲吗？"孔鲤说："没有。有一次他独自站在庭中，我快步走过。他问我：'学《诗》了吗？'我说：'没有。'他说：'不学诗，就不懂得怎么说话。'我回去就学《诗》了。又有一天，他又独自站在庭中，我快步走过，他问我：'学礼了吗？'我说：'没有。'他说：'不学礼就不懂得怎样立身。'我回去就学礼了。我就听到这两件事。"陈亢回去高兴地说："我提一个问题，得到三方面的收获，听了关于《诗》的道理，听了关于礼的道理，又得知君子不偏爱自己儿子。"

古 注

尹焞注："孔子之教其子，无异于门人，故陈亢以为远其子。"

今 论

李零《丧家狗》："过去，有些老先生，想法和手艺人差不多，一定要把绝活留家里，传子不传媳，更别说传学生了。有人甚至招儿子当研究生，或把研究生招为乘龙快婿。孔子对自己的儿子不是这样。"

阅典笔记

教诲并不是看似高不可攀的夸夸其谈，而是以身作则。

16.14

邦君之妻，君称之曰夫人，夫人自称曰小童；邦人称之曰君夫人；称诸异邦曰寡小君；异邦人称之，亦曰君夫人。

译 文

国君的妻子，国君称她为夫人，夫人自称为小童；国人称她为君夫人；对他国人则称她为寡小君，他国人也称她为君夫人。

今 论

南怀瑾《论语别裁》："这是古代礼貌，这些礼貌，现在就很难讲了！研究这个，中国有一套书，不过现在这个阶段，没有严格讲究这种礼貌，但是我想将来新的文化，还是会继承这种精神，只是名称不同而已。目前这个文化很混乱，有许多称呼很难。"

阅典笔记

有很多文化界的学者，号召恢复这些古代的称号，以维护文化的传承。其实大可不必，文化本身也有"物竞天择，适者生存"的规律。一些形式上的东西，也会因为适应不了社会的发展而逐渐销声匿迹。

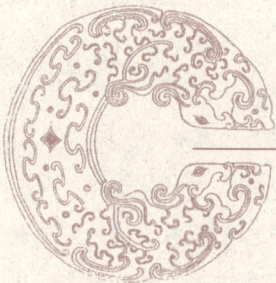

阳货篇

第十七

本篇共 26 章。其中著名的文句有："性相近也，习相远也"、"唯上知与下愚不移"、"君子有勇而无义为乱，小人有勇而无义为盗"、"唯女子与小人为难养也"。这一篇中，介绍了孔子的道德教育思想、孔子对仁的进一步解释，还有关于为父母守丧三年的问题，也谈到君子与小人的区别，等等。

17.1

阳货①欲见孔子，孔子不见，归(kuì)②孔子豚(tún)③。孔子时其亡④也，而往拜之，遇诸涂⑤。谓孔子曰："来！予与尔言。"曰："怀其宝而迷其邦，可谓仁乎？"曰："不可。""好从事而亟(qì)⑥失时，可谓知乎？"曰："不可。""日月逝矣，岁不我与⑦。"孔子曰："诺。吾将仕矣。"

注释

①阳货：又叫阳虎，季氏的家臣。孔子与他的政见根本不同。②归：通"馈"，赠送。③豚：小猪。④时其亡：他外出的时候。⑤涂：通"途"，道路。⑥亟：屡次。⑦与：在一起。

译文

阳货想见孔子，孔子不见，他便赠送给孔子一只熟乳猪，想要孔子去拜见他。孔子打听到阳货不在家，往阳货家拜谢，却在半路上遇见了。阳货对孔子说："来，我有话要跟你说。"阳货说："把自己的本领藏起来而听任国家迷乱，这可以叫做仁吗？"孔子回答说："不可以。"阳货说："喜欢参与政事而又屡次错过机会，这可以说是智吗？”孔子回答说：“不可以。”阳货说：“时间一天天过去了，年岁是不等人的。”孔子说：“好吧，我将要去做官了。”

古注

朱熹注：“货语皆讥孔子而讽使速仕。孔子固未尝如此，而亦非不欲仕也，但不仕于货耳。故直据理答之，不复与辩，若不谕其意者。阳货之欲见孔子，虽其善意，然不过欲使助己为乱耳。故孔子不见者，义也。其往拜者，礼也。必时其亡而往者，欲其称也。遇诸涂而不避者，不终绝也。随问而对者，理之直也。对而不辩者，言之孙而亦无所诎也。”

今论

南怀瑾《论语别裁》：“阳货是个大政客，他并没有直接说孔子不对，只提出这样两个问题。在孔子作了答复以后，他就对孔子说，太阳、月亮天天不停地在运转，时间很快就过去了；人一天天在走向衰老，等年龄大了，想救世救国，精力都没有了，岁月不可能永远停在年轻阶段的。于是孔子说，对！我快要出来做事了。可以说孔子被阳货逼得没办法，好像被逼到死角去了。这是孔子见阳货的著名故事。”

阅典笔记

岁月不等人，想要做什么，不需要顾虑太多。

17.2

子曰：“性相近也，习相远也。”

译文

孔子说：“人的本性相近，由于习染不同才相互有了差别。”

古注

朱熹注：“此所谓性，兼气质而言者也。气质之性，固有美恶之不同矣。然以其初而言，则皆不甚相远也。但习于善则善，习于恶则恶，于是始相远耳。”

今论

南怀瑾《论语别裁》：“我们每人个性，本来的善良的，习惯很容易学坏。这习惯对人是很重要的，环境会改变人，……人习惯了以后，离开本来的善良、纯洁越远，嗜好越来越大。……往往本性是相近于道，习惯越来越坏，把自己变得远于道了，这是要注意的。"

环境育人。

17.3

子曰："唯上知 (zhì) 与下愚不移。"

译文

孔子说："只有上等的智者与下等的愚者是改变不了的。"

今论

李零《丧家狗》："孔子认为，上智和下愚都是无法由后天教化改变的。可以改变的只是中人。上文说的一般情况，就是对中人而言，上智和下愚是例外，他们的性并不相近。"

李泽厚《论语今读》："其实'唯'字最重要，就是说，除了超人和白痴，其他人都可以也应该受教育，如此而已。"

阅典笔记

至少智商不是评价一个人的唯一标准，伤仲永并不是传说，而很多所谓智商低的人通常在某一方面展现出惊人的才华。

17.4

子之武城,闻弦歌之声。夫子莞 (wǎn) 尔而笑曰:"割鸡焉用牛刀？"子游对曰:"昔者偃 (yǎn) 也闻诸夫子曰:'君子学道则爱人，小人学道则易使也。'"子曰:"二三子！偃 (yǎn) 之言是也。前言戏之耳！"

译文

孔子到武城，听见弹琴唱歌的声音。孔子微笑着说："杀鸡何必用宰牛的刀呢？"子游回答说："以前我听先生说过：'君子学习了礼乐就能爱人，小人学习了礼乐就容易指使。'"孔子说："学生们，言偃的话是对的。我刚才说的话，只是开个玩笑而已。"

朱熹注："嘉子游之笃信，又以解门人之惑也。治有大小，而其治之必用礼乐，则其为道一也。但众人多不能用，而子游独行之。故夫子骤闻而深喜之，因反其言以戏之。而子游以正对，故复是其言，而自实其戏也。"

阅典笔记

"割鸡焉用牛刀？"大材小用，确实是一种浪费。不过，如果手头没有鸡刀只有牛刀，牛刀放着不用，那就更是浪费了。

～ ⌒ 🌣 ⌒ ～ 17.5 ～ ⌒ 🌣 ⌒ ～

公山弗扰①以费畔，召，子欲往。子路不说 (yuè)，曰："末之也已②，何必公山氏之之也③。"子曰："夫召我者而岂徒④哉？如有用我者，吾其为东周⑤乎？"

注释

①公山弗扰：人名，又称公山不狃，字子洩，季氏家臣。②末之也已：末之，无处去。已，算了。③之之也：第一个"之"字是助词，表是倒装。后一个"之"字是动词，去到的意思。④徒：徒然。⑤为东周：建造一个东方的周王朝，在东方复兴周礼。

译文

公山弗扰据费邑反叛，来召孔子，孔子准备前去。子路不高兴地说："没有地方去就算了，为什么一定要去公山弗扰那里呢？"孔子说："他来召我，难道只是一句空话吗？如果有人用我，我就要在东方复兴周礼，建设一个东方的西周。"

今论

李零《丧家狗》："这里值得注意的是，公山弗扰召孔子，孔子动过心。孔子之所以动心，原因是，当时的乱局，卿大夫陵诸侯，陪臣陵卿大夫，彼此是三角关系，很微妙。孔子的时代，是'洪洞县里无好人'，诸侯、卿大夫和陪臣，都不是好东西，但三种坏蛋，一物降一物。当时，公室弱，问题不在君，而在臣。孔子的原则是维护公室。他要出来做事，只有两个选择：一种是自上而下，支持权臣，打击陪臣，维护公室；一种是自下而上，支持陪臣，打击权臣，维护公室，他曾考虑后一选择，但最终还是选择了前者。"

李零的解释入木三分，既没有像前人那样费尽九牛二虎之力来维护孔子的形象，也没有像很多人那样落井下石。不过孔子这个时候有点有病乱投医了。

17.6

子张问仁于孔子。孔子曰："能行五者于天下，为仁矣。""请问之。"曰："恭，宽，信，敏，惠。恭则不侮，宽则得众，信则人任焉，敏则有功，惠则足以使人。"

译 文

子张向孔子问什么是仁。孔子说："能在天下实行五种品德，就是仁了。"子张说："请问是哪五种品德。"孔子说："恭敬、宽厚、诚信、勤敏、慈惠。恭敬就不致遭受侮辱，宽厚就会得到众人的拥护，诚信就会使别人为你效力，勤敏就会提高工作效率，慈惠就能够使唤人。"

古 注

朱熹注："行是五者，则心存而理得矣。于天下，言无适而不然，犹所谓虽之夷狄不可弃者。五者之目，盖因子张所不足而言耳。任，倚仗也，又言其效如此。"

◎ 骨辨防风

阅典笔记

庄重、宽厚、诚实、勤敏、慈惠，这些确实都是人类的美德。对于个人而言，能够具备这些道德修养自然好。但是如果认为具备了这些美德就一定能有怎样的好处，那就很不妥当了，甚至也是非常靠不住的。

17.7

佛(bì)肸(xī)①召，子欲往。子路曰："昔者由也闻诸夫子曰：'亲于其身为不善者，君子不入也。'佛肸以中牟(mù)②畔，子之往也，如之何？"子曰："然，有是言也。不曰坚乎，磨而不磷(lìn)③；不曰白乎，涅(niè)④而不缁(zī)⑤。吾岂匏(páo)瓜⑥也哉？焉能系(jì)⑦而不食？"

注 释

①佛肸：晋国大夫范氏家臣，中牟城地方官。②中牟：晋国地名，约在今河北邢台与邯郸之间。③磷：薄损。④涅：这里指染黑。⑤缁：黑色。⑥匏瓜：葫芦中的一种，味苦不能吃。⑦系：结，扣。

译 文

佛肸召孔子去，孔子打算前往。子路说："从前我听先生说过'亲自做坏事的人那里，君子是不去的。'现在佛肸据中牟叛乱，您却要去，这如何解释？"孔子说："是的，我说过这样的话。不是说坚硬的东西磨也磨不坏吗？不是说洁白的东西染也染不黑吗？我难道是个苦葫芦吗？怎么能只挂在那里而不给人吃呢？"

今 论

南怀瑾《论语别裁》："一个人如果有真正的内涵，则任何一种环境，任何一个时代，都始终站得住。"

钱穆《论语新解》："本章与弗扰章，皆记孔子之初意欲往，而不记其卒不往，盖以见孔子仁天下之素志；而卒不往之故，则无足深论。后人纷纷疑辨，则当时子路已疑之，不烦重论。"

阅典笔记

会因恶而变坏的人不是真正的仁者。

17.8

子曰："由也，女闻六言六蔽①矣乎？"对曰："未也。""居②！吾语(yù)女(rǔ)。好仁不好学，其蔽也愚③；好知不好学，其蔽也荡④；好信不好学，其蔽也贼⑤；好直不好学，其蔽也绞⑥；好勇不好学，其蔽也乱；好刚不好学，其蔽也狂。"

注释

①蔽：通"弊"。②居：坐。③愚：受人愚弄。④荡：好高骛远而没有根基。⑤贼：害。⑥绞：说话尖刻。

译文

孔子说："仲由！你听说过六种品德和六种弊病了吗？"子路回答说："没有。"孔子说："坐下！我告诉你。爱好仁德而不爱好学习，弊病是受人愚弄；爱好智慧而不爱好学习，弊病是行为放荡；爱好诚信而不爱好学习，弊病是危害亲人；爱好直率却不爱好学习，弊病是说话尖刻；爱好勇敢却不爱好学习，弊病是犯上作乱；爱好刚强却不爱好学习，弊病是狂妄自大。"

古注

范祖禹注："子路勇于为善，其失之者，未能好学以明之也，故告之以此。曰勇、曰刚、曰信、曰直，又皆所以救其偏也。"

今论

南怀瑾《论语别裁》："这六点也就是人的个性分类，有这样六种个性的人。这六种个性都不是坏事，但没有真正内涵的修养，就都会变成坏事，……每个人都有他的长处和短处，一个人的长处也是他的短处，短处也是长处，长处与短处是一个东西，用之不当就是短处，用之中和就是长处，这是要特别注意的。"

阅典笔记

仁、智、信、直、勇、刚，这六个品质无论哪个都是很优秀的，但是每一样都不够完美，还需要相互补充，不断学习，才能达到完美的境界。任何一种好的品质，一种拿手的技能，都是通过不断的学习而得到的。如果骄傲自满，以为自己已经掌握很多东西，就很难跟上时代的步伐，最后的危害就大了。

17.9

子曰："小子！何莫学夫《诗》？《诗》可以兴①，可以观②，可以群③，可以怨④。迩(ěr)⑤之事父，远之事君。多识于鸟兽草木之名。"

注释

①兴：激发感情的意思。②观：观察了解天地万物与人间万象。③群：人际交往，合群。④怨：讽谏，怨而不怒。⑤迩：近。

译文

孔子说："弟子们！为什么不学习《诗》呢？学《诗》可以激发志气，可以观察天地万物及人间的盛衰与得失，可以用来交往朋友，可以用来讽刺、评论不平的事情；近可以用来侍奉父母，远可以用来侍奉君主；还可以认识许多鸟兽草木的名字。"

阅典笔记

看书的目的不是为了博览群书，而是为了学习其中的观点。

17.10

子谓伯鱼曰："女(rǔ)为《周南》《召(shào)南》①矣乎？人而不为《周南》《召南》，其犹正墙面而立②也与(yú)！"

注释

①《周南》《召南》：《诗经·国风》中的第一、二部分篇名。周南和召南都是地名。这是当地的民歌。②正墙面而立：面向墙壁站立着。比喻没有知识，没有前途。

译文

孔子对伯鱼说："你学习《周南》《召南》了吗？一个人如果不学习《周南》《召南》，那就像面对墙壁而站着吧！"

17.11

子曰："礼云礼云，玉帛云乎哉？乐(yuè)云乐(yuè)云，钟鼓云乎哉？"

译文

孔子说："礼呀礼呀，说的只是玉帛之类的礼器吗？乐呀乐呀，说的只是钟鼓之类的乐器吗？"

古注

程颐注："礼只是一个序，乐只是一个和。只此两字，含蓄多少义理。天下无一物无礼乐。且如置此两椅，一不正，便是无序。无序便乖，乖便不和。又如盗贼至为不道，然亦有礼乐。盖必有总属，必相听顺，乃能为盗。不然，则叛乱无统，不能一日相聚而为盗也。礼乐无处无之，学者须要识得。"

今论

南怀瑾《论语别裁》："这几段连起来，就归到人生出处。第一步站出来要慎重考虑，并不是说有机会就抓，既不随便站出来，则自己立身，做人总要做的，事业可以不做，官可以不做，人总要做的。所以刚才说要知道六言六蔽，要学诗，以及如何才是礼乐，都是教人晓得立身，如何站得住，知道自己如何做人，这些基本修养要做到的。"

阅典笔记

见山是山，见水是水——见山不是山，见水不是水——见山还是山，见水还是水，这是人生的三种境界，能见自己，见他人，见众生，是人生境界的开化。

17.12

子曰："色厉而内荏(rěn)①，譬诸小人，其犹穿窬(yú)②之盗也与？"

注释

①色厉内荏：外表严厉而内心虚弱。②窬：越过。

译文

孔子说："外表严厉而内心虚弱，以小人作比喻，就像是挖墙洞的小偷吧？"

　　南怀瑾《论语别裁》："我们知道,一个人内心没有真正的涵养,就会变成'色厉内荏',外表蛮不在乎,而内心非常空虚。有时我们反省自己,何尝不会如此?坦白的说,有时生活困难,过着'穷不到一月,富不到三天'的日子,表面上充阔气,内心里很痛苦,也是'色厉内荏'的一种。其实大可不必这样做,一个人好就是好,穷就是穷,痛苦就是痛苦,从历史的法则上看,当领导人,更不可这样。"

阅典笔记

　　打肿脸充胖子,这也是一种"色厉内荏"。不过就现实而言,有些时候,既然"内荏"了,再不"色厉",很可能马上就被吃掉。"打肿脸充胖子"并不是任何时候都是错误的,但一定要明白,没有金刚钻,揽不成瓷器活,心虚就自然会有露馅的一天。

17.13

子曰:"乡原(yuàn)①,德之贼也!"

注 释

　　①乡原:指貌似恭谨,实际与流俗合污的人。

译 文

　　孔子说:"没有道德修养的伪君子,就是破坏道德的人。"

古 注

　　朱熹注:"乡原,乡人之愿者也。盖其同流合污以媚于世,故在乡人之中,独以愿称。夫子以其似德非德,而反乱乎德,故以为德之贼而深恶之。详见孟子末篇。"

今 论

　　南怀瑾《论语别裁》："原人就是老好人,……不着边际,模棱两可,两面讨好。现在的说法是所谓'汤圆作风'或'太极拳作风',而他本身没有毛病,没有缺点,也很规矩,可是真正要他在是非善恶之间,下一个定论时,他却没有定论,表面上又很有道德的样子。这一类人儒家最反对,……表面上看起来很有道德,但他这种道德是害人的,不明是非,好歹之间不作定论,看起来他很有修养,不得罪人,可是却害了别人。总要有一个中心思想,明是非,如此才是真正的道德。"

17.14

子曰："道听而涂说，德之弃也！"

译文

孔子说："在路上听到传言又到处去传播，这是抛弃道德的。"

古注

朱熹注："虽闻善言，不为己有，是自弃其德也。"

今论

钱穆《论语新解》："德必由内心修而后成。故必尊师博文，获闻嘉言懿训，而反体之于我心，潜修密诣，深造而默成之，始得为己之德。道听，听之易。涂说，说之易。入于耳，即出于口，不内入于心，纵闻善言，亦不为己有。其德终无可成。德不弃人，而曰'德之弃'，深言其无分于成德。"

17.15

子曰："鄙夫可与事君也与哉？其未得之也，患不得之；既得之，患失之。苟患失之，无所不至矣。"

译文

孔子说："可以和一个粗鄙的人一起侍奉君主吗？他在没有得到官位时，总担心得不到；已经得到后，又怕失去它。如果他担心失掉官职，那就什么事都干得出来了。"

古注

朱熹注："小则吮痈舐痔，大则弑父与君，皆生于患失而已。"

◎ 治任别归

今 论

李零《丧家狗》："乡巴佬是苦孩子，本来的优点是淳朴可爱，埋头苦干，干劲特别大，但噉噉者易污，他们受利益驱动，见利忘命，干起坏事来，劲头也特别大。村气，不开眼，最应见世面，但钱关、权关、美人关难过，阶级仇、民族恨时难报，憋得慌。没见过钱，当然看不开钱。没有，唯恐得不到；有了，难免舍不得；舍不得，就会不择手段，什么烂事都干。这是苦孩子的悲剧。"

阅典笔记

太过执着于一件东西，又缺少见识的人，必然会伤人伤己。

17.16

子曰："古者民有三疾①，今也或是之亡也。古之狂也肆，今之狂也荡；古之矜也廉②，今之矜也忿(fēn)戾(lì)③；古之愚也直，今之愚也诈而已矣。"

注 释

①疾：毛病。②廉：棱角。这里形容人的品行方正有威严。③戾：蛮横不讲理。

译文

孔子说："古代人有三种毛病，现在恐怕连这三种毛病也变了。古代狂妄的人只是放肆了一些，而现在狂妄的人却是放荡不羁；古代矜持的人只是难以接近，而现在狂妄的人却是凶恶蛮横；古代愚笨的人只是直率一些，现在愚笨的人却是欺诈啊！"

今论

南怀瑾《论语别裁》："这三点等于是观察人的六个大原则。……狂一点没关系，有时还蛮欣赏其狂，就怕不够狂，有本事不妨狂一点。如果是狂而荡，就问题严重了，狂到不守信诺，乃至把公家的钞票用光了，对什么事情都乱来，就要不得。有才的人多半狂，爱才就是懂得欣赏其狂，不要希望别人和自己一样，自己不喜欢的，不必要求别人也这样做，但是要提防他，不可失诸荡，这个狂就是人才。自我傲慢，有个性就是矜。自矜值得欣赏，一个人没有个性，不傲慢就是没有味道，每个人都有他独立的个性，但有适当限度。假使傲慢而变成愤戾之气，到处怨恨，没有一个人、一件事使他满意的，即使他单独自处，也会跟自己过不去的，那就过于愤戾，这很不好。愚、老实没有关系，可不要故玩老实，伪装老实，所谓'貌似忠厚，心存奸诈。'那就大成问题了。这狂、矜、愚三条，有相对的六点，外在是观察别人，内在是反观自己修养的准则，都要注意的。"

阅典笔记

孔子所处的时代，已经与上古时代有所区别，上古时期人们的"狂"、"矜"、"愚"虽然也是毛病，但并非不能让人接受，而今天人们的这三种毛病都变本加厉，到了令人无法理喻的地步。这就需要用道德的力量加以约束，同时也希望有这三种毛病的人警醒。

17.17

子曰："巧言令色，鲜矣仁。"

参见 1.3 章。

17.18

子曰："恶紫之夺朱也，恶郑声之乱雅乐也，恶利口之覆邦家者。"

译文

孔子说："我厌恶用紫色取代红色，厌恶用郑国的靡靡之音扰乱雅乐，厌恶用伶牙俐齿而颠覆邦国采邑的人。"

今论

南怀瑾《论语别裁》："这段文字上看容易懂，刚才我说这三点与上面狂、矜、愚三点是连贯的，如荡之于狂，紫之于朱等等，都是一种似是而非的情形。一个人的学问、道德、修养，最怕是成为似是而非。"

17.19

子曰："予欲无言。"子贡曰："子如不言，则小子何述焉？"子曰："天何言哉？四时行焉，百物生焉，天何言哉？"

译文

孔子说："我不想说话了。"子贡说："您如果不说话，那么我们这些弟子还传述什么呢？"孔子说："上天说过什么呢？四季照常运行，百物照样生长。上天说过什么呢？"

古注

朱熹注："四时行，百物生，莫非天理发见流行之实，不待言而可见。圣人一动一静，莫非妙道精义之发，亦天而已，岂待言而显哉？此亦开示子贡之切，惜乎其终不喻也。"

今论

钱穆《论语新解》："或疑本章孔子以天自比。孔子特举以解子贡'不言何述'之疑，非孔子意欲拟天设教。"

阅典笔记

影响人最大的往往不是声音，而是事物。

17.20

孺悲①欲见孔子，孔子辞以疾。将命者②出户，取瑟而歌，使之闻之。

注释

①孺悲：鲁哀公曾派他向孔子学礼。②将命者：传口信的人。

译文

孺悲想见孔子，孔子借口说生病了推辞不见。传话的人刚出门，孔子便取来瑟边弹边唱，故意让孺悲听到。

今论

南怀瑾《论语别裁》："孺悲见孔子，而孔子不见，故意取瑟而歌，就等于是一种不言之教。这是这段书真正的意思所在。"

李零《丧家狗》："我们中国人喜欢礼，俗话说，'礼多人不怪'，'当官的不打送礼人'，但我们的礼，很多都是虚礼。"

阅典笔记

有人说，孺悲曾经得罪过孔子；也有人说，孔子这是"润物细无声"。现在看来，孔子的态度其实不重要，孺悲的态度反而更重要。如果孺悲悟性足够高，能够从这件事中悟出什么道理，以孔子的品行，恐怕很快就会接见他了。

17.21

宰我问："三年之丧，期已久矣。君子三年不为礼，礼必坏；三年不为乐，乐 (yuè) 必崩。旧谷既没 (mò)，新谷既升①，钻燧 (suì) 改火②，期 (jī)③可已矣。"子曰："食夫稻④，衣夫锦，于女 (rǔ) 安乎？"曰："安。""女 (rǔ) 安，则为之！夫君子之居丧，食旨⑤不甘，闻乐 (yuè) 不乐 (lè)，居处不安，故不为也。今女 (rǔ) 安，则为之！"宰我出。子曰："予之不仁也！子生三年，然后免于父母之怀。夫三年之丧，天下之通丧也。予也有三年之爱于其父母乎？"

注释

①升：成熟。②钻燧改火：古人钻木取火，四季所用木头不同，每年轮一遍，叫改火。③期：一年。④稻：古代北方少种稻米，故大米很珍贵。这里是说吃好的。⑤旨：甜美，指吃好的食物。

译文

宰我问："为父服丧三年，时间太长了。君子三年不讲究礼仪，礼仪一定败坏；三年不演奏音乐，音乐一定荒废。旧谷吃完，新谷成熟，钻燧取火的木头轮过了一遍，丧期有一年的时间就可以了。"孔子说："才一年的时间，你就吃开了大米饭，穿起了锦缎衣，你心安吗？"宰我说："我心安。"孔子说："你心安，你就那样去做吧！君子守丧，吃美味不觉得香美，听音乐不觉得快乐，住在家里不觉得舒服，所以不那样做。现在你既觉得心安，你就那样去做吧！"宰我出去了。孔子说："宰予真是不仁啊！小孩生下来，到三岁才离开父母的怀抱。服丧三年，是天下通行的丧礼。难道宰予对他的父母没有三年的爱吗？"

◎ 子我（宰予）

古 注

朱熹注："宰我既出，夫子惧其真以为可安而遂行之，故深探其本而斥之。言由其不仁，故爱亲之薄如此也。怀，抱也。又言君子所以不忍于亲，而丧必三年之故。使之闻之，或能反求而终得其本心也。"

今 论

钱穆《论语新解》："此章宰我问三年之丧，其意本为讨论礼制，当时亦似未有天下通行三年之丧之证。而孔子之责宰我，辞气之厉，俨若'昼寝'一章。何以孔子对宰我独异于对其他之门人，不可知矣。"

阅典笔记

对父母的爱，是在心里的，且要记得，父母也是爱你的。倘若因为一些形式的东西而累了自己，难道父母泉下有知会开心么？

17.22

子曰："饱食终日，无所用心，难矣哉！不有博①弈②者乎？为之，犹贤乎已。"

注 释

①博：古代一种棋局游戏。双方各六枚棋，黑白为别，先掷色子，再走棋。
②弈，围棋。

译　文

孔子说：“整天吃饱了饭，什么心思也不用，真太难了！不是还有玩博和下棋的游戏吗？干这个，也比闲着好。”

今　论

南怀瑾《论语别裁》：“当明末清初，顾亭林把明末的士大夫，分作南北两种批评，指明末的所以亡国是：一、南方的士大夫们‘群居终日，言不及义’。一般人打打牌，喝喝酒，聚在一起，所谓‘国家事，管他娘，没有事情打麻将。’所谈论的话，没有谈到国家思想、民族文化，至于义理之学的影子更没有，说些空话而已。二、北方的士大夫们则‘饱食终日，无所用心’。所以他认为这样太危险了，国家岂有不亡的？这是当年历史上的士气，所以一个国家的文化思想有如此重要。”

阅典笔记

为什么下棋都比闲着好？因为至少下棋还动脑子，什么事情都不做，脑子空闲下来，人就废了。人的脑子都是越用越灵，能力都是越做事情提高越快；而人都是越歇越懒，越呆着越不想动脑子。

17.23

子路曰：“君子尚勇乎？”子曰：“君子义以为上。君子有勇而无义为乱，小人有勇而无义为盗。”

译　文

子路说：“君子崇尚勇敢吗？”孔子答道：“君子以义为最高尚的品德。君子只有勇敢而没有道义就会作乱，小人只有勇敢而没有道义就会偷盗。”

古　注

朱熹注：“君子为乱，小人为盗，皆以位而言者也。”

尹焞注：“义以为尚，则其勇也大矣。子路好勇，故夫子以此救其失也。”

阅典笔记

子路的脾气大家都有所了解了，而且他总想从孔子的嘴里，得到证明自己这个脾气是值得称赞的，结果经常碰一鼻子灰。孔子这次是告诫他，有勇气是很好的，勇敢是很好的，但是一定要有品德。没品德的人，越是勇敢，越是可怕。杀人犯、亡命徒，哪个不是胆大包天？

17.24

子贡曰："君子亦有恶 (wù)^①乎？"子曰："有恶 (wù)，恶 (wù) 称人之恶者，恶 (wù) 居下流而讪 (shàn)^②上者，恶 (wù) 勇而无礼者，恶 (wù) 果敢而窒 (zhì)^③者。"曰："赐也亦有恶 (wù) 乎？""恶 (wù) 徼 (jiāo)^④以为知 (zhì) 者，恶 (wù) 不孙 (xùn) 以为勇者，恶 (wù) 讦 (jié)^⑤以为直者。"

注 释

①恶：厌恶。②讪：诽谤。③窒：阻塞，不通事理，顽固不化。④徼：窃取，抄袭。⑤讦：攻击、揭发别人。

译 文

子贡说："君子也有厌恶的事吗？"孔子说："有厌恶的事。厌恶宣扬别人坏处的人，厌恶身居下位却诽谤上位的人，厌恶勇敢却不懂礼节的人，厌恶固执而又不通事理的人。"孔子又说："端木赐，你也有厌恶的事吗？"子贡说："厌恶偷袭别人的成绩而作为自己的知识的人，厌恶把不谦虚当做勇敢的人，厌恶揭发别人的隐私而自以为直率的人。"

古 注

杨时注："仁者无不爱，则君子疑若无恶矣。子贡之有是心也，故问焉以质其是非。"

今 论

南怀瑾《论语别裁》："他们师生两人一唱一和，等于唱双簧一样，举出来的这几点，我们每个人都要反省，体会自己，也可据此以观人，如果有了这种毛病，要努力改过来。"

阅典笔记

每个人都有自己厌恶的事情、厌恶的人，只是因个人的喜好不同、经历不同，因此标准也不同。这个人厌恶的，可能恰恰是那个人喜爱的。当然，我们每个人都希望自己不是别人讨厌的对象，而是尽力做到和别人融洽相处。

17.25

子曰："唯女子与小人为难养也，近之则不孙 (xùn)，远之则怨。"

译 文

孔子说："只有女子和小人是难以教养的：亲近他们，他们就不知道恭顺；疏远他们，他们就会报怨。"

古 注

朱熹注："君子之于臣妾，庄以莅之，慈以畜之，则无二者之患矣。"

今 论

李零《丧家狗》："我同意，'难养论'是一种现象描述，但不同意它仅仅是一种现象描述。性别差异，不是心理问题，而是社会历史问题。既云鄙视，自属褒贬。这当然是价值判断。孔子看不起妇女和小人，这事是不必为之辩解的。今人美圣，竟有把'女子'读为'汝子'，'小人'解为'小孩'的，实在荒唐。"

阅典笔记

没有什么事是不可攻克的，但要看有没有找对方法。

17.26

子曰："年四十而见恶(wù)焉，其终也已。"

译 文

孔子说："到四十岁时还被人所厌恶，他这辈子算是完了。"

古 注

朱熹注："见恶于人，则止于此而已，勉人及时迁善改过也。"

苏轼注："此亦有为而言，不知其为谁也。"

今 论

李泽厚《论语今读》："大概具体有所指，如苏轼所说。其普遍意义则在：时不待人，及时努力，而免老大悲伤。治学做人，均莫不然。当然也不必以四十为准，不过，'四十而不惑'，俗谓四十为'成德之年'，盖人生成熟并定型之阶段。"

阅典笔记

引用一个大家从小就背得滚瓜烂熟的诗："青青园中葵，朝露待日晞。阳春布德泽，万物生光辉。常恐秋节至，焜黄华叶衰。百川东到海，何时复西归。少壮不努力，老大徒伤悲。"

微子篇

第十八

本篇共计 11 章。其中著名的文句有："四体不勤,五谷不分"、"往者不可谏,来者犹可追。"这一篇中有如下内容：孔子的政治思想主张,孔子弟子与老农谈孔子、孔子关于塑造独立人格的思想等。

18.1

微子^①去之,箕(jī)子^②为之奴,比干^③谏而死。孔子曰："殷有三仁焉。"

注 释

①微子：商纣王的同母兄长,见纣王无道,劝他不听,遂离开纣王。周武王灭商后,受封于宋。②箕子：商纣王的叔父。他去劝纣王,见王不听,便披发装疯被降为奴隶。周武王灭商后,远去朝鲜立国。③比干：商纣王的叔父,屡次强谏,激怒纣王而被剖心。

译 文

微子离开了纣王,箕子做了他的奴隶,比干因进谏被杀死了。孔子说："商朝有三位仁人啊！"

古 注

朱熹注："三人之行不同,而同出于至诚恻怛之意,故不咈乎爱之理,而有以全其心之德也。"

南怀瑾《论语别裁》："这三个人都是纣王时代的忠臣，而遇到一个这样暴虐的君主。时代的衰败挽不回的时候，走的走，被关起来的关起来，死的死。孔子认为这是古代的忠臣，虽然他们本身死了，可是对于国家文化的精神，永远留下了千秋万代的榜样。所以称他们是殷商时代的三位仁人，成仁取义的人。"

李零《丧家狗》："兵法有战、和、降、走，选择要看实力对比。……比于是战，箕子是避（佯狂避难），微于是逃，他们都不选择和或降，不和不降，是不合作主义。……只要不合作，就是好样的。"

聪明人如果没有道德约束，而且急功近利，那么越聪明，越有能力，后果就越不堪设想，最后的结局往往越惨。

18.2

柳下惠为士师①，三黜 (chù)②。人曰："子未可以去乎？"曰："直道而事人，焉往而不三黜？枉道而事人，何必去父母之邦？"

①士师：狱官，掌管刑狱。②黜：罢免。

柳下惠做狱官，三次被罢免。有人说："您不能离开鲁国吗？"柳下惠说："按正直之道侍奉君主，到哪里不会被多次罢官呢？如果不按正直之道侍奉君主，又何必一定要离开本国呢？"

南怀瑾《论语别裁》："柳下惠的人品就在这里，为了贯彻人格的思想，为了贯彻传统文化以正道事人，以正道立身处世，忽视于功名富贵，那是身外事，并不在乎，这是他的人格。这里先记载他的事情，后面孔子还要提到他的。"

柳下惠在意的不是官职，所以以世俗的观点去看其行为便觉怪异。

18.3

齐景公待孔子，曰："若季氏，则吾不能，以季、孟之间^①待之。"曰："吾老矣，不能用也。"孔子行。

注释

①季、孟之间：鲁国三卿中，季氏为上卿，孟氏为下卿。季、孟之间即上卿、下卿之间。

译文

齐景公谈到对待孔子的礼节时说："像鲁君对待季氏那样，我做不到；我用介于季氏与孟氏之间的待遇对待他。"孔子说："我老了，不能做什么了。"于是，孔子离开了齐国。

今论

南怀瑾《论语别裁》："一个人的立身出处，当环境不容许的时候，就毅然决然而去，所谓'飘然远引'，没有什么留恋的。人生为了什么呢？为了实现自己的理想，为了自己能对社会人类有所贡献，绝不为现实的功名富贵，乃至如陶渊明不为五斗米折腰，这也说明柳下惠的道理，也是说明殷朝三仁的道理。"

阅典笔记

据说孔子这次没能当成官是受晏婴排挤。究竟晏婴是排挤孔子，还是觉得孔子的政策不适合推广，史书上没有记载。不过，孔子并没有因自己又一次吃了闭门羹而放弃理想。

18.4

齐人归(kuì)^①女乐^②，季桓子受之，三日不朝。孔子行。

注释

①归：通"馈"，赠送。②女乐：歌妓舞女。

译文

齐国人赠送了一些歌女给鲁国，季桓子接受了，三天不上朝。孔子于是离开了。

背景

前 496 年，孔子 56 岁，由大司寇兼理宰相事。齐国人听说了，生怕鲁国从此强盛称霸，设计赠送鲁定公和季桓子女乐，二人接受了。孔子感到很失望，离开了鲁国。

古注

朱熹注："按史记，'定公十四年，孔子为鲁司寇，摄行相事。齐人惧，归女乐以沮之'。"

今论

南怀瑾《论语别裁》："孔子去鲁、去齐这两次的离去，说明了一个人的去留之间，是非常有分寸的，中国文化讲究的，一个知识分子、读书人，立身处世，进退之间大有分寸，绝不会顾虑到生活问题，这是一个大问题。"

阅典笔记

"道不同，不相为谋。"孔子认识到鲁国的不可救药，于是拂袖而去。当然，季桓子这么做可能另有打算：鲁定公沉溺女色，孔子愤而离去，正好成全他的专权。鲁国初治的大好光景毁于一旦。人都有弱点，攻之，一矢中的。

18.5

楚狂接舆 (yú)①歌而过孔子曰："凤兮！凤兮！何德之衰？往者不可谏，来者犹可追②。已而！已而！今之从政者殆而！"孔子下，欲与之言。趋而辟 (bì)③之，不得与之言。

注释

①楚狂接舆：说法不一，总之是一个假装疯狂而隐的贤者。②追：及。③辟：通"避"。

译文

楚国的狂人接舆唱着歌从孔子的车旁走过，他唱道："凤啊！凤啊！为什么你的德运如此衰败？过去的已经无可挽回，未来的还来得及改正。算了吧！算了吧！今天的执政者危乎其危！"孔子下车，想同他谈谈。他却赶快避开，孔子没能和他交谈。

◎ 楚狂接舆

背景

孔子周游列国时，在陈、蔡之间被困断粮，后由楚昭王出兵迎接孔子到楚国，并准备把户籍的民社方圆 700 里之地封给孔子。楚国令尹子西以楚国历史上爵位低、孔子复古不利于楚国为由，说服楚昭王放弃启用孔子。当年秋天，楚昭王去世。本章所记载的事情发生在昭王已去世，孔子尚在楚国时。

古注

朱熹注："夫子时将适楚，故接舆歌而过其车前也。凤有道则见，无道则隐，接舆以比孔子，而讥其不能隐为德衰也。来者可追，言及今尚可隐去。"

今论

南怀瑾《论语别裁》："楚狂这个人是有名的隐士，给孔子碰一个很大的钉子，如说他对孔子不欣赏，他偏要来唱这首歌给孔子听，可见他是有心的，孔子晓得，孔子懂他，下来想向他请教，可是他又走开了。历史上隐士们都这样，做了许多怪事，点到为止。这是孔子碰到了和他唱反调的第一个隐士。在这一篇里，这些唱反调的统统出来了。"

阅典笔记

尊重对自己提出批评的人，有则听之，无则加勉，是君子之度。

18.6

长沮(jù)、桀(jié)溺耦(ǒu)而耕①。孔子过之,使子路问津焉。长沮曰:"夫执舆(yú)者为谁?"子路曰:"为孔丘。"曰:"是鲁孔丘与?"曰:"是也。"曰:"是知津矣。"问于桀溺。桀溺曰:"子为谁?"曰:"为仲由。"曰:"是孔丘之徒与?"对曰:"然。"曰:"滔滔②者天下皆是也,而谁以③易之?且而(ěr)④与其从辟(bì)⑤人之士也,岂若从辟世之士哉?"耰(yōu)⑥而不辍(chuò)。子路行以告。夫子怃(wǔ)然曰:"鸟兽不可与同群,吾非斯人之徒与而谁与?天下有道,丘不与易也。"

注 释

①耦而耕:两个人合力耕作。②滔滔:形容动乱。③以:与。④而:通"尔"。⑤辟:同"避"。⑥耰:用土覆盖种子。

译 文

长沮、桀溺在一起耕种,孔子路过,让子路去寻问渡口在哪里。长沮问子路:"那个拿着缰绳驾车的是谁?"子路说:"是孔丘。"长沮说:"是鲁国的孔丘吗?"子路说:"是的。"长沮说:"他早已知道渡口的位置了。"子路再去问桀溺。桀溺说:"您是谁?"子路说:"我是仲由。"桀溺说:"你是鲁国孔丘的弟子吗?"子路说:"是的。"桀溺说:"天下到处都是动乱不安的样子,你们和谁一起去改变现状呢?而且你与其跟着躲避恶人的志士,为什么不跟着我们这些躲避社会的隐人呢?"说完,仍旧不停地做田里的农活。子路回来后把情况报告给孔子。孔子很失望地说:"人是不能与飞禽走兽同群共处的,我不跟世上的人相处还与谁相处呢?如果天下太平,我就不会与你们一道来从事改革了。"

古 注

程颐注:"圣人不敢有忘天下之心,故其言如此也。"

张载注:"圣人之仁,不以无道必天下而弃之也。"

今 论

南怀瑾《论语别裁》:"我们这里引述历史一件事来补充说明:宋代王安石上台了,苏东坡这批人和他的意见不同、分歧,形成了后来著名的'党祸',而王安石所用的人都非常坏,所以这班正人君子都纷纷辞职。当时有人主张最好不要辞职,因为王安石下面这一批人,将来一定要把事情搞坏的,你多占一个位子，使他们少搞坏一点，这就做了好事。这就说明挑这种担子很难，明知道要坏，可硬是不走开，占住一点，少坏一点，虽然不能积极地挽救，也是消极地防止，孔子走的是这个路线。"

阅典笔记

可以一起享福却不能一起吃苦的爱，不算是爱。

18.7

子路从而后，遇丈人，以杖荷蓧(diào)①。子路问曰："子见夫子乎？"丈人曰："四体②不勤，五谷不分，孰为夫子？"植③其杖而芸④。子路拱而立。止⑤子路宿，杀鸡为黍⑥而食之，见(xiàn)⑦其二子焉。明日，子路行以告。子曰："隐者也。"使子路反见之。至则行矣。子路曰："不仕无义。长幼之节，不可废也；君臣之义，如之何其废之？欲洁其身，而乱大伦。君子之仕也，行其义也。道之不行，已知之矣。"

注 释

①蓧：古代除草用的竹器。②四体：四肢。③植：插立。④芸：通"耘"，除草。⑤止：留。⑥黍：黄米。⑦见：使见。

译 文

子路跟随孔子出行，落在了后面，遇到一个老人，用拐杖挑着除草的工具。子路问道："您看到我的老师了吗？"老人说："四肢不勤快，五谷分不清，谁是老师？"说完，便把拐杖插在地上除起草来。子路拱着手恭敬地站在一旁。老人留子路到他家住宿，杀了鸡，做了小米饭给他吃，又叫两个儿子出来与子路见面。第二天，子路赶上孔子，把这件事告诉了他。孔子说："这是一个隐士啊。"让子路回去再看看他。子路到了他家，老人已经走了。子路说："不做官是不合乎道义的。长幼间的礼节，都不可能废弃；君臣之间的大义，又怎么能废弃呢？想要洁身自好，却破坏了最重要的君臣伦理关系。君子做官，是为了推行大义。至于治道行不通，早就知道了。"

今 论

南怀瑾《论语别裁》："这些隐士思想的人，欲洁身自好，把自己身心人格搞得很清高，自己有自己的观点。社会中有许多人也是这种个性，这种人是守成的第一流人才，可是教他去开创，那就糟了。开创事业的人，好的要，坏的也要，而且要准备接受坏的，天下好的名声固然好，有时候为了成功一件事业，往往要担负很多坏名声，其实很冤枉。但是能够挑得起来，就很难了。这种做法，比洁身自好还更难。所以我们常常感到任劳任怨难，尤其当主管的人更是如此。"

阅典笔记

要善于向持不同意见的人学习请教。

18.8

逸①民：伯夷、叔齐、虞仲、夷逸、朱张、柳下惠、少连。子曰："不降其志，不辱其身，伯夷、叔齐与！"谓："柳下惠、少连，降志辱身矣。言中 (zhòng)②伦，行中 (zhòng) 虑，其斯而已矣。"谓："虞仲、夷逸，隐居放③言，身中 (zhòng) 清，废中 (zhòng) 权。我则异于是，无可无不可。"

注释

①逸：通"佚"，遗弃。②中：合乎。③放：放置。

译文

遗落在民间的贤人有：伯夷、叔齐、虞仲、夷逸、朱张、柳下惠、少连。孔子说："不降低自己的意志，不屈辱自己的身份，这是伯夷和叔齐吧！"评价柳下惠、少连，说："他们被迫降低自己的意志，屈辱自己的身分，但说话合乎条理，行为合乎人心"。评价虞仲、夷逸，说："他们过着隐居的生活，说话很随便，能洁身自爱，离开官位合乎权宜。""我却同这些人不同，没有什么可以做的，也没有什么不可以做的"。

古注

扬雄注："观乎圣人则见贤人。是以孟子语夷，惠，亦必以孔子断之。"

今论

南怀瑾《论语别裁》："孔子认为这批逸民们，最值得钦佩的，确定了人格，立志不变，自己认清楚了一个主义、一个思想、一个目标。他这个人格不管什么环境，永远不变，不动摇，同时不辱其身——这四个字是很难的……"

李泽厚《论语今读》："孔子将自己与这些高尚人士相比拟，显示自己灵活性更大，不拘泥于一种形态。如前所说，灵活性展现出个体的主动性、独特性，是主体性的核心内容，甚为重要。"

阅典笔记

世上本没有路，走的人多了，也就成了路。

❀ 18.9 ❀

大师挚 (zhì)①适齐，亚饭干适楚，三饭缭 (liáo) 适蔡，四饭缺适秦②。鼓方叔③入于河，播鼗 (táo)④武入于汉，少师⑤阳、击磬 (qìng) 襄⑥入于海。

注 释

①大师挚：大同"太"。名叫挚的太师，太师为乐官之长。②亚饭干、三饭缭、四饭缺：亚饭、三饭、四饭都是乐官名，本指第二、第三、第四顿饭。干、缭、缺是人名。古代天子、诸侯用饭时都奏乐相伴。一日几餐，各有不同的乐师。天子一日四餐，鲁国用天子礼乐，故有"亚饭"、"三饭"、"四饭"。③鼓方叔：击鼓的乐师方叔。④播鼗：摇小鼓。⑤少师：副乐师。⑥击磬襄：击磬的乐师襄。

译 文

太师挚到齐国去了，亚饭干到楚国去了，三饭缭到蔡国去了，四饭缺到秦国去了，打鼓的方叔到了黄河边，敲小鼓的武到了汉水边，少师阳和击磬的襄到了海边。

古 注

张载注："周衰乐废，夫子自卫反鲁，一尝治之。其后伶人贱工识乐之正。及鲁益衰，三桓僭妄，自大师以下，皆知散之四方，逾河蹈海以去乱。圣人俄顷之助，功化如此。如有用我，期月而可。岂虚语哉？"

今 论

南怀瑾《论语别裁》："……这说明一个国家、社会，在变乱的时代，真正忧时匡世的人才离散，无法存在高位，大家退隐散伙了。真正有学问，想为国家天下贡献能力的人，无能为力，灰心地，都逃避现实而东零西散，人才一去，这个社会、政治的结构，社会的形态就成了大问题。透过这一段。我们要了解它的精神，等于领导一个单位，发现了好几个人才，薪水不足以养廉，或者某一环境困扰他，他们就散掉了，一个人唱独脚戏，就唱不起来。"

18.10

周公谓鲁公^①曰："君子不施(chí)^②其亲，不使大臣怨乎不以。故旧无大故，则不弃也。无求备于一人。"

注 释

①鲁公：指周公的儿子伯禽，封于鲁。②施：同"弛"，放松。

译 文

周公对鲁公说："君子不疏远亲族，不使大臣们抱怨不被任用。旧友老臣没有大的过失，就不要抛弃他们。对别人不要求全责备。"

古 注

胡安国注："此伯禽受封之国，周公训戒之辞。鲁人传诵，久而不忘也。其或夫子尝与门弟子言之欤？"

阅典笔记

长处，加以发扬；短处，加以改正。责备只会打击人。

18.11

周有八士：伯达、伯适(kuò)、伯突、仲忽、叔夜、叔夏、季随、季騧(guā)。

译 文

周朝有八个知名之士：伯达、伯适、伯突、仲忽、叔夜、叔夏、季随、季騧。

今 论

李泽厚《论语今读》："伯、仲、叔、季排列，似是家族兄弟。"

阅典笔记

这一章，是对周朝政治人物的记述，关于这八个人生平的记载流传下来的很少，具体情况查考不到。我们可以这样来理解，就是周朝能够兴起，除了周公旦、召公、太公望、毕公、荣公、太颠、闳夭、散宜生、南宫适和文母外，还有八位名士，即伯达、伯适、伯突、仲忽、叔夜、叔夏、季随、季騧。大家不必强求这八位的生平事迹，只从兴国、兴邦、兴业，人才是第一位的这个角度来理解就好了，即所谓的得人者得天下！

子张篇

第十九

本篇共计 25 章。其中著名的文句有："见危致命，见得思义"、"仕而优则学，学而优则仕"、"君子之过，犹日月之食"、"其生也荣，其死也哀"。本篇中包括的主要内容有：孔子学而不厌、不耻下问的精神，孔子对殷纣王的批评，孔子关于学与仕的关系，君子与小人在有过失时的不同表现，以及孔子与其学生和他人之间的对话。

19.1

子张曰："士见危致①命，见得思义，祭思敬，丧思哀，其可已矣。"

注释

①致：给予，献出。

译文

子张说："士遇见危险时勇于献出自己的生命，看见有利可图时能考虑是否符合义的要求，祭祀时严肃恭敬，居丧时哀伤，这样就可以了。"

古注

朱熹注："致命，谓委致其命，犹言授命也。四者立身之大节，一有不至，则余无足观。故言士能如此，则庶乎其可矣。"

今论

南怀瑾《论语别裁》："由此可见中国文化要求一个知识分子，士大夫阶级的所谓'儒者'，是这样严格：最艰难困苦的由我担，好的由你们大家拿去，我不一定要。"

钱穆《论语新解》："本篇皆记孔门弟子之言。盖自孔子殁后，述遗教以诱后学，以及同门相切磋，以其能发明圣义，故编者集为一篇，以置《论语》之后。无颜渊、子路诸人语，以其殁在前。"

阅典笔记

当然，很多时候，事情往往比我们想象的要复杂。挺身而出，并不等于匹夫之勇。

19.2

子张曰："执德不弘，信道不笃 (dǔ)，焉能为有？焉能为亡？"

译 文

子张说："实施道德而不能发扬光大，信仰道而不能忠实坚定，这样的人怎么能算有道德？又怎么能算没有道德？"

阅典笔记

孔子虽然讲进不能兼济天下的时候，可以退而独善其身。但是，独善其身并不是为了求得自己的心安理得，而是通过这种方法，继续传播自己的主张，变革社会。

19.3

子夏之门人问交于子张。子张曰："子夏云何？"对曰："子夏曰：'可者与之，其不可者拒之。'"子张曰："异乎吾所闻：君子尊贤而容众，嘉善而矜不能。我之大贤与，于人何所不容？我之不贤与，人将拒我，如之何其拒人也？"

译 文

子夏的弟子向子张寻问怎样结交朋友。子张说："子夏是怎么说的？"回答道："子夏说：'可以结交的就交朋友，不可以结交的就拒绝他。'"子张说："我所听到的不一样：君子既尊重贤人，又能容纳众人；能够赞美善人，又能同情能力不够的人。如果我是十分贤良的人，那我对别人有什么不能容纳的呢？我如果不贤良，那别人就会拒绝和我结交，我又怎么能去拒绝别人呢？"

 古 注

朱熹注："子夏之言迫狭，子张讥之是也。但其所言亦有过高之病。盖大贤虽无所不容，然大故亦所当绝；不贤固不可以拒人，然损友亦所当远。学者不可不察。"

 今 论

南怀瑾《论语别裁》："作人的道理是应该如此，对于不及我们的人，不必讨厌他，要同情他，能够帮助的就尽量帮助他，即使不能帮助也要包容人，原谅人家一点，如果自己是对的，当然要助人，自己不对就免谈，所以子张的见解是比子夏高明。"

 阅典笔记

对于不在乎的人，有所谓包容不包容么？

19.4

子夏曰："虽小道①，必有可观者焉；致远恐泥②，是以君子不为也。"

 注 释

①小道：指各种农工商医卜的技能。②泥：阻滞，妨碍。

 译 文

子夏说："即使是小技艺，也一定有可取的地方；但用它来达到远大目标就行不通了。因此，君子才不从事它。"

 古 注

杨时注："百家众技，犹耳目鼻口，皆有所明而不能相通。非无可观也，致远则泥矣，故君子不为也。"

 今 论

李泽厚《论语今读》："同'君子不器'章（2.12）。也许这就是'专家'与'思想家'、'哲学家'、'政治家'的不同？后者不是'专家'。但前者也不止是'小道'，也有大价值，并不亚于思想、哲学、政治。只因政治关系到千家万户、整个社会、国家，是以像是远大事业。"

阅典笔记

　　成就大事的人，大多从最细微的小事做起。不要想一步登天，好高骛远，即便是破格任用，你也会遇到很多棘手的问题。当然，有远见的人，从来不局限于小事，做小事，看大局，小中见大，是个真本事。

19.5

　　子夏曰："日知其所亡(wú)，月无忘其所能，可谓好学也已矣。"

译　文

　　子夏说："每天学到一些自己所不知道的东西，每月都不能忘记自己已经学会的东西，这就可以叫做好学了。"

今　论

　　李泽厚《论语今读》："学习总是需要依靠积累，日积月蓄，才或豁然贯通，或卓尔成家，决非一蹴可就。"

阅典笔记

　　这是孔子教育思想的一个组成部分。孔子并不笼统地反对博学强记，因为人类知识中的很多内容都需要认真记忆，不断巩固，并且在原有知识的基础上再接受新的知识。这一点，对我们今天的教育仍有借鉴作用。

19.6

　　子夏曰："博学而笃(dǔ)志，切问而近思，仁在其中矣。"

译　文

　　子夏说："广泛地学习而坚定自己的意志，诚恳地提问而深刻地思考，仁就在其中了。"

古　注

　　朱熹注："四者皆学问思辨之事耳，未及乎力行而为仁也。然从事于此，则心不外驰，而所存自熟，故曰仁在其中矣。"

　◎ 子夏（卜商）

南怀瑾《论语别裁》："……博学不一定有用，博学要笃志，有一个中心，意志坚定，建立人品，那么知识渊博，有如一颗好的种子，意志的坚定是肥料，培养出花和果来。内在没有一个中心，知识越渊博，思想越危险，觉得样样都有道理，容易动摇，应该是真理只有一个，要把它找出来，所以要笃志。"

阅典笔记

学习，仅仅是靠博闻强识是不行的，重要的是思考——解其中味。

19.7

子夏曰："百工居肆①以成其事，君子学以致其道。"

注 释

①百工居肆：百工，各行各业的工匠。肆，作坊。

译 文

子夏说："各行各业的工匠在作坊里来完成自己的工作，君子通过学习来掌握道义。"

古 注

朱熹注："工不居肆，则迁于异物而业不精。君子不学，则夺于外诱而志不笃。"

尹焞注："学所以致其道也。百工居肆，必务成其事。君子之于学，可不知所务哉？"

今 论

李零《丧家狗》："知识生产，有赖于学术分工和专业化，19世纪，特别是20世纪以来，成就很突出，毛病也很突出，人文学术，尤其明显。流弊是越来越匠气，没有宏大视野和艺术想象力。"

阅典笔记

学习是一种手段，而真正的目的是为了掌握道义。在今天而言，学习的目的是提高修养，学以致用。可问题是，我们经常本末倒置，把学习当做了目的，以为学习本身就是为了学习。

19.8

子夏说："小人之过也必文。"

译 文

子夏说："小人犯了过错一定会掩饰。"

今 论

南怀瑾《论语别裁》："讲到人生的修养,后来中国文学中常用'文过饰非'四个字,其出典在此。自己有过错了,粉饰一下,掩护一下。"

阅典笔记

不要怕犯错误,世界上没有无错之人——至少你通过实践知道它是错的了。

19.9

子夏曰："君子有三变:望之俨然,即之也温,听其言也厉。"

译 文

子夏说："君子给人的印象有三变:远看他的样子庄严可怕,接近他又和蔼可亲,听他说话严厉不苟。"

古 注

程颐注:"他人俨然则不温,温则不厉,惟孔子全之。"谢良佐注:"此非有意于变,盖并行而不相悖也,如良玉温润而栗然。"

今 论

李零《丧家狗》："现在,这话已变味儿,常被用来吹捧各种大师和小师,特别是自己的老师,读之令人肉麻。"

19.10

子夏曰："君子信而后劳其民,未信,则以为厉己也;信而后谏,未信,则以为谤己也。"

◎ 武城弦歌

译 文

子夏说:"君子要先取得信任,然后才能役使百姓,否则百姓就会以为自己在受虐待;君子要先取得信任,然后才能去劝谏,否则,君主就会以为你在诽谤他。"

古 注

朱熹注:"信,谓诚意恻怛而人信之也。厉,犹病也。事上使下,皆必诚意交孚,而后可以有为。"

今 论

南怀瑾《论语别裁》:"一般人的心理如此,人是最难对付的,所以待人处世必须以信,信之重要在此。"

阅典笔记

人与人之间最难建立的是信任,然而最重要的也是信任。

19.11

子夏曰:"大德不逾 (yú) 闲①,小德出入可也。"

注 释

①闲：木栅栏，这里指界限。

译 文

子夏说："大节上不能超越界限，小节上有些出入是可以的。"

古 注

朱熹注："人能先立乎其大者，则小节虽或未尽合理，亦无害也。"

阅典笔记

没有两条河，能够流出相同的轨迹，但它们最终都注入了大海。

19.12

子游曰："子夏之门人小子，当洒扫、应对、进退，则可矣，抑①末也。本之则无，如之何？"子夏闻之，曰："噫！言游过矣！君子之道，孰先传焉？孰后倦②焉？譬诸草木，区以别矣。君子之道，焉可诬③也？有始有卒者，其惟圣人乎！"

注 释

①抑：但是，不过。②倦：竭力。③诬：欺骗。

译 文

子游说："子夏的弟子们，做些打扫、迎送客人、应酬问题的事情是可以的，但这些不过是礼仪末节小事，根本性的东西却没有学到，这怎么办？"子夏听了，说："唉！子游错了！君子之道，先传授哪一条？后传授哪一条？这就像草和木一样，是有区别的。君子之道怎么可以随意歪曲，欺骗学生呢？能按次序有始有终地教授学生们，恐怕只有圣人吧！"

古 注

程颐注："君子教人有序，先传以小者近者，而后教以大者远者。非先传以近小，而后不教以远大也。"

今 论

南怀瑾《论语别裁》："这里'洒扫、应对、进退'六个字，是古人的教育，包括生活的教育、人格的教育，是中国文化三千年来一贯的传统。"

阅典笔记

子游和子夏，在如何教授学生的问题上发生了争执，而且争得比较激烈。不过，这其中并没有根本的不同，只是教育上各有自己的路子。

19.13

子夏曰："仕而优则学，学而优则仕。"

译文

子夏说："做官还有余力的人，就去学习；学习有余力的人，就去做官。"

古注

朱熹注："仕与学理同而事异，故当其事者，必先有以尽其事，而后可及其余。然仕而学，则所以资其仕者益深；学而仕，则所以验其学者益广。"

今论

南怀瑾《论语别裁》："一方面工作服务求经验，一方面不断求学，增加学识的渊博以开拓心胸，再配合自己为人处世的实验，而产生的学问，这是中国文化讲学以致用的精神。"

阅典笔记

在学习中实践，在实践中学习。

19.14

子游曰："丧致①乎哀而止。"

注释

①致：极致、竭尽。

译文

子游说："丧事尽到悲哀之情也就该有所限制了。"

古注

朱熹注："致极其哀，不尚文饰也。'而止'二字，亦微有过于高远而简略细微之弊。学者详之。"

今 论

李泽厚《论语今读》："两重意思：一要悲哀，否则便失去丧礼的内容。二不要过于悲哀，有损身心，也属不孝。但孔子有时也'哭之恸'，这里仍是'经'与'权'的掌握问题。"

阅典笔记

守丧的重心在于内心的悲伤，而不是礼仪的隆重。如果内心不悲伤，再隆重的礼仪，也是不符合礼制要求的。推而广之，我们做什么事情，都要把内涵做实：做事情要用心去做，推销商品要保证商品质量，做演讲要保证言之有物，做学问要踏踏实实。否则，就算外表再花里胡哨，也是裱糊匠糊的破屋，一捅就破。

19.15

子游曰："吾友张也，为难能也。然而未仁。"

译 文

子游说："我的朋友子张，很难得。然而他还没有做到仁的境界。"

古 注

朱熹注："子张行过高，而少诚实恻怛之意。"

19.16

曾子曰："堂堂乎张也，难与并为仁矣。"

译 文

曾子说："子张外表堂堂，但是难以和他一起做到仁的。"

古 注

范祖禹注："子张外有余而内不足，故门人皆不与其为仁。子曰：'刚、毅、木、讷近仁。'宁外不足而内有余，庶可以为仁矣。"

阅典笔记

正是大家说的："驴粪蛋，表面光。"

19.17

曾子曰："吾闻诸夫子：人未有自致者也，必也亲丧乎！"

译文

曾子说："我听先生说过：人没有能充分抒发感情的时候，如果有，一定是在父母去世的时候。"

古注

尹焞注："亲丧固所自尽也，于此不用其诚，恶乎用其诚。"

阅典笔记

总是压抑着自己的感情，总有一天要崩溃，请在不影响他人的时候尽情地发泄吧！

19.18

曾子曰："吾闻诸夫子：孟庄子之孝也，其他可能也，其不改父之臣与父之政，是难能也。"

译文

曾子说："我听老师说：孟庄子的孝，其他方面别人也可以做到，但他不更换父亲的旧臣及其政治措施，这是别人难以做到的。"

古注

朱熹注："孟庄子，鲁大夫，名速。其父献子，名蔑。献子有贤德，而庄子能用其臣，守其政。故其它孝行虽有可称，而皆不若此事之为难。"

阅典笔记

"无改于父之道"（1.11），这是孔子的老道理了。但是，该改变的还是要改变。不要说从一个领导换到另一个领导，会有思路、观点的差异；就算是同一个领导，面临着千变万化的社会，也会对人事安排和组织方略作出调整。一成不变，只能被社会淘汰。

19.19

孟氏使阳肤①为士师②。问于曾子，曾子曰："上失其道，民散久矣。如得其情，则哀矜而勿喜。"

注释

①阳肤：曾子的弟子。②士师：狱官。

译文

孟氏任命阳肤做狱官。阳肤向曾子请教，曾子说："居上位的人施政不遵守道义，百姓离心离德很久了。你如果能弄清他们的情况，就应当怜悯他们，而不要沾沾自喜。"

阅典笔记

很多时候，我们会很神奇地发现，一件事情明明是自己做错了，但是由于自己补救及时，补救努力，于是人们最终忘记了这件事情为什么会办错，是谁办错的，而把注意力全部集中在赞扬补救行为上了。本来是一件应该引起大家反思的事情，最后反而变成了歌功颂德。曾子所指的，正是这样的现象。

19.20

子贡曰："纣①之不善，不如是之甚也。是以君子恶居下流②，天下之恶皆归焉。"

注释

①纣：商代最后一个君主，名辛，纣是他的谥号，历来被认为是一个暴君。②下流：下游。这里指众恶所归处。

译文

子贡说："纣王不善，不像传说的那样严重。所以君子憎恨身处低下的处境，一旦如此，天下一切坏名声就都归到他的身上了。"

古注

朱熹注："下流，地形卑下之处，众流之所归。喻人身有污贱之实，亦恶名之所聚也。子贡言此，欲人常自警省，不可一置其身于不善之地。非谓纣本无罪，而虚被恶名也。"

今论

南怀瑾《论语别裁》："所以这里子贡说纣王的坏是坏，但并不是后世所说的那么坏，一个人，尤其是一个领导人，如果自己做得下流，做得坏的时候，天下的错尽都归到他身上。因此我们看历史，有些人真可怜。不但历史如此，社会也是这样，子贡这个是老实话，所以作人要小心。"

阅典笔记

只要是人，就会有优缺点，仅仅避其短而扬其长或避其长而恶其短，都不会有好结果。

19.21

子贡曰："君子之过也，如日月之食焉：过也，人皆见之；更也，人皆仰之。"

译文

子贡说："君子的过错好比日食和月食。他犯了过错，人们都看得见；他改正过错，人们都仰望着他。"

古注

坡公注："圣贤举动，明白正直，不当如是耶？所用之人，有邪有正。所做之事，有是有非。是非邪正，两言而足，正则用之，邪则去之，是则行之，非则改之。"

今论

李零《丧家狗》："孔子死后，子贡有贤名，当时的流言，可能是抓住孔子的某些过失，攻其一点，不计其余。子贡挺身而出，替老师辩护。这样的话，下面还有。"

19.22

卫公孙朝①问于子贡曰:"仲尼②焉学？"子贡曰:"文、武之道③，未坠于地④，在人。贤者识其大者，不贤者识其小者，莫不有文、武之道焉。夫子焉不学？而亦何常师之有？"

注 释

①卫公孙朝:卫国大夫公孙朝。②仲尼:孔子的字。③文、武之道:周文王、周武王的治道。孔子自认为是文、武之道的承担者，参见9.5章。④坠于地:指失传。

译 文

卫国的公孙朝问子贡说:"仲尼的学问是从哪里学来的？"子贡说:"周文王、周武王的治道，并没有失传，还散落在民间。贤能的人可以了解它的大旨，不贤的人只了解它的末节。没有什么地方是没有文王、武王之的治道的。我们先生何在哪不能学呢？又何必要有固定的老师专门传授呢？"

今 论

李零《丧家狗》:"讲门户的人，喜欢言必称师，但老师的老师是谁，有时是大问题。孔子是自学成才，学无常师。学无常师，才叫大师。"

阅典笔记

孔子常说"不耻下问"、"学无常师"。学习不是某一时某一刻在某一地跟某一人学习，而是无时无刻，在任何地方，向任何人学习。哪些人的哪些地方值得我们去学习，这是考验我们慧眼的所在。看得清楚这一点，我们就可以随时随地轻松地进步。

19.23

叔孙武叔①语(yù)②大夫于朝，曰:"子贡贤于仲尼。"子服景伯以告子贡。子贡曰:"譬之宫墙③，赐之墙也及肩，窥见室家之好。夫子之墙数仞(rèn)④，不得其门而入，不见宗庙之类，百官⑤之富。得其门者或寡矣。夫子之云，不亦宜乎！"

注 释

①叔孙武叔：鲁国大夫，三桓之一。②语：告诉。③宫墙：宫也是墙。围墙，不是房屋的墙。④仞：古代七尺为仞。⑤官：房舍。

译 文

叔孙武叔在朝廷上对大夫们说："子贡比仲尼更贤。"子服景伯把这话告诉了子贡。子贡说："拿围墙来作比喻，我家的围墙只有齐肩高，可以从外面看见我家中房舍的美丽。先生家的围墙却有几仞高，如果找不到门进去，就看不见里面宗庙的富丽堂皇和房屋的绚丽多彩。但是能够找到门进去的人很少。叔孙武叔那么讲，不也是很自然吗？"

今 论

李泽厚《论语今读》："据说子贡晚年在鲁国做官，颇有功业，所以被认为比孔子强。但子贡仍然坚决驳斥之，认为孔子如果搞政治会比自己强得多，所以有这些讲话，充分表现了子贡对孔子的忠挚感情。我总以为子贡是《论语》中最可爱的人物，不像宰我那么贫嘴，不像樊迟那样迟钝，不像颜回、曾参那么谨小慎微，兢兢业业；不像子张、子夏那么热衷政治，虚有其表，也不像子路那么一味地逞强好胜。宋明理学则几乎绝口不谈子贡。"

阅典笔记

人贵有自知之明，谦虚为本。别人称赞自己很正常，尤其和自己有上下级关系，那么下属称赞自己，更是习以为常。但是，我们不能因为别人的称赞而忘乎所以，也不能因为一时的成就而自视天下无敌，更不能因为功成名就而忘本。成功都是阶段性的，如果沾沾自喜，就是在给自己的失败埋下伏笔。

19.24

叔孙武叔毁仲尼。子贡曰："无以①为也！仲尼不可毁也。他人之贤者，丘陵也，犹可逾(yú)也；仲尼，日月也，无得而逾焉。人虽欲自绝，其何伤于日月乎？多②见其不知量也！"

注 释

①以：此，这样。②多：只是。

译 文

　　叔孙武叔诽谤仲尼。子贡说："不要这样做！仲尼是不能毁谤的。别人的贤能，好比丘陵，还可以超越过去；仲尼的贤能，好比太阳和月亮，是无法超越的。即使有人想要自绝于太阳和月亮，那对太阳和月亮又有什么损害呢？只不过显示他不自量力罢了！"

19.25

　　陈子禽谓子贡曰："子为恭也，仲尼岂贤于子乎？"子贡曰："君子一言以为知，一言以为不知，言不可不慎也。夫子之不可及也，犹天之不可阶而升也。夫子之得邦家者，所谓立之斯立，道（dǎo）之斯行，绥（suí）之斯来，动之斯和。其生也荣，其死也哀。如之何其可及也！"

译 文

　　陈子禽对子贡说："您对人很谦恭，仲尼怎么能比您更贤良呢？"子贡说："君子的一句话就可以表现他的睿智，一句话也可以表现他的不智，所以说话不可以不慎重。先生的高不可及，就像天是不能够顺着梯子爬上去一样。先生如果得国而为诸侯或得到采邑而为卿大夫，那就会像人们说的那样，教百姓立于礼，百姓就会立于礼；要引导百姓，百姓就会跟着走；安抚百姓，百姓就会归顺；动员百姓，百姓就会齐心协力。先生活着的时候十分荣耀，死了之后又会让百姓哀恸。别人怎么能赶得上他呢？"

古 注

　　谢良佐注："观子贡称圣人语，乃知晚年进德，盖极于高远也。夫子之得邦家者，其鼓舞群动，捷于桴鼓影响。人虽见其变化，而莫窥其所以变化也。盖不离于圣，而有不可知者存焉，此殆难以思勉及也。"

阅典笔记

　　以上几章，都是子贡回答别人贬低孔子而抬高子贡的问话。子贡对孔子十分敬重，认为他高不可及，他不能容忍别人毁谤孔子。

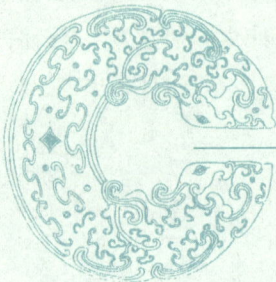

尧曰篇

第二十

本篇共 3 章，但段落都比较长。本篇中著名的文句有："君子惠而不费，劳而不怨，欲而不贪，泰而不骄，威而不猛"、"宽则得众，信则民任"、"兴灭国，继绝世，举逸民"等。这一篇中，主要谈到尧禅让帝位给舜，舜禅让帝位给禹，即所谓三代的善政和孔子关于治理国家事务的基本要求。

20.1

尧曰："咨！尔舜！天之历数在尔躬。允执其中。四海困穷，天禄永终。"舜亦以命禹。曰："予小子履，敢用玄牡，敢昭告于皇皇后帝：有罪不敢赦。帝臣不蔽，简在帝心。朕躬有罪，无以万方；万方有罪，罪在朕躬。"周有大赉(lài)，善人是富。"虽有周亲，不如仁人。百姓有过，在予一人。"谨权量，审法度，修废官，四方之政行焉。兴灭国，继绝世，举逸民，天下之民归心焉。所重：民、食、丧、祭。宽则得众，信则民任焉。敏则有功，公则说(yuè)。

译文

尧让位给舜时说："啧啧！舜啊！上天的大命已经落在你的身上了，要真诚地保持正确的道路。如果让天下的百姓都陷入困苦和贫穷，上天赐给你的禄位也就会永远终止。"舜让位的时候也这样告诫过禹。说："我这个后辈小子履，谨用黑色的公牛来祭祀，明明白白地向伟大的天帝祷告：我这个有罪的人不敢擅自赦免，天帝的臣仆如果有罪也不敢掩蔽，天帝的心中是非常明白的。我本人若有罪，不要牵连天下万方；天下万方若有罪，都归我一个人承担。"周朝大封诸侯，使善人都富贵起来。周武王说："即使我有至亲，也不如有仁德之人。百姓有过错，责任都在我一人身上。"认真检查度量衡器，周密审定长度单位，治理废缺的职官，全国的政令就会通行了。复兴灭亡的国家，接续断绝的家族，提拔被遗落的人才，天下的百姓就会真心归服了。要重视四件事：百姓、粮食、丧礼、祭祀。宽厚就能得到众人的拥护，诚信就能得到别人的任用，勤敏就能取得成绩，公平就会使人高兴。

古 注

杨时注："论语之书，皆圣人微言，而其徒传守之，以明斯道者也。故于终篇，具载尧舜咨命之言，汤武誓师之意，与夫施诸政事者。以明圣学之所传者，一于是而已。所以着明二十篇之大旨也。孟子于终篇，亦历叙尧、舜、汤、文、孔子相承之次，皆此意也。"

今 论

李零《丧家狗》："古代征服，最头疼的事，是种族不同，信仰不同，语言不同，文化不同。历史上，最简单也最普遍的办法，是种族灭绝，宗教灭绝，语言灭绝，文化灭绝。这些都是笨办法。……我们的办法是种族共存，宗教共存，语言共存，文化共存。特别是'杀小留大'，优待被征服民族的贵族和其后裔，以夷制夷。这是最聪明的办法。"

阅典笔记

敢于承担责任的人，才是成大事之人，值得尊重和拥护。

20.2

子张问于孔子曰："何如斯可以从政矣？"子曰："尊五美，屏(bǐng)①四恶，斯可以从政矣。"子张曰："何谓五美？"子曰："君子惠而不费，劳而不怨，欲而不贪，泰而不骄，威而不猛。"子张曰："何谓惠而不费？"子曰："因②民之所利而利之，斯不亦惠而不费乎！择可劳而劳之，又谁怨？欲仁而得仁，又焉贪？君子无众寡，无大小，无敢慢，斯不亦泰而不骄乎！君子正其衣冠，尊其瞻视，俨然人望而畏之，斯不亦威而不猛乎！"子张曰："何谓四恶？"子曰："不教而杀谓之虐；不戒视成谓之暴；慢令致期③谓之贼；犹之与人也，出纳之吝谓之有司④。"

注 释

①屏：除去。②因：根据。③致期：期限紧迫。④有司：管事者的代称。这里是小气的意思。

译 文

子张问孔子说："怎样才可从政？"孔子说："尊重五种美德，排除四种恶政，就可以从政了。"子张问："五种美德是什么？"孔子说："君子要给百姓恩惠却无所耗费，使百姓劳作而不使他们怨恨，要追求仁德而不贪图财利，庄重而不傲慢，威严而不凶猛。"子张说："怎样给百姓恩惠却无所耗费呢？"孔子说："借着老百姓能够得利的事情使他们得利，这不就是对百姓有利而不掏自己的腰包嘛！选择可以让百姓劳作的时间和事情让百姓去做，这又有谁会怨恨呢？自己要追求仁德便得到了仁，又还有什么可贪求的？君子无论人多人少，事大事小，从不怠慢，这不就是庄重不傲慢吗？君子衣冠整齐，仪表高贵，使人见了就生敬畏之心，这不也是威严而不凶猛吗？"子张问："什么叫四种恶政呢？"孔子说："不经教导便加以杀戮叫虐；不加告诫便要求成功叫暴；不加监督而突然限期叫贼；同样是给人财物，却出手吝啬，叫小气。"

古 注

尹焞注："告问政者多矣，未有如此之备者也。故记之以继帝王之治，则夫子之为政可知也。"

阅典笔记

从这里可以看出，孔子对德治、礼治社会有自己独到的主张，在今天仍不失其重要的借鉴价值。

20.3

孔子曰："不知命，无以为君子也。不知礼，无以立也。不知言，无以知人也。"

译 文

孔子说："不懂得天命，就不能做君子；不懂得礼仪，就不能立身处世；不善于分辨别人的话语，就不能真正了解他。"

古 注

程颐注：“知命者，知有命而信之也。人不知命，则见害必避，见利必趋，何以为君子？”

朱熹注：“不知礼，则耳目无所加，手足无所措。……言之得失，可以知人之邪正。”

阅典笔记

不强求，恭敬待人，懂得倾听。

【附录一】

孔子大事年表

年龄	年代	记事
1岁	公元前551年（鲁襄公二十二年）	夏历八月二十七日，孔子生于鲁国陬邑昌平乡（今山东曲阜城东南
3岁	公元前549年（鲁襄公二十四年）	孔父叔梁纥卒，葬于防山（今曲阜东25里处）。孔母颜征在携子移居曲阜阙里
17岁	公元前535年（鲁昭公七年）	孔母颜征在卒。是年，季氏宴请士一级贵族，孔子去赴宴，被季氏家臣阳货拒之门外
19岁	公元前533年（鲁昭公九年）	孔子娶宋人亓官氏之女为妻
20岁	公元前532年（鲁昭公十年）	亓官氏生子。据传此时正好赶上鲁昭公赐鲤鱼于孔子，故给其子起名为鲤，字伯鱼。是年孔子开始为委吏，管理仓库
21岁	公元前531年（鲁昭公十一年）	孔子改作乘田，管理畜牧
27岁	公元前525年（鲁昭公十七年）	郯子朝鲁，孔子向郯子询问郯国古代官制。孔子开办私人学校，当在此前后
30岁	公元前522年（鲁昭公二十年）	齐景公与晏婴来鲁国访问。齐景公会见孔子，与孔子讨论秦穆公何以称霸的问题
34岁	公元前518年（鲁昭公二十四年）	孟懿子和南宫敬叔学礼于孔子。相传孔子与南宫敬叔适周问礼于老聃，问乐于苌弘
35岁	公元前517年（鲁昭公二十五年）	鲁国发生内乱，孔子出奔齐国
36岁	公元前516年（鲁昭公二十六年）	孔子得到齐景公的赏识，景公欲以尼溪之田封孔子，被晏子阻止。孔子闻《韶》乐，如醉如痴，三月不知肉味
37岁	公元前515年（鲁昭公二十七年）	齐大夫欲害孔子，孔子由齐返鲁。吴公子季札聘齐，其子死，葬于瀛、博之间。孔子往，观其葬礼
48岁	公元前504年（鲁定公六年）	季氏家臣阳货擅权日重，孔子称之为"陪臣执国命"。阳虎劝孔子出仕，孔子没有明确表态

50 岁	公元前 502 年 （鲁定公八年）	公山不狃以费叛季氏，使人召孔子，孔子欲往，被子路阻拦。
51 岁	公元前 501 年 （鲁定公九年）	孔子为中都宰，治理中都一年，卓有政绩，四方则之。
52 岁	公元前 500 年 （鲁定公十年）	孔子升小司空，后升大司寇，摄相事，鲁国大治。夏天，随鲁定公与齐侯相会于夹谷，逼迫齐国归还了侵占的土地。
54 岁	公元前 498 年 （鲁定公十二年）	孔子为鲁司寇。为削弱三桓，采取堕三都措施。叔孙氏与季氏为削弱家臣而支持主张，但行动受孟氏抵制而半途而废。
55 岁	公元前 497 年 （鲁定公十三年）	齐国惧孔子治鲁强盛，送女乐到鲁国，鲁定公和季桓子殆政。孔子奔卫、陈等国，先后在匡地、蒲地被围困。
56 岁	公元前 496 年 （鲁定公十四年）	孔子在卫国被卫灵公夫人南子召见。子路对孔子见南子极有意见，批评了孔子。
57 岁	公元前 495 年 （鲁定公十五年）	孔子去卫居鲁。
59 岁	公元前 493 年 （鲁哀公二年）	孔子由鲁至卫。卫灵公问阵于孔子，孔子婉言拒绝。孔子去卫西行。
60 岁	公元前 492 年 （鲁哀公三年）	孔子自谓"六十而耳顺"。在郑国被人嘲为"累累若丧家之犬"。孔子欣然笑曰："然哉，然哉！"
63 岁	公元前 489 年 （鲁哀公六年）	孔子与弟子在陈蔡之间被困绝粮，许多弟子因困饿而病，后被楚人相救。由楚返卫，途中又遇隐者。
67 岁	公元前 485 年 （鲁哀公十年）	孔子在卫。孔子夫人亓官氏卒。
68 岁	公元前 484 年 （鲁哀公十一年）	齐师伐鲁，孔子弟子冉有帅鲁师与齐战，获胜。季康子派人以币迎孔子归鲁。孔于周游列国 14 年，至此结束。
69 岁	公元前 483 年 （鲁哀公十二年）	孔子仍有心从政，然不被用。孔子继续从事教育及整理文献工作。孔子的儿子孔鲤卒。
70 岁	公元前 482 年 （鲁哀公十三年）	孔子自谓"七十而从心所欲，不逾矩"。颜回卒，孔子十分悲伤。
71 岁	公元前 481 年 （鲁哀公十四年）	孔子狩猎获麟，停止修《春秋》。齐国陈恒弑齐简公，孔子见鲁哀公及三桓，请求鲁国出兵讨伐陈桓，没有得到支持。
72 岁	公元前 480 年 （鲁哀公十五年）	孔子闻卫国政变，预感到子路有生命危险。子路果然被害。孔子十分难过。
73 岁	公元前 479 年 （鲁哀公十六年）	四月，孔子患病，不愈而卒。葬于鲁城北。

【附录二】
孔门四科十哲

　　孔子弟子多达三千人，其中贤人称为"七十二贤"，而且有很多皆为各国高官栋梁。在这七十二人中，又有十位最优秀的学生，称为"四科十哲"。由于篇幅所限，这里只列举这十名最优秀的弟子：

◎ 颜回（颜渊）

　　颜回（前521—前481），字子渊，亦称颜渊，鲁国人，属德行科。孔子最得意弟子。为人谦逊好学，"不迁怒，不贰过"。他异常尊重老师，对孔子无事不从无言不悦。不幸早死。

◎ 闵损（闵子骞）

　　闵损（前536—前487），字子骞，鲁国人，属德行科。小孔子十五岁，以品格高尚、孝顺父母、老成持重而著名。

◎ 冉耕（伯牛）

　　冉耕(约前544—？)，字伯牛，鲁国人，属德行科。为人端正正派，善于待人接物，以德行与颜渊、闵子骞并称。因恶疾早逝。与冉雍、冉求同族，世称"一门三贤"，当地人称为"三冉"。

◎ 冉雍（仲弓）

冉雍（前522—?），字仲弓，鲁国人，属德行科。曾做过季氏私邑的长官，他为政"居敬行简"，主张"以德化民"。孔子对其有"雍也可使南面"之誉。这是孔子对其他弟子从来没有的最高评价。与冉耕、冉求同族，世称"一门三贤"，当地人称为"三冉"。

◎ 宰予（宰我）

宰予（前522—前458），字子我，亦称宰我，鲁国人，属言语科。小孔子二十九岁。能言善辩，被孔子许为其"言语"科的高才生，排名在子贡前面。从孔子周游列国，常受孔子派遣使于齐、楚。

◎ 端木赐（子贡）

端木赐(前520—前456)，字子贡，卫国人，属言语科。曾任鲁、卫两国之相，是孔门七十二贤中最有作为者，且列言语科之优异者。子贡是春秋时期了不起的外交家和商人，孔子曾称其为"瑚琏之器"。司马迁作《史记·仲尼弟子列传》，对子贡这个人物所费笔墨最多，其传记就篇幅而言在孔门众弟子中是最长的。

子贡利口巧辞，善于雄辩，且有干济才，办事通达。《史记》载，"子贡一出，存鲁，乱齐，破吴，强晋而霸越"，而著名的勾践灭吴，就因他而起。子贡还善于经商之道，曾经经商于曹、鲁两国之间，富致千金，为孔子弟子中首富，被后世奉为"儒商鼻祖"。孔子去世后，别人守墓三年离去，子贡在墓旁再守了三年，一共守了六年。此后，以三桓为代表，掀起了一股贬孔子、褒子贡之风。子贡不仅为孔子辩解，更是最早树立了孔子的光辉形象。

◎ 冉求（冉有）

冉求（前522—前489)，字子有，通称冉有，鲁国人，属政事科。多才多艺，尤擅长理财，曾担任季氏宰臣。前487年，率左师抵抗入侵齐军，并身先士卒，以步兵执长矛的突击战术取得胜利，又趁机说服季康子迎回了在外流亡14年的孔子。冉求不重仕德的修养，曾帮助季氏进行田赋改革，聚敛财富，受到孔子的严厉批评。与冉耕、冉求同族，世称"一门三贤"，当地人称为"三冉"。

◎ 仲由（子路）

仲由（前542—前480)，字子路，又称季路，鲁国人，属政事科。为人伉直鲁莽，好勇力，事亲至孝。除学诗、礼外，还为孔子赶车，做侍卫，跟随孔子周游列国，深得器重。他光明磊落、伉直坦率。前 480 年，子路死于卫国内乱，临死前目眦尽裂，严厉喝斥道："君子死，而冠不免。"毅然系好帽缨，从容就义。

◎ 言偃（子游）

言偃（前 506—前 443），字子游，又称叔氏，常熟人，属文学科。是春秋时孔子唯一的南方弟子。他 22 岁时离乡北上，拜孔子为师。谦虚好学，擅长文学，曾任鲁国武城宰，用礼乐教化民众，境内到处有弦歌之声，深得孔子赞赏。后学成南归，从游弟子无数，被誉为传播东南文化第一人。

◎ 卜商（子夏）

卜商（前 507—？），字子夏，晋国人，一说卫国人，属文学科。性格勇武，为人"好与贤己者处"，曾为莒父宰。孔子逝世后，他到魏国西河进学，主张国君要学习《春秋》，防止臣下篡权。李悝、吴起都是他的弟子，魏文侯也尊以为师。

【主要参考文献】

［魏］何晏注，［宋］邢昺疏《论语注疏》，阮元《十三经注疏本》．北京，中华书局，1980

［梁］皇侃．《论语义疏》．北京，中华书局，1986

［宋］朱熹等．《四书集注》．长沙，岳麓书社，1987

［清］刘宝楠．《论语正义》．北京，中华书局，1990

［清］康有为．《论语注》．北京，中华书局，1984

钱穆．《论语新解》．北京，生活·读书·新知三联书店，2005

杨树达．《论语疏证》．上海古籍出版社，2006

南怀瑾．《论语别裁》．复旦大学出版社，2002

李零．《丧家狗：我读〈论语〉》．山西人民出版社，2008

杨伯峻．《论语译注》．中华书局，2006

李泽厚．《论语今读》．北京，生活·读书·新知三联书店，2004

论语全集

【春秋】孔子【著】

刘乔周【主编】

世事洞明的处世智慧

最透彻、最实用、最好读的国学典藏。融汇古今名家批注、传承千年文化精华的国学经典

家藏
御书房

古吴轩出版社

【前言】
孔子与《论语》

◎孔子其人

孔子（前551—前479），子姓，以孔为氏，名丘，字仲尼，我国古代伟大的思想家、教育家，儒家学派创始人，世界最著名的文学名人之一。孔子与孟子并称"孔孟"，他是"至圣"，孟子是"亚圣"。

孔子的祖先本是商朝王室，周灭商后，周武王封商朝后裔于宋。自孔子的六世祖孔父嘉之后，后代子孙开始以孔为氏，其曾祖父孔防叔为了逃避宋国内乱，从宋国逃到了鲁国。孔子3岁的时候，父亲叔梁纥病逝。之后，孔子的家境相当贫寒。

孔子自20多岁起就想走仕途，对天下大事非常关注，经常思考治理国家的诸种问题，也常发表一些见解，到30岁时，已有些名气。前522年，齐景公出访鲁国时召见了孔子，与他讨论秦穆公称霸的问题，孔子由此结识了齐景公。前517年，鲁国发

◎ 孔子

生内乱，鲁昭公被迫逃往齐国。孔子也来到齐国，受到齐景公的赏识和厚待。齐景公准备把尼溪的田地封给孔子，但被大夫晏婴阻止。前515年，齐国的大夫想加害孔子，孔子听说后向齐景公求救不得，只好仓皇逃回鲁国。当时的鲁国，政权实际掌握在大夫的家臣手中，被称为"陪臣执国政"，因此孔子虽有过两次从政机会，却都放弃了。

直到前501年，掌权的阳货被逐，孔子见用于鲁，被任为中都宰，此时孔子已51岁了。因卓有政绩，又被升为小司空，不久又升为大司寇，摄相事，鲁国大治。前498年，孔子为削弱三桓（孟氏、叔孙氏、季氏三家世卿，因为是鲁桓公三个儿子的后代，故称三桓。当时的鲁国政权实际掌握在他们手中，而三桓的一些家臣又在不同程度上控制着三桓），采取了堕三都的措施（即拆毁三桓所建城堡）。后来堕三都的行动半途而废，孔子与三桓的矛盾随之暴露。前497年，齐国送80名美女到鲁国，执政的季桓子接受了女乐，君臣迷恋歌舞，多日不理朝政，孔子非常失望。不久鲁国举行郊祭，祭祀后按惯例应送祭肉给大臣们，但是季桓子和鲁定公并没有这么做，而是草草收场，又回到温柔乡去了。孔子对鲁国彻底失望，开始了周游列国的旅程，寻找出路。这一年，孔子56岁。

◎ 曲阜孔庙「生民未有」匾额

　　孔子带弟子首先来到卫国，卫灵公开始很尊重孔子，按照鲁国的标准给他发放俸禄，但并没给他什么官职，没让他参与政事。孔子在卫国住了大约10个月，因为有人在卫灵公面前进谗言，卫灵公对孔子起了疑心，派人公开监视孔子的行动，于是孔子带弟子离开了卫国，打算去陈国。路过匡城时，因孔子长得像阳货，被人误会是阳货，被围困了5日。孔子一行逃离匡城后，到了蒲地，又碰上卫国贵族公叔氏发动叛乱，再次被围。逃脱后，孔子又返回了卫国，卫灵公听说孔子师徒从蒲地返回，非常高兴，亲自出城迎接。此后孔子几次离开卫国，又几次回到卫国，这一方面是由于卫灵公对孔子时好时坏，另一方面是孔子离开卫国后，没有去处，只好又返回。

　　前493年，孔子59岁，他离开卫国，经曹、宋、郑而到达陈国。在陈国住了3年，吴攻陈，兵荒马乱，孔子便带弟子离开。楚国人听说孔子到了陈、蔡交界处，派人去迎接孔子。陈国、蔡国的大夫们知道孔子对他们的所作所为有意见，怕孔子到了楚国被重用，对他们不利，于是派服劳役的人将孔子师徒围困在半道。孔子师徒所带粮食吃完，绝粮7日，最后还是子贡找到楚国人，楚派兵迎孔子，孔子师徒才免于一死。楚昭王打算启用孔子，被令尹子西阻止。

孔子 64 岁时又回到卫国，68 岁时在其弟子冉求的努力下，被迎回鲁国，但仍是被敬而不用。前 479 年，孔子 73 岁，病逝。

孔子对后世影响深远。虽说他"述而不作"，但他在世时已被誉为"天纵之圣"、"天之木铎"、"千古圣人"，是当时社会上最博学者之一。后世并尊称他为"至圣"（圣人之中的圣人）、"万世师表"，认为他曾修《诗》《书》，定《礼》《乐》，序《周易》（称《易经》十翼，或称易传），作《春秋》。《论语》是儒家学派的经典著作之一，由孔子的弟子及其再传弟子编撰而成。它以语录体和对话文体为主，记录了孔子及其弟子言行，集中体现了孔子的政治主张、伦理思想、道德观念及教育原则等。与《大学》《中庸》《孟子》并称"四书"。通行本《论语》共 20 篇。《论语》的语言简洁精练，含义深刻，其中有许多言论至今仍被世人视为至理。

美国诗人、哲学家爱默生认为"孔子是全世界各民族的光荣"。1988 年，75 位诺贝尔奖的获得者在巴黎集会，会议结束后发表联合宣言，呼吁全世界"21 世纪人类要生存，就必须回到 2500 年前去汲取孔子的智慧"。

◎《论语》其书

北宋政治家赵普曾有"半部《论语》治天下"之说。

《论语》是孔子弟子及其再传弟子关于孔子言行的记录,是名列世界十大历史名人之首的中国古代思想家孔子的门人记录孔子言行的一部集子,成书于战国初期。共20篇。

《论语》内容有孔子谈话,答弟子问及弟子间的相互讨论。它是研究孔子思想的主要依据。东汉时,《论语》被列为"七经"(《诗》《书》《礼》《易》《春秋》《论语》《孝经》)之一。南宋时,朱熹把它和《大学》《中庸》《孟子》合为"四书",成为儒家最重要的经典。

《论语》因秦始皇焚书坑儒,到西汉时期,仅有口头传授,以及从孔子住宅夹壁中所得的本子,主要包括:

1) 鲁人口头传授的《鲁论语》20篇;

2) 齐人口头传授的《齐论语》22篇;

3) 从孔子住宅夹壁中发现的《古论语》21篇。

西汉末年,帝师张禹精治《论语》,并根据《鲁论语》,参照《齐论语》,另成一论,称为《张侯论》。此本成为当时的权威读本。据《汉书·张禹传》记载:"诸儒为之语曰:'欲为《论》,念张文。'由是学者多从张氏,余家寝微。"

东汉末年,郑玄以《张侯论》为依据,参考《齐论语》《古论语》,作《论语注》,是为今本《论语》。《齐论语》《古论语》不久亡佚。现存《论语》20篇,492章,其中记录孔子与弟子及时人谈论之语约444章,记孔门弟子相互谈论之语48章。

《论语》首创语录之体,汉语文章的典范性也发源于此。其语言简洁精练,含义深刻,其中有许多言论至今仍被世人视为至理。

《论语》又善于通过神情语态的描写,展示人物形象。孔子是《论语》描述的中心,"夫子风采,溢于格言"(《文心雕龙·征圣》);书中不仅有关于他的仪态举止的静态描写,而且有关于他的个性气质的传神刻画。

此外,围绕孔子这一中心,《论语》还成功地刻画了一些孔门弟子的形象。

◎ 曲阜孔庙「金声玉振」牌坊

如子路的率直鲁莽，颜回的温雅贤良，子贡的聪颖善辩，曾皙的潇洒脱俗等等，都称得上个性鲜明，给人留下深刻印象。

《论语》作为后来的十三经之首，注本不可胜数。比较著名的注本有三国魏何晏《论语集解》，南朝梁皇侃《论语义疏》，宋邢昺《论语正义》，朱熹《论语集注》，清刘宝楠《论语正义》等。今人所注，更是不计其数，如杨树达《论语疏证》、钱穆《论语新解》、南怀瑾《论语别裁》、李泽厚《论语今读》等，而当代学术界较为公认的注本，则是杨伯俊的《论语译注》。

子曰：「雖百世，可知也。」

《论语全集》阅读指南

- 全面完整、权威的国学大全集。
- 彩色插图及全文双色印刷，既保持经典本色，又保证轻松阅读。
- 装帧独特别致，雅俗共赏。

今 论
- 精选当今名家解读，一书在手，博览众家风采。

阅典笔记
- 将古人的思想与今人的智慧相结合，启发对经典的领悟。

精美古画
- 精美的古典绘画作品，与原典相得益彰。

则安，失礼则耻。如此则民有愧耻而不犯礼，且能自修而归正也。"

今 论

李零《丧家狗》："我的看法是，以德治德，可以。以国治国，也可以。以国治德，六亲不认，一个朋友都没有，太没人情味，这是误用，但误德未必误国。最糟糕的，就是光讲以德治国。光讲以德治国，德必伪，国必亡，两样都误。"

阅典笔记

在强力的刑罚下讨下的来的人，很多时候是屈于刑罚的人——同样，也是屈服于邪恶……

◇ 退修诗书

世事洞明的处事智慧

- 编排灵活，内容丰富，旁征博引的阅读延伸，具有很强的阅读趣味。
- 襄括古人注解和现代名家对国学精辟理解的经典。
- 实用的分析解读，帮您将国学智慧迅速转化为世事洞明的人生指南。

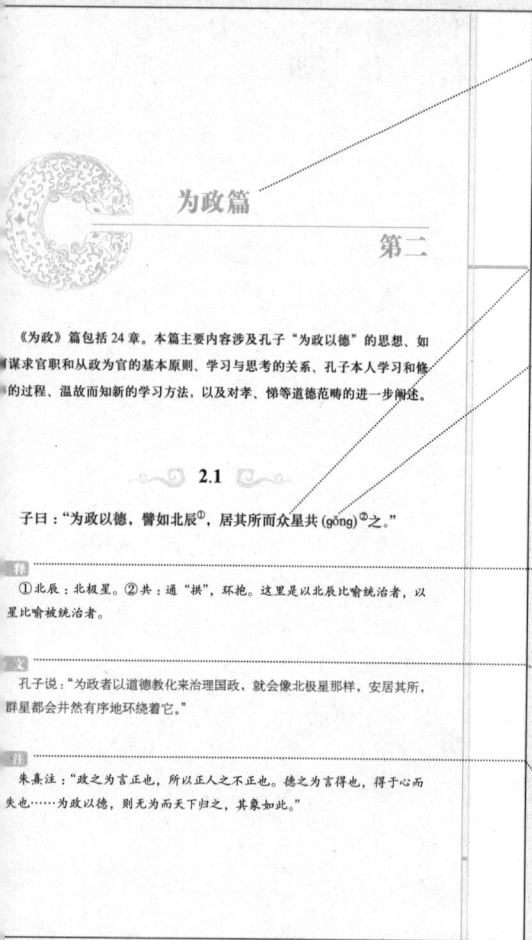

为政篇

第二

《为政》篇包括 24 章。本篇主要内容涉及孔子"为政以德"的思想、如何谋求官职和从政为官的基本原则、学习与思考的关系、孔子本人学习和修养的过程、温故而知新的学习方法，以及对孝、悌等道德范畴的进一步阐述。

2.1

子曰："为政以德，譬如北辰①，居其所而众星共 (gǒng)②之。"

释 ①北辰：北极星。②共：通"拱"，环抱。这里是以北辰比喻统治者，以星比喻被统治者。

义 孔子说："为政者以道德教化来治理国政，就会像北极星那样，安居其所，群星都会井然有序地环绕着它。"

注 朱熹注："政之为言正也，所以正人之不正也。德之为言得也，得于心而失也……为政以德，则无为而天下归之，其象如此。"

题 解

- 出现在每篇开头，点明每篇主旨，使您通晓文章大意。

原 典

- 遴选精编的完整版本，再现古书原汁原味风貌。

注 音

- 将生僻字单独标注音标。
- 将古今读音相异的字单独标注音标。

注 释

- 极具启发性，学习古文不可或缺的细致注释。

译 文

- 权威、准确、客观的白话译文，使您通晓古籍智慧，畅通无阻。

古 注

- 精选古代名家批注，看古代大师讲解古文典籍。

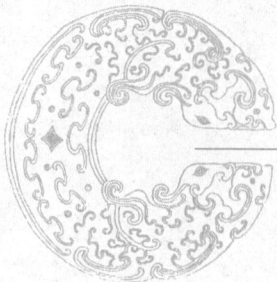

学而篇

第一

　　"学而"是《论语》第一篇的篇名。《论语》中各篇一般都是以第一章的前两三个字作为该篇的篇名。《学而》一篇一共16章，包括孔子语录9章，有子3章，曾子2章，子夏、子贡各1章。内容涉及学习、为人和道德修养等多方面，也有一些讨论时政的内容。其重点是"学而时习"的学习方法，"日三省吾身"的进德手段，节用爱人、使民以时的治国方针，"礼之用，和为贵"的处事原则，以及仁、孝、信的道德范畴等。本篇以论学为主，特别强调读书与做人之间的密切关系，强调学以致用。

1.1

　　子曰："学而时习①之，不亦说(yuè)②乎？有朋自远方来，不亦乐乎？人不知③而不愠(yùn)，不亦君子乎？"

注 释

　　①时习：按时温习或实践。②说：通"悦"，高兴、愉快的意思。③知：了解。

译 文

　　孔子说："学习后能够按时复习，不也是很令人高兴的吗？有志同道合的人从远方来，不也是很快乐的吗？别人不了解自己，自己却不生气，不也是一位风度翩翩的君子吗？"

古注

朱熹注："人性皆善，而觉有先后，后觉者必效先觉之所为，乃可以明善而复其初也。"

今论

李零《丧家狗》："这一章好像研究生入学，导师给他们训话，主要是讲学习的快乐。第一乐是个人的快乐，你们来到我的门下，听我传道，按时复习，乐在其中。第二乐是和同学在一起，你们不光自己学，还不断有人慕名而来，成为你们的同学，弦歌一堂，岂不快哉？第三乐是师门以外，别人不了解，千万别生气，因为你学习的目标，是成为君子，学习是为自己学，别人不知道，照样是君子，你有君子的快乐，内心的快乐，不也很好吗？"

阅典笔记

不以物喜，不以己悲，在淡定中充实自己，快乐是水到渠成的事情。

1.2

有子①曰："其为人也孝弟 (tì)②，而好犯上者，鲜 (xiǎn) 矣；不好犯上，而好作乱者，未之有也。君子务本，本立而道生。孝弟也者，其为仁之本与 (yú)③？"

注释

①有子：孔子的学生，姓有，名若。②弟：通"悌"，指遵从兄长。③与：通"欤"，表示疑问。

译文

有子说："能够孝顺父母、尊敬兄长，却喜欢冒犯上司的人，是非常少的；而不喜欢冒犯上司却喜欢造反的人，更是从来没有过。君子致力于最根本的工作，根本确立了，治国与做人的原则就会形成。孝顺父母，尊敬兄长，这就是仁道的根本吧！"

◎ 有子（有若）

今 论

李泽厚《论语今读》："今日来读，应该甩开那些什么'犯上作乱'等等过时的具体主张或要求，甩开那以为此为基础就能够使政治清明天下太平的幻想，而注意它的特征在于：把'人'或'仁'的根'本'建立在日常生活即与家庭成员的情感关系之上。"

阅典笔记

并不是所有老吾老的人都能够做到以及人之老，也许听上司的话仅仅是因为卧薪尝胆的需要。

1.3

子曰："巧言令色，鲜 (xiǎn) 矣仁！"

译 文

孔子说："花言巧语、伪装和善的人，仁德之心就很少了！"

古 注

朱熹注："好其言，善其色，致饰于外，务以说人。"

今 论

南怀瑾《论语别裁》："大家经验中体会到，当你在上面指挥时，觉得那种味道很好；但是这中间很陷人、很迷人，那就要警惕自己。……要注意，'上有好者，下必甚焉。'"

阅典笔记

反对巧言令色，不一定就要心直口快。想起很久以前看到的一篇文章，题目叫《忠言顺耳更利于行》。

1.4

曾子[①]曰："吾日三省 (xǐng) 吾身。为人谋而不忠乎？与朋友交而不信乎？传 (chuán) 不习乎？"

注释

①曾子：孔子弟子，名参（shēn），字子舆，以孝闻名。

译文

曾子说："我每天多次反省自己，为别人出谋划策是不是尽心竭力了呢？同朋友交往是不是做到诚实可信了呢？老师传授给我的知识和道理是不是都复习了呢？"

古注

朱熹注："曾子以此三者日省其身，有则改之，无则加勉，其自治诚切如此，可谓得为学之本矣。而三者之序，则又以忠信为传习之本也。"

今论

李零《丧家狗》："这里讲的三条，都是属于自律，不是太高的要求……我们要注意，学《论语》从哪儿学起，'三省吾身'，省是反省，身是自己。我们与其指东道西，给人家当老师，还不如先反省一下自己。"

阅典笔记

人无完人，孰能无过，尽力做好自己所能做的事情就好了。

1.5

子曰："道（dǎo）①千乘（shèng）之国②，敬事③而信，节用而爱人，使民以时。"

注释

①道：通"导"，治理的意思。②千乘之国：指拥有1000辆战车的国家，春秋时期指中等诸侯国。③敬事：认真办事。

译文

孔子说："治理拥有一千辆兵车的国家，就要严谨认真地处理国家大事，诚实守信，节约用度，爱护官吏，关爱黎民，不在农忙时节役使百姓。"

今论

钱穆《论语新解》："本章孔子论政，就在上者之心地言。敬于事，

不骄肆，不欺诈，自守以信。不奢侈，节财用，存心爱人。遇有使于民，亦求不妨其生业。所言虽浅近，然政治不外于仁道，故惟具此仁心，乃可在上位，领导群伦。此亦通义，古今不殊。若昧忽于此，而专言法理权术，则非治道。"

阅典笔记

不仅是管理千乘之国这样的大事，即使是小事，也要认真地做好。一屋不扫，何以扫天下？

1.6

子曰："弟子①，入②则孝，出③则弟 (tì)，谨而信，泛爱众，而亲仁，行有余力，则以学文。"

注 释

①弟子：这里指年纪较小为人弟和为人子的人。②入：在家。③出：与"入"相对而言，出门在外。

译 文

孔子说："年轻人，在家就要孝敬父母，出门在外就要尊敬兄长。要言行谨慎，诚实守信，博爱众人，亲近那些有仁德的人。这些都做到后，如果还有余力，就再去读书学习。"

古 注

程颐注："为弟子之职，力有余则学文，不修其职而先文，非为己之学也。"

今 论

南怀瑾《论语别裁》："谓谨慎不可流于小器，这点修养要注意，这个人能谨慎处世而信——在人与人之间，人与社会之间，一切都言而有信。同时又'泛爱众'，有伟大的胸襟，能够爱人，尤其在此时此地来讲，对同志的友爱，扩而充之，对其他人的友爱。"

阅典笔记

孔子的教育理念是一种素质教育，道德修养远远高于知识积累。这话很有道理，监狱里关着的，很多都是学识渊博、很有本事的人。

1.7

子夏①曰：“贤贤②易③色；事父母，能竭其力；事君，能致④其身；与朋友交，言而有信。虽曰未学，吾必谓⑤之学矣。”

注释

①子夏：孔子弟子，姓卜，名商，字子夏，以文学著称。②贤贤：第一个“贤”字用作动词，尊重的意思。“贤贤”，即尊重贤者。③易：轻视。④致：给予、奉献。⑤谓：认为。

译文

子夏说：“一个人能够看重贤德而不重女色；侍奉父母，能够竭尽全力；服侍君主，能够赴汤蹈火在所不辞；同朋友交往，能够说话诚实守信。这样的人，即使他自己说没有受过正规的教育，我也一定会说，他已经学习过了。”

古注

游酢注：“三代之学，皆所以明人伦也。能是四者，则于人伦厚矣。学之为道，何以加此。子夏以文学名，而其言如此，则古人之所谓学者可知矣。”

今论

南怀瑾《论语别裁》：“这几句话，是接着证明了学问的目的，不是文学、不是知识，是作人做事。”

阅典笔记

学习，不仅仅是在学校、在教室，生活才是更好的老师。

1.8

子曰：“君子不重则不威；学则不固。主①忠信。无②友不如己者；过则勿惮改。”

注释

①主：以……为主。②无：通“毋”，不要。

译文

孔子说：“称为君子的人，不庄重就没有威严；知道学习就不会自以为是、

固执己见。为人要以忠信为本，不要同与自己不同道的人交朋友。知道自己错了，就不要怕改正。"

学而篇第一

今 论

李泽厚《论语今读》："'不重则不威'为什么？因为此'学'仍指实践，如果不严肃认真，那么他的行为、实践便不会真正牢固，便不能'一步一个脚印'地扎实前进，而别人也不会信任、尊敬他。"

阅典笔记

该庄重的时候庄重，该威严的时候威严，生活是丰富多彩的，人类也不是单面性的。跟不同的人学习，才能取长补短。

1.9

曾子曰："慎终追远，民德归厚矣。"

译 文

曾子说："恭敬慎重地办理父母的丧事，虔诚肃穆地祭祀久远的祖先，这样自然会使社会民风敦厚朴实。"

今 论

南怀瑾《论语别裁》："欲慎其终者，先追其远，每件事的结果，都是由那远因来的。"

阅典笔记

父母在世的时候，尽以孝道，等他们去世了，想起在一起的点点滴滴能欣然地微笑，父母就会安详了。

1.10

子禽①问于子贡②曰："夫子至于是邦③也，必闻其政。求之与？抑④与之与？"子贡曰："夫子温、良、恭、俭、让以得之。夫子之求之也，其诸⑤异乎人之求之与？"

注释

①子禽：姓陈，名亢，字子禽。②子贡：孔子门人，姓端木，名赐，字子贡，政治、外交、理财、经商能力高超，孔子认为他可以做大国的宰相。③邦：国家。④抑：还是。⑤其诸：大概。

译文

子禽问子贡："老师每到一个国家，一定能听到那个国家的政治情况。这是他自己求教来的呢，还是别人主动告诉他的呢？"子贡说："老师温和、善良、恭敬、俭朴、谦让，情报是他凭借这些德性得到的。他求取的方法，或许与别人的求法不同吧？"

古注

张栻注："夫子至是邦必闻其政，而未有能委国而授之以政者。盖见圣人之仪刑而乐告之者，秉彝好德之良心也，而私欲害之，是以终不能用耳。"

◎ 子禽（陈亢）

今论

李零《丧家狗》："孔子喜欢调查研究，……孔子的消息，是靠'温、良、恭、俭、让'得来的，他和一般人问话的方式不一样，非常谦虚，非常和气，人家乐意跟他讲，说是打听，其实也可以说，是别人主动告诉他的。"

阅典笔记

不同的时势造就不同的英雄，但是别人的成功，只可以借鉴，都不可照搬复制。

1.11

子曰："父在，观其志；父没（mò），观其行；三年无改于父之道，可谓孝矣。"

译文

孔子说："当他的父亲在世时，要观察他的志向；去世后，要考察他的行为。如果他长期遵守父亲传下来的正道而不加改变，就可以说是尽孝了。"

古注

朱熹注："父在，子不得自专，而志则可知。父没，然后其行可见。故观此足以知其人之善恶，然又必能三年无改于父之道，乃见其孝，不然，则所行虽善，亦不得为孝矣。"

今论

杨伯峻："道——有时候是一般意义的名词，无论好坏、善恶都可以叫做道。但更多时候是积极意义的名词，表示善的好的东西。"

阅典笔记

倘若父亲本身就不好，那此言岂不是阻止了孩子向善的意念？

1.12

　　有子曰："礼之用，和为贵。先王之道，斯为美；小大由之。有所不行，知和而和，不以礼节之，亦不可行也。"

译文

　　有子说："礼的应用，以和谐为贵。古代君王的治国方法，最为宝贵的地方就在这里，无论做大事小事，他们都会遵循这个道理。但如果遭遇行不通的情况，却仍只知道和谐为贵，一味追求和谐，而不懂得以礼来节制约束，这也是行不通的。"

今论

　　李零《丧家狗》："商周社会，好比一个大村子，里面有宗族祠堂，王就是族长，定下家规家法，管这个村子，协调村里的各种关系，长幼尊卑，井然有序，这就是和。人是生下来就不自由，也不平等，和卢梭的说法相反。礼，最重要的用途，就是和稀泥，想方设法，把不平等控制在合理的范围内，不至闹出乱子。礼和德不同，不是个人修养，而是习惯和传统，约束人的行为规范。"

阅典笔记

　　和谐是以仁为贵。无规矩不成方圆。

◎ 入平仲学

1.13

有子曰："信近于义，言可复也。恭近于礼，远 (yuàn) 耻辱也。因不失其亲，亦可宗也。"

译 文

有子说："讲信用要符合义，这样诺言才能兑现；恭敬要符合礼，这样才能免遭侮辱。所依靠的人与自己关系深，才能靠得住。"

今 论

李零《丧家狗》："自己说了的话，就一定要做到，这是信。但信有大信和小信。孔子认为，只有近于义的信才是大信，必须践行；不关义的信是小信，可以破例。……在他看来，言必信，行必果，死心眼，尾生之信，是小人的信，不足取。"

阅典笔记

有理智的诺言才有价值，有原则的恭敬才有尊严，有真心的朋友才有信任。

1.14

子曰："君子食无求饱，居无求安，敏于事而慎于言，就有道而正焉，可谓好学也已。"

译文

孔子说："君子对吃饭没有过分要求，对居住也不要求太安逸，做事勤勉，说话谨慎，求教于有道之士来匡正自己，这样可以说是好学的人了。"

古注

尹焞注："君子之学，能是四者，可谓笃志力行者矣。然不取正于有道，未免有差，如杨墨学仁义而差者也，其流至于无父无君，谓之好学可乎？"

今论

李泽厚《论语今读》："吃饭是为了活，活却不是为了吃饭。吃好饭、居处安逸，并非'君子'活的目的。在儒学看来，人生是艰难而无可休息的。这就是'尽伦'或'尽人事'。"

阅典笔记

鲁迅先生曾说过："生活容易被安逸的生活所累。"但是，失去了基本的生活，很多时候便会失去做人的基本原则。

1.15

子贡曰："贫而无谄(chǎn)①，富而无骄，何如？"子曰："可也。未若②贫而乐，富而好礼者也。"子贡曰："《诗》云：'如切如磋(cuō)，如琢如磨。'③其斯之谓与？"子曰："赐也！始可与言《诗》已矣！告诸往而知来者。"

注释

①谄：阿谀奉承。②未若：不如。③如切如磋，如琢如磨：此二句见《诗经·卫风·淇澳》，这里用来比喻治学、修身要精益求精。

译文

子贡说："贫穷却不谄媚，富有却不骄纵，这样的人怎么样？"孔子说："这也算可以了。但是还不如贫穷却自得其乐、富裕却谦逊好礼之人。"子贡说："《诗经》上说：'像制造器物一样，切割、磋治、雕琢、打磨。'就是讲的这个意思吧？"孔子说："端木赐啊，现在可以和你讨论《诗经》了。因为告诉你一点，你已经能举一反三、触类旁通了。"

古注

朱熹注："此章问答，其浅深高下，固不待辨说而明矣。然不切则磋无所施，不琢则磨无所措。故学者虽不可安于小成，而不求造道之极致；亦不可骛于虚远，而不察切己之实病也。"

今论

南怀瑾《论语别裁》："我们都常听说'得意忘形'，但是，据我个人几十年的人生经验，还要再加上一句话——'失意忘形'。有人本来蛮好的，当他发财、得意的时候，事情都处理得很得当，见人也彬彬有礼；但是一旦失意之后，就连人也不愿见，一副讨厌相，自卑感，种种的烦恼都来了，人完全变了——失意忘形。……所谓'唯大英雄能本色'，无论怎么样得意也是那个样子，失意也是那个样子，到没有衣服穿，饿肚子仍是那个样子，这是最高修养，达到这步修养太难了。"

阅典笔记

安贫乐道，并不是说不思进取，而是一种平和的心态。人活在世上是否幸福，关键在于心态，贫富贵贱都只是外在因素，有道之士是不会受其左右的。

1.16

子曰："不患人之不己知，患不知人也。"

译文

孔子说："不怕别人不了解自己，只怕自己不了解别人。"

今论

李零《丧家狗》："知识分子最好名，特别是虚名。能够看破名的，几乎没有。孔子强调，不怕别人不了解自己，怕的是自己不了解别人；不怕别人不了解自己，就怕自己没本事。"

阅典笔记

不要去费劲了解别人。人，最难了解的是自己。

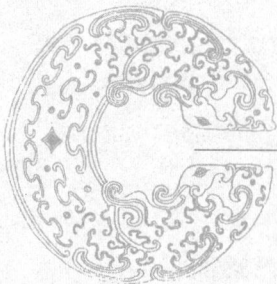

为政篇 第二

《为政》篇包括24章。本篇主要内容涉及孔子"为政以德"的思想、如何谋求官职和从政为官的基本原则、学习与思考的关系、孔子本人学习和修养的过程、温故而知新的学习方法，以及对孝、悌等道德范畴的进一步阐述。

2.1

子曰："为政以德，譬如北辰①，居其所而众星共 (gǒng)②之。"

注释

①北辰：北极星。②共：通"拱"，环抱。这里是以北辰比喻统治者，以众星比喻被统治者。

译文

孔子说："为政者以道德教化来治理国政，就会像北极星那样，安居其所，而群星都会井然有序地环绕着它。"

古注

朱熹注："政之为言正也，所以正人之不正也。德之为言得也，得于心而不失也……为政以德，则无为而天下归之，其象如此。"

今论

李零《丧家狗》："其实，政治家就是政治家，不是道德楷模，不是智慧化身，再好的愿望也是愿望，大家要想明白了。西方最早的乌托邦，是柏拉图的哲

人王；我国最早的乌托邦，是孔子的道德王。它们都是幻想，人类最古老的人文幻想。"

阅典笔记

以武压人，只会迎来更大的反抗；以德服人，才会如雨润渐入人心。

2.2

子曰："《诗》三百①，一言以蔽②之，曰：'思无邪③'。"

注 释

①《诗》三百：指《诗经》，此书实有305篇。②蔽：概括。③思无邪：思想纯正。此为《诗经·鲁颂》中的句子。

译 文

孔子说："《诗经》三百篇，可以用一句话来概括它，就是'思想主旨纯正无邪'。"

今 论

南怀瑾《论语别裁》："人活着就有思想，凡是思想一定有问题，没有问题就不会思想，孔子的'思无邪'就是对此而言。人的思想一定有问题，不经过文化的教育，不经过严正的教育，不会走上正道，所以他说整理诗三百篇的宗旨，就为了'思无邪'。……为政的人，除了领导思想不走邪路以外，对于自己的修养，更要有诗人的情操，才能温柔敦厚，才能轻松愉快地为政。"

阅典笔记

人生在世，会经历很多很多的事情，或喜，或悲。只要坚持心中的信念，总会守得云开。

2.3

子曰："道 (dǎo)①之以政②，齐③之以刑，民免④而无耻；道之以德，齐之以礼，有耻且格⑤。"

◎ 学琴师襄

注 释

①道：通"导"，引导、治理。②政：政令、律法。③齐：整饬、规范。④免：避免、躲避。⑤格：这里指归化。

译 文

孔子说："用政令来训导百姓，用刑法来整饬百姓，他们就只会求得免于犯罪受惩，却并无羞耻心；用道德来教化百姓，用礼制来约束百姓，他们不仅会有羞耻之心，而且人心归服。"

古 注

邢昺疏："言君上化民必以道德。民或未从化则制礼以齐整，使民知有礼则安，失礼则耻。如此则民有愧耻而不犯礼，且能自修而归正也。"

今 论

李零《丧家狗》："我的看法是，以德治德，可以。以国治国，也可以。以国治德，六亲不认，一个朋友都没有，太没人情味，这是误用，但误德未必误国。最糟糕的，就是光讲以德治国。光讲以德治国，德必伪，国必亡，两样都误。"

阅典笔记

在暴力的刑罚下活下来的人，很多时候是屈服于刑罚，同样，也是屈服于邪恶。

2.4

子曰："吾十有 (yòu)①五而志于学；三十而立；四十而不惑；五十而知天命；六十而耳顺；七十而从心所欲，不逾 (yú) 矩。"

注释

①有：通"又"。

译文

孔子说："我十五岁立志于学习，三十岁能依照礼仪的要求立足于世，四十岁能不被外界事物所迷惑，五十岁懂得乐天知命，六十岁能正确对待各种不同的言论，七十岁能随心所欲地行事而不逾越规矩。"

今论

李零《丧家狗》："孔子志在天下，但命途多舛。他这一辈子，从'志于学'到'而立'到'不惑'，主要是学习；从'知天命'到'耳顺'，主要是求仕。然而结果怎么样？晚境孤独而凄凉。孔子以 68 岁高龄回到鲁国，几乎每年都有伤心事。……然而，最奇怪的是，过了 70 岁，即将走完人生旅程的他，却说他已达到'从心所欲，不逾矩'。死亡是最大的解放。"

阅典笔记

年少的时候，我们总是想要很多很多。慢慢地，我们懂得了，知足常乐。

2.5

孟懿 (yì) 子问孝。子曰："无违①。"樊迟②御③，子告之曰："孟孙④问孝于我，我对曰'无违'。"樊迟曰："何谓也？"子曰："生，事之以礼；死，葬之以礼，祭之以礼。"

注释

①无违：不要违背。②樊迟：孔子的弟子，姓樊名须，字子迟。③御：驾驭马车。④孟孙：指孟懿子。

译文

孟懿子问什么是孝、如何做到孝。孔子说："孝就是不要违背礼的规定。"

后来樊迟给孔子驾车，孔子告诉他："孟孙问我什么是孝，我回答他说'不要违背礼'。"樊迟说："'不要违背礼'是什么意思呢？"孔子说："父母活着的时候，要按礼侍奉他们；父母去世后，要按礼埋葬他们、祭祀他们。"

背景

前518年，鲁国三桓之一的孟僖子卒。死前，他留下遗言，说孔子是"圣人之后"，要他的儿子孟懿子拜孔子为师。这里写的是是孟懿子向孔子学礼。

古注

朱熹注："人之事亲，自始至终，一于礼而不苟，其尊亲也至矣。是时三家僭礼，故夫子以是警之，然语意浑然，又若不专为三家发者，所以为圣人之言也。"

阅典笔记

长辈去世的时候固然要尽力办理后事，但最重要的还是在世的时候好好地孝敬他们，不要在他们去世后追悔莫及。

2.6

孟武伯问孝。子曰："父母唯其疾之忧。"

译文

孟武伯向孔子请教孝道。孔子说："做父母的，只为子女的疾病担忧。"

今论

李零《丧家狗》："俗话说，'久病床前无孝子'，能不能伺候久病在床的父母，才是对孝子的最大考验。"

阅典笔记

孔子给孟武伯的回答相当妙！可以说，是一语刺人心！孔子给樊迟讲了一堆大道理，只是告诉他如何去做到孝；但是对孟武伯，则是将现实中非常能够感动人心的细节呈现给他，让他自己去感悟。这样的说话方式，要比天马行空地去讲"什么是孝"、"怎么去孝"有震撼力得多。

子游①问孝。子曰："今之孝者，是谓能养。至于犬马，皆能有养，不敬，何以别乎？"

注释

① 子游：孔子弟子，姓言，名偃，字子游，长于文学。

译文

子游向孔子求教孝道。孔子说："如今所谓的孝，只是说能够赡养父母便足够了。然而，就是狗、马这些动物都能够得到饲养。如果不真心孝敬父母，那么赡养父母与饲养狗和马又有什么区别呢？"

今论

南怀瑾《论语别裁》："孝不是形式，不等于养狗养马一样。"

◎ 子游（言偃）

阅典笔记

任何一种爱，都是要投入感情的，即使是爱一个杯子。

2.8

子夏问孝，子曰："色难①。有事，弟子②服其劳③；有酒食，先生馔 (zhuàn)④，曾⑤是以为孝乎？"

注释

① 色难：和颜悦色地侍奉父母是件难事。色，脸色。②弟子：晚辈。后面说的先生指长者或父母。③服其劳：服侍他。④馔：意为饮食、吃喝。⑤曾：竟然。

译文

子夏向孔子请教孝道，孔子说："对父母始终保持和颜悦色是非常不容易

的。遇到事情，年轻人替长辈操劳；有好吃好喝的，请长辈先享用。仅仅这样就能称之为孝了吗？"

今 论

　　杨树达《论语疏证》："有酒食先生馔，即前章所谓皆能有养，孟子及吕氏所谓养口体也。色难则吕氏所谓养志矣。"

阅典笔记

　　从这几章能看出，孔子谈论某个问题的时候，并不是见什么都说一样的道理，而是正如他自己所言："因材施教。"钱穆甚至怀疑"子游或能养而稍失于敬，子夏或对父母少温润之色"。虽然这些都是臆断，然而孔子在这四章中给四个人用不同的方式来讲解孝的含义，这是显而易见的。

2.9

　　子曰："吾与回①言，终日不违，如愚。退而省其私②，亦足以发，回也不愚。"

注 释

　　①回：孔门弟子，姓颜，名回，字子渊，是孔子所喜爱的最聪慧最有修养的学生。②私：独处。这里指独自钻研和自我实践。

译 文

　　孔子说："我给颜回讲学，他整天从不提反对意见和疑问，像个蠢人。等他回去之后，我考察他私下的言论，发现他对我所讲授的内容有所发挥，可见颜回其实并不愚蠢啊！"

今 论

　　李零《丧家狗》："颜回，孔子总是夸他。夸来夸去，无非说他道德好，安贫乐道，勤奋好学，比较空。他的最大优点，是听老师的话，绝不顶嘴，其他事迹，嘉言懿行，一点没有，历史记载，一片空白。"

阅典笔记

　　沉默并不等于无所为。

2.10

子曰："视其所以^①，观其所由^②，察其所安，人焉廋 (sōu)^③哉？人焉廋哉？"

注 释

①以：作为，行动。②由：经由，经历。③廋：隐藏、藏匿。

译 文

孔子说："要了解一个人，注意看他的言行动机，观察他的一贯经历，考察他安心干什么。这样，这个人的真面目哪能隐藏得了呢？"

今 论

李零《丧家狗》："孔子的意思是说，你对一个人有彻头彻尾的了解，还有什么看不透的地方？什么都在眼跟前，藏都藏不住。"

阅典笔记

伪装可以骗得了一时，骗不了一世。

2.11

子曰："温故而知新，可以为师矣。"

译 文

孔子说："温习旧知识时，而能从中获得新体会、新发现，这样的人就可以当老师了。"

今 论

南怀瑾《论语别裁》："因为前面的成功与失败，个人也好，国家也好，是如何成功的，又是如何失败的，历史上就很明显地告诉了我们很多。"

阅典笔记

在回忆某些往事的时候，还可以说出"其实可以这样的"，那么恭喜你。

2.12

子曰："君子不器。"

译 文

孔子说："君子不像器具那样（只有某一方面的用途）。"

今 论

李零《丧家狗》："孔子是博通之人。博通是为了追求道，避免像现代人一样，陷于学术分工的泥淖而不能自拔。我把专家型的知识分子群叫残疾人协会。"

阅典笔记

关于人才应当是"通"是"专"，从古至今，始终没有定论。什么东西都"略懂"，却无深入研究的人，往往被指责肤浅；专精于一门，对其他完全不闻不问的，又必然会遭遇瓶颈。其实，做不同的工作，对人有不同的要求。通才需要在某一方面深入研究，专才需要开拓知识面，这是大势所趋。不过，无论"通"、"专"，放开眼界，有整体大局的观念，对己对人，总是有好处的。

2.13

子贡问君子。子曰："先行其言，而后从之。"

译 文

子贡问孔子怎样做君子。孔子说："先实践你想说的话，然后再说出来。"

今 论

南怀瑾《论语别裁》："真正的君子，是要少说空话，多做实在的事情。"

杨树达《论语疏证》："躬亲行然后道之，正此所谓先行其言而后从之也。"

阅典笔记

做一个信守承诺的人，但是不要只是埋头苦干。

2.14

子曰："君子周①而不比②，小人比而不周。"

注释

①周：合群。②比：勾结。

译文

孔子说："君子合群而不与人勾结，小人与人勾结而不合群。"

古注

朱熹注："君子小人所为不同，如阴阳昼夜，每每相反。然究其所以分，则在公私之际，毫厘之差耳。故圣人于周比、和同、骄泰之属，常对举而互言之，欲学者察乎两闲，而审其取舍之几也。"

今论

李零《丧家狗》："在道德问题上，我对西方有敬意，主张进口道德，原因之一，就是我不喜欢吹吹拍拍、拉拉扯扯这一套。"

阅典笔记

君子为了共同的理想，小人为了共同的利益。但是倘若生存尚不能维持，理想能坚持多久？

2.15

子曰："学而不思则罔（wǎng），思而不学则殆（dài）。"

译文

孔子说："只是读书学习，而不思考问题，就会茫然无知没有收获；只是空想而不读书学习，就会疑惑而不能肯定。"

古注

朱熹注："不求诸心，故昏而无得。不习其事，故危而不安。"

今论

李零《丧家狗》："学而不思，顶多是不明白；思而不学，是脑子空转，自己把自己绕在里面，那可是大糊涂。"

阅典笔记

只按照前人的想法做，不会进步。没有前人的大量基础，很多想法亦不能实现。

2.16

子曰："攻①乎异端②，斯③害也已。"

注 释

①攻：从事某事，进行某项工作。②异端：不同的两端，即中庸的两端，这里指走极端偏向的路线。③斯：代词，这。

译 文

孔子说："学习极端的思想，这是一种祸害啊！"

古 注

苏轼注："圣人之所以为恶夫异端尽力而排之者，非异端之能乱天下，而天下之乱所由出也。"

今 论

钱穆《论语新解》："孔子平日言学，常兼举两端，如言仁常兼言礼，或兼言知。又如言质与文，学与思，此皆兼举两端，即《中庸》所谓执其两端。执其两端，则自见有一中道。中道在全体中见。仅治一端，则偏而不中矣。"

◎ 观器论道

阅典笔记

这句话历来有争议，还有一种理解是"攻击不同的意见这样是有害的"。无论是哪种解释，其实说了一个共同的道理：不要过分执着于自己的意见，不要钻牛犄角尖。所谓兼听则明，有容乃大，就是这个道理。

2.17

子曰："由①，诲女（rǔ）②知之乎？知之为知之，不知为不知，是知（zhì）③也。"

注 释

①由：孔子弟子，姓仲名由，字子路。②女：通"汝"，你。③通：同"智"。

译 文

孔子说："仲由，我教给你的道理你都明白了吧？知道的就是知道，不知道就是不知道，这才是智慧啊！"

今 论

南怀瑾《论语别裁》："这个时代，很容易犯这个毛病。很多学问，明明不懂的，硬冒充自己懂，这是很严重的错误，尤其是出去做主管的人要注意。"

阅典笔记

其实最为严重的问题，就是我们有的时候根本不知道我们是不是知道。有些事情，有些知识，明明我们不懂，却以为懂了，这个时候最为危险。那么如何才能了解自己到底知不知道呢？很复杂，不过有一点肯定没错——日三省吾身。

2.18

子张①学干禄②。子曰："多闻阙（què）③疑，慎言其余，则寡尤④；多见阙殆（dài）⑤，慎行其余，则寡悔。言寡尤，行寡悔，禄在其中矣。"

注释

①子张：孔子的弟子，姓颛（zhuān）孙，名师，字子张。②干禄：求取官职。③阙：空。④尤，过错。⑤殆：怀疑。

译 文

子路问如何谋求禄仕。孔子回答说："多听一听别人的言论，把疑难问题保留下，其余的也要谨慎地说，这样做的话，就会少犯错误；多看一看别人的行事，把危险的事情保留下，其余的也谨慎去做，这样做的话，就会少有后悔。言语少有错误，行事少有后悔，谋求仕禄的方法就在其中了。"

今 论

南怀瑾《论语别裁》："对于模棱两可的事，随时随地都用的到古人的两句话：'事到万难须放胆，宜于两可莫粗心。'"

阅典笔记

有人把"说"的艺术总结为三个词："晚说"、"少说"、"敢说"。"晚说"就是伺机而言——时机未到，说了也白说——而且可以先观人言之失，收后发之利。"少说"则是言多必失，说多了也招人烦。至于"敢说"则是看准时机，当机立断。

2.19

哀公问曰："何为则民服？"孔子对曰："举①直错②诸枉③，则民服；举枉错诸直，则民不服。"

注 释

①举：选拔。②错：通"措"，放置。③枉：不正直。

译 文

鲁哀公问："怎样才能使百姓服从呢？"孔子回答说："选用正直的人，把邪恶不正的人置于一旁，百姓就会服从了；任用不正直的人，把刚正无私的人置于一旁，百姓就不会服从。"

今 论

南怀瑾《论语别裁》："这是谁都懂的道理，而孔子拿这人人都懂的话去告诉他，就好像说当诸侯、君王的人都不懂，未免太笨了。但人生经验告诉我们，一个人到了那个权位的情况，就很难讲了。譬如我们平时常会说，假如我做了某一位置的事，一定公正，但是真的到了那一天，就做不到绝对公正。"

阅典笔记

官员代表了统治者的形象，奸邪之人最多只会让人屈服而已。

2.20

季康子问："使民敬、忠以劝，如之何？" 子曰："临之以庄，则敬；孝慈，则忠；举善而教不能，则劝。"

译文

季康子问道："要使老百姓对当政的人尊敬、忠诚和勤勉，该怎样去做呢？" 孔子说："当政者对待百姓庄重，他们就会尊敬你；对待父母孝顺、对待子弟慈祥，百姓就会尽忠于你；提拔善良的人，教导能力不足的人，百姓就会互相勉励，加倍努力了。"

古注

张栻注："此皆在我所当为，非为欲使民敬忠以劝而为之也。然能如是，则其应盖有不期然而然者矣。"

今论

南怀瑾《论语别裁》："孔子对于季康子所提这几个大问题，没有批评不对，认为都对。但是孔子告诉他，不要只是空洞的宣传，口头话没有用，天下人的聪明相等，口头骗得了一时，骗不了永久。"

阅典笔记

爱是相互的，尊重亦是，没有人会对整日高高在上斥责自己的人真心以待。相信榜样的力量。

2.21

或①谓孔子曰："子奚（xī）不为政？" 子曰："《书》②云：'孝乎惟孝，友于兄弟，施③于有政。' 是亦为政，奚其为为政？"

注释

①或：有人。②《书》：指《尚书》。③施：延及、影响。

译文

有人对孔子说："你为什么不从事政治呢？" 孔子回答说："《尚书》上说：'孝敬父母，友爱兄弟，用孝悌之风影响当政者。' 这也就是从事政治了，为什么一定要当官才算是从政呢？"

今 论

李零《丧家狗》："孝也是政治。"

阅典笔记

爱写作不一定要当作家。很多时候，当兴趣变成了职业，那份爱会被无奈所替代。

2.22

子曰："人而无信，不知其可也。大车无輗（ní）[①]，小车无軏（yuè）[②]，其何以行之哉？"

注 释

①輗：古代大车（牛车）车辕与驾辕的横木相衔接的部分。②軏：古代小车（马车）车辕与驾辕的横木相衔接的部分。没有輗和軏，车就不能走。

译 文

孔子说："一个人不讲信用，我不知道这怎么能行。就好像大车没有輗、小车没有軏一样，这车怎么走得了呢？"

今 论

南怀瑾《论语别裁》："所谓'百年大计'。一件事情，一个政策下来，要眼光远大，至少须看到百年或几十年以后的变化与发展，这是古人政治的道理。……早上下的命令，晚上认为不对，去赶快改过来，究竟哪个对？老百姓搞不清楚，这就是大问题。"

阅典笔记

无信之人，万事不可信。

2.23

子张问："十世[①]可知也？"子曰："殷因[②]于夏礼，所损益可知也；周因于殷礼，所损益可知也；其或继周者，虽百世可知也。"

注 释

①世：古时称 30 年为一世。②因：因袭、沿用、继承。

译 文

子张问孔子："今后三百年的情况可以知道吗？"孔子说："商朝继承了夏朝的礼仪制度，所废除和增加的内容是可以知道的；周朝又继承了商朝的礼仪制度，所废除和增加的内容也是可以知道的；将来有继承周朝的政权，即使是三千年以后的情况，也是可以预先知道的。"

今 论

李零《丧家狗》："孔子看历史，主要看三代损益，即后面的礼比前面的礼，增加了什么，减少了什么，除去增加减少的东西，就是始终不变的东西。他是靠这种加减法预测未来。……历史，技术变，制度变，但人性未必变，或变化不大，这也许是孔子损益法的一种考虑。他更关心的是不变。"

阅典笔记

倘若所有的一切都可以预测，生命还有什么乐趣？

2.24

子曰："非其鬼而祭之，谄也。见义不为，无勇也。"

译 文

孔子说："不是自己的祖先而去祭祀他，这是谄媚。遇到应该挺身而出的事情，却袖手旁观，就是怯懦。"

古 注

朱熹注："知而不为，是无勇也。"

阅典笔记

如果一个人是怀着善良的心去关怀别人的孩子，孝敬别人的长辈，这样的举动不但不是谄媚，简直就是孔子接下来所说的"见义勇为"。量力而行，围观也是一种方式。

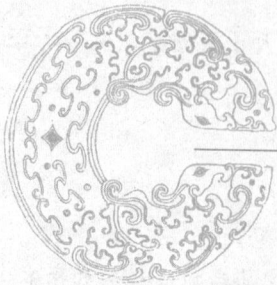

八佾篇

第三

《八佾》篇包括26章。本篇主要内容涉及"礼"的问题，主张维护礼在制度上、礼节上的种种规定；孔子提出"绘事后素"的命题，表达了他的伦理思想以及"君使臣以礼，臣事君以忠"的政治道德主张。本篇重点讨论如何维护"礼"的问题。

3.1

孔子谓季氏："八佾(yì)①舞于庭，是可忍也，孰不可忍也！"

注 释

①八佾：古时乐舞的行列，一行8个人叫一佾，八佾就是64人。据《周礼》规定，只有周天子才可以使用八佾。季氏是正卿，只能用四佾，他使用了八佾，就是破坏礼制。

译 文

孔子谈到季氏，说："他用天子规格的八行乐舞队伍在自己的庭院中表演，这样的事情都可以容忍，还有什么事情不能容忍！"

今 论

李泽厚《论语今读》："作为人文，礼制有一定的规矩，乱用，则有害于人文的保持和稳固。"

阅典笔记

尊敬不是在表面上的，而是在心里。

3.2

三家①者以《雍》②彻③。子曰:"'相维辟公,天子穆穆。'④奚取于三家之堂?"

①三家:鲁国当政的三家,即孟氏、叔孙氏、季氏,又称"三桓"。②《雍》:《诗经·周颂》中的一篇,是周天子祭祀宗庙后撤去祭品的乐歌。③彻:通"撤",撤出。④相维辟公,天子穆穆:《雍》诗中的两句。

孟氏、叔孙氏、季氏三家在祭祖完毕撤去祭品时,命乐工奏唱天子之歌《雍》。孔子说:"'助祭的是诸侯,天子肃穆地主祭。'这怎么能用在你三家祭祖的厅堂里呢?"

程颐注:"周公之功固大矣,皆臣子之分所当为,鲁安得独用天子礼乐哉?成王之赐,伯禽之受,皆非也。其因袭之弊,遂使季氏僭八佾,三家僭《雍》彻,故仲尼讥之。"

退修诗书

今 论

李泽厚《论语今读》："前面曾说孔子和儒学的宽容性，这里是儒学的不宽容性：不能容忍违反礼制的行为。这似可读作'思想宽容，行为严肃'。"

阅典笔记

有时候太过于注重形式，本来重要的东西往往却被忽略了。

❧ 3.3 ❧

子曰："人而不仁，如礼何？人而不仁，如乐何？"

译 文

孔子说："一个人没有仁德，礼仪对他有什么意义呢？一个人没有仁德，音乐对他有什么意义呢？"

今 论

南怀瑾《论语别裁》："一个人如果自己不省悟，文化与艺术对他有什么用呢？这是孔子的感叹。"

阅典笔记

礼仪也好，音乐也好，都是深入人心的。没有仁德的人，其心有无尚有待考证，何况深入。

❧ 3.4 ❧

林放问礼之本。子曰："大哉问！礼，与其奢也，宁俭；丧，与其易①也，宁戚②。"

注 释

①易：弛，铺张。②戚：忧愁，悲伤。

译 文

林放问孔子什么是礼的本质。孔子回答说："你问的问题意义重大！就礼而言，与其奢侈，不如节俭；就丧事而言，与其铺张，不如内心真正哀伤。"

◎ 林放

朱熹注："礼贵得中，奢易则过于文，俭戚则不及而质，二者皆未合礼。然凡物之理，必先有质而后有文，则质乃礼之本也。"

今论

南怀瑾《论语别裁》："现在我们的礼恰恰与孔子讲的相反，礼不从简而从奢，越奢侈越有排场，丧事不从悲而从易，家人逝世了，送殡仪馆，火葬过后三天，又在家开舞会。"

阅典笔记

如今的社会风气却是逆其道而行之。奢靡之风盛行，形式主义泛滥。不是有统计说，中国的建筑拆了盖盖了拆，更新率在全世界都是首屈一指么？这也就难怪从中央到地方，媒体要铺天盖地地宣传"节约型社会"了！

3.5

子曰："夷狄 (dí)[①]之有君，不如诸夏[②]之亡 (wú)[③]也。"

注释

①夷狄：古代中原地区的人对周边地区少数民族的贬称，谓之不开化。②诸夏：古代中原地区诸国的自称。③亡：同"无"。

译文

孔子说："偏远落后的国家虽然也有君主，但是还不如中原诸国没有君主。"

今论

李泽厚《论语今读》："这一现象在世界史上值得重视。所以'中国人'、'中国的'实一文化概念，而非种族概念。"

阅典笔记

这句话还有一种译法，即孔子说："就连文化落后的夷狄之国都有君主，不像中原各国，君主已经名存实亡了。"第一种译法强调落后民族没文化，第二种译法强调当时的各国君主没文化。总之，在孔子看来，只要没有文化，则国家有无君主，都形同虚设，不管是谁。

3.6

季氏旅①于泰山，子谓冉有②曰："女(rǔ)③弗能救与？"对曰："不能。"子曰："呜呼！曾谓泰山不如林放乎？"

注释

①旅：祭山。当时，只有天子和诸侯才有祭祀名山大川的资格。②冉有：孔子的弟子，姓冉，名求，字子有，善于处理政事，当时是季氏的家臣。③女：通"汝"，你。

译文

季康子去祭祀泰山。孔子对冉有说："你难道不能劝阻他吗？"冉有说："不能。"孔子说："唉！你难道认为，泰山之神还不如林放懂礼，会接受这种僭越的祭祀吗？"

阅典笔记

过于张扬，最终害的还是自己。

3.7

子曰："君子无所争，必也射①乎！揖(yī)②让而升③，下而饮，其争也君子。"

注释

①射：一种以习射观德、求贤选能为目的的礼仪形式。②揖：拱手行礼，表示尊敬。③升：登，指登阶入堂。

译文

孔子说："君子没有什么可与别人相争的事情。如果有的话，一定是比赛射箭！比赛时，先相互作揖谦让，然后上场。比赛结束后，又相互作揖再退下来，然后一起喝酒。这就是君子之争。"

古注

朱熹注："君子恭逊不与人争，惟于射而后有争。然其争也，雍容揖逊乃如此，则其争也君子，而非若小人之争矣。"

李零《丧家狗》："这种礼让，体育讲，武林讲，军人讲，但文人往往不讲。文人相轻，文人相倾，不是君子之争，而是小人之争。"

阅典笔记

如果不服气就请光明正大地在赛场上用实力把他打败吧！不要兴奋剂，不要黑哨。

3.8

子夏问曰："'巧笑倩 (qiàn) 兮，美目盼兮，素以为绚兮。'①何谓也？"子曰："绘事后素。"曰："礼后乎？"子曰："起予者商也！始可与言《诗》已矣。"

注 释

①巧笑倩兮，美目盼兮，素以为绚兮：前两句见《诗经·卫风·硕人》，第三句是佚句。

译 文

子夏问孔子："'微笑的面容美好动人啊！黑白分明的眼睛流转着媚啊！洁白的脂粉更添楚楚动人啊！'这几句话是什么意思呢？"孔子说："这是说，先有素色的底子，然后绘画。"子夏问："那么，是不是说礼也产生于仁义之后呢？"孔子说："启发我的人是你卜商啊！现在可以同你讨论《诗经》了。"

今 论

南怀瑾《论语别裁》："当一个主管的，更要效法孔子这种精神，遇到部下有好的意见，就说'对！你完全对。'这样的主管，才是成功的领导者。"

阅典笔记

首先要有好的基础，然后才能锦上添花。想要一步登天，后果自负。

3.9

子曰："夏礼，吾能言之，杞 (qǐ)①不足征②也；殷礼，吾能言之，宋③不足征也。文献不足故也。足，则吾能征之矣。"

注 释

①杞：夏禹后代所建诸侯国。②征：证明。③宋：商汤后代所建诸侯国。

译 文

孔子说："我能说出夏朝的礼，但它的后代杞国却不足以证明我的话；我能说出商朝的礼，但它的后代宋国却不足以证明我的话。这都是由于两国的典籍和贤才不足的缘故。如果有足够的典籍和贤才，我就可以验证它们了。"

古 注

朱熹注："言二代之礼，我能言之，而二国不足取以为证，以其文献不足故也。文献若足，则我能取之，以证君言矣。"

阅典笔记

即使是贤人也不都是一样的，也会根据自己的所学和想法来理解前人并发扬光大。

3.10

子曰："禘（dì）①，自既灌②而往者，吾不欲观之矣。"

注 释

①禘：祭名。古代只有天子才可以举行的祭祀祖先的非常隆重的典礼。②灌：本作"祼"（guàn）。祼祭是禘礼中的一个程序，用活人（一般为幼年男女）代替受祭者，叫做"尸"。禘祭要向尸献酒九次，第一次献酒叫做"祼"。

译 文

孔子说："禘祭仪式，从第一次献酒以后，我就不愿再看了。"

古 注

谢良佐注："夫子尝曰：'我欲观夏道，是故之杞，而不足征也；我欲观殷道，是故之宋，而不足征也。'又曰：'我观周道，幽、厉伤之，吾舍鲁何适矣。鲁之郊禘非礼也，周公其衰矣！'考之杞、宋已如彼，考之当今又如此，孔子所以深叹也。"

今 论

南怀瑾《论语别裁》："这就是中国文化告诉我们，事事要发自内心的诚恳，而不完全在于形式。一切形式，都必须配合内心的诚恳，才有意义。"

"本是同根生，相煎何太急。"

3.11

或问禘 (dì) 之说[1]，子曰："不知也。知其说者之于天下也，其如示[2]诸斯乎！"指其掌。

注释

①说：理论、道理、规定。②示：显示，展示。

译文

有人问孔子关于举行禘祭的规定。孔子说："我不知道。知道这种规定的人，对治理天下的事而言，就会像把它们摆放在这里一样容易吧！"一面说，一面指着自己的手掌。

古注

朱熹注："盖知禘之说，则理无不明，诚无不格，而治天下不难矣。圣人于此，岂真有所不知也哉？"

今论

南怀瑾《论语别裁》："孔子真的不知道吗？当然，这是他幽默的话，……他的意思是说，这一种基本的文化精神，大家应该知道的。既然大家都不知道，那么我也不知道了。"

阅典笔记

想要完全地掌握规矩，就要做制定规矩的人。

3.12

祭如在[1]，祭神如神在。子曰："吾不与[2]祭，如不祭。"

注释

①祭如在：祭祀祖先。②与：参与。

译文

祭祀祖先时，就好像祖先在面前；祭祀神名时，就好像神名在面前。孔子说："我如果不亲自参加祭祀，那好像不曾祭祀一样。"

今论

南怀瑾《论语别裁》："我们现在讲民族精神。热爱国家民族的人，为什么到了国外，看到自己的国旗便肃然起敬？我们在国外看到国旗的那种心情，与在国内看到国旗的心情绝对不同。在某一个时候甚至会为之掉下眼泪。其中道理，就是这种精神的流露。"

阅典笔记

所爱之人，也许肉体不在，但他永远活在我们心中。

3.13

王孙贾①问曰："'与其媚于奥②，宁媚于灶③。'何谓也？"子曰："不然。获罪于天，无所祷也。"

注释

①王孙贾：卫灵公的大夫。②奥：指屋内位居西南角的神。③灶：指灶神。

译文

王孙贾问道："'与其奉承奥神，不如奉承灶神。'这话是什么意思？"孔子说："不是这样的。如果得罪了上天，祈祷也没有用了。"

古注

谢良佐注："圣人之言，逊而不迫。使王孙贾而知此意，不为无益；使其不知，亦非所以取祸。"

今论

李泽厚《论语今读》："这章异解甚多。王孙贾大概自比于灶王爷，要孔子附和他。朱注把这提升到'天理'远高于人世的'奥、灶'。由此又一次可引出'从道不从君'等等含义和问题。"

阅典笔记

从表面上看，孔子似乎回答了王孙贾有关拜神的问题，实际上却是在驳斥巴结权贵、结党营私的现象。不过，孔子自己虽然说了这话，但有些时候也不得不变通。

3.14

子曰："周监 (jiàn)①于二代②，郁郁乎文哉！吾从周。"

注释

①监：通"鉴"，借鉴。②二代：指夏代和商代。

译文

孔子说："周朝的礼仪制度借鉴于夏、商二代，是多么丰富而有文采啊！我遵从周朝的制度。"

古注

康有为注："孔子改制，取三代之制度而斟酌损益之。"

今论

李泽厚《论语今读》："可见孔子既非复古，也非革命，乃积累进化论者。"

阅典笔记

取其精华，丢其糟粕，不能一味模仿。

3.15

子入太庙①，每事问。或曰："孰谓鄹 (zōu)②人之子知礼乎？入太庙，每事问。"子闻之，曰："是礼也。"

注释

①太庙：古代开国君主的祖庙。鲁国太庙即周公旦的庙。②鄹：又写作"陬"，春秋时鲁国地名，在今山东曲阜附近，孔子的故乡。鄹人指孔子之父叔梁纥。

译文

孔子晋谒太庙，每件事都要问一问。有人说："谁说鄹人叔梁纥的儿子懂得礼呀？他到了太庙里，每件事都要问。"孔子听到后说："这就是礼啊。"

古注

朱熹注："孔子自少以知礼闻，故或人因此而讥之。孔子言是礼者，敬谨之至，乃所以为礼也。"

李泽厚《论语今读》:"表述孔子谦虚而谨慎,既非假装不懂而故问,也非真正完全不懂得,而是问一遍以求确认,即实地印证自己所已知和未知。这不仍是很好的学习方法吗?"

阅典笔记

过于繁琐的礼仪,往往累人累己。

3.16

子曰:"射不主皮①,为②力不同科③,古之道也。"

注 释

①射不主皮:不专以是否射中箭靶子的中心为善。皮,用兽皮做成的箭靶子。②为:因为。③科:等级。

译 文

孔子说:"比赛射箭,不专以是否射中箭靶子的中心为善,因为各人的力气大小不同,自古以来就是这样。"

今 论

南怀瑾《论语别裁》:"这一段是说明作人做事,够不够道德的标准,只问合不合正道,并不苛求他对事功成就的程度。因为没有机会给他表现,环境不对,时代不对,他也就无从表现,这有什么办法?由此触类旁通,对人对事就可减掉些苛求了。"

阅典笔记

关于"射不主皮"还有另外一种解释,即射穿箭靶。两种解释都包含着同一种含义:量力而行,不必苟求。

3.17

子贡欲去①告朔②之饩(xì)羊③。子曰:"赐也,尔爱其羊,我爱其礼。"

注释

①去：废除、去掉。②告朔：古代制度，天子每年秋冬之际，把第二年的历书颁发给诸侯，告知每个月的初一日。③饩羊：祭祀用的活羊。饩，作为牺牲的活物。

译文

子贡提出去掉每月初一告祭祖庙时所用的活羊。孔子说："端木赐，你爱惜那只羊，我却爱惜那种礼。"

今论

南怀瑾《论语别裁》："由这件事我们就懂得，在社会上，或在政治上，有时绝对空洞的精神，并不足以维系一件事物，而必须配合某些实质的东西才能生效。如口惠而实不至，有时候就要失败了。

阅典笔记

讲礼数的方式有很多种，但是生命只有一个。

3.18

子曰："事君尽礼，人以为谄（chǎn）也。"

译文

孔子说："侍奉君主要尽到礼数，别人却以为这是谄媚。"

古注

程颐注："圣人事君尽礼，当时以为谄。若他人言之，必曰我事君尽礼，小人以为谄，而孔子之言止于如此。圣人道大德宏，此亦可见。"

今论

南怀瑾《论语别裁》："这段话，连起上一段来说，是说作人处世的艰难。我想大家有时也会有同感。一个人想做个忠臣，有时候也很难。对主管、对领导人尽礼，处处尽忠合礼，而旁边的人会认为是拍马屁。所以孔子非常通人情世故。凡是当过长官也当过人部下的，都有这种经验。如果自己毅力不坚定，见解不周到，受环境影响，只好变了。那么该怎么办呢？还是以礼为准，也是上面的话'尔爱其羊，我爱其礼'。人格还是建立在自己身上。"

礼多人不怪，只要自己行得正，无愧于心便好了。

3.19

定公问："君使臣，臣事君，如之何？"孔子对曰："君使臣以礼，臣事君以忠。"

译文

鲁定公问孔子："君主驾驭臣子，臣子侍奉君主，各自应该怎么做呢？"孔子回答说："君主应该按照礼的要求去驾驭臣子，臣子应该忠心侍奉君主。"

古注

皇侃疏："君若无礼，则臣亦不忠也。"

今论

南怀瑾《论语别裁》："孔子答复鲁定公的话中，意思是说，你不要谈领导术，一个领导人要求部下能尽忠，首先从自己衷心体谅部下的礼敬做起。礼是包括很多，如仁慈、爱护等等，这也就是说上面对下面的如果尽心，那么下面对上面也自然忠心。"

◎ 步游洙泗

阅典笔记

　　想要得到回报，必然要以同等的价值待人，只想着回报却不想付出是不可能的。

3.20

　　子曰："《关雎（jū）》①，乐（lè）而不淫②，哀而不伤。"

注释

　　①《关雎》：《诗经·国风》的第一篇，歌颂后妃之德。实际上是一首欢快的爱情诗，写一君子"追求"淑女，并渴望和她结为夫妇的恋歌。②淫：过分而至于不妥当的地步。

译文

　　孔子说："《关雎》这首诗，快乐而不过分，悲哀而不伤情。"

今论

　　李零《丧家狗》："孔子认为，礼的重要性，全在于节。乐要节，哀也要节。哀乐之情，都应以理节之，不能过分。"

阅典笔记

　　"快乐而不过分，悲伤而不伤情"。在经历过大喜大悲之后，我们总会慢慢地趋于平淡。

3.21

　　哀公问社①于宰我②，宰我对曰："夏后氏以松，殷人以柏，周人以栗。曰：使民战栗。"子闻之，曰："成事不说，遂事不谏，既往不咎（jiù）。"

注释

　　①社：土地神，是国家的象征。这里指社主。古代在祭祀社神时要立一个木制的排位，称为"主"。②宰我：孔子的弟子，姓宰，名予，字子我。

译文

　　鲁哀公问宰我,土地神的神主应该用什么树木制作。宰我回答说:"夏朝用松树,商朝用柏树,周朝用栗子树。用栗子树的意思是说:使人民战栗害怕。"孔子听到后说:"已经做过的事就不要再解释了,已经完成的事就不要再谏阻了,已经过去的事也不必再追究了。"

古注

　　朱熹注:"孔子以宰我所对,非立社之本意,又启时君杀伐之心,而其言已出,不可复救,故历言此以深责之,欲使谨其后也。"

今论

　　南怀瑾《论语别裁》:"就周朝而言,孔子觉得文王、武王在各方面都没有错,只在这件事上还不大妥当,但对前辈的圣人,不好意思多加批评,所以他说已经既成事实,再说也没有用。对人与人之间相处来说,既成事实,劝也劝不转来了,过去了何必追究呢?"

阅典笔记

　　以前很多人认为,这一章是孔子在批评子我,因为孔子曾骂子我是"朽木不可雕也"。然而,如果是要批评子我,用不着说这么含蓄的话。所以,这一章应当是孔子不满周朝以"栗"为社主的做法——这与他所提倡的德治完全是南辕北辙。

3.22

　　子曰:"管仲①之器小哉!"或曰:"管仲俭乎?"曰:"管氏有三归②,官事不摄③,焉得俭?""然则管仲知礼乎?"曰:"邦君树塞门④,管氏亦树塞门;邦君为两君之好有反坫(diàn)⑤,管氏亦有反坫。管氏而知礼,孰不知礼?"

注释

　　①管仲:姓管,名夷吾,春秋时期齐桓公的宰相,辅佐齐桓公称霸诸侯。②三归:说法不一,但都说明管仲的个人生活非常奢侈。③摄:兼任。④树塞门:树,树立。塞门,相当于屏风、照壁等。⑤反坫:献酬饮之后,将酒杯放回坫上。

译文

孔子说："管仲这个人的器量太小了！"有人说："管仲节俭吗？"孔子说："他有权收取市租，每个官员都不兼职造成冗员太多，这怎么谈得上节俭呢？"那人又问："那么管仲懂得礼吗？"孔子说："国君在大门口设立照壁，管仲也在大门口设立照壁。国君设宴招待外国君主时，在堂上有放空酒杯的台子，管仲也有这样的台子。如果说管仲知道礼，那还有谁不懂礼呢？"

古注

苏轼注："自修身正家以及于国，则其本深，其及者远，是谓大器。扬雄所谓'大器犹规矩准绳'，先自治而后治人者是也。管仲三归反坫，桓公内嬖六人，而霸天下，其本固已浅矣。管仲死，桓公薨，天下不复宗齐。"

今论

李泽厚《论语今读》："孔子批评管仲不懂'礼'，却称许管仲'仁'（见14.16、17），肯定大于否定。不仅可见'仁'高于'礼'，而且造福于民的功业大德高于某些行为细节和个人小德。这与宋明理学以来品评人物偏重个人私德的标准尺度很不一样。"

阅典笔记

也许管仲只是因为崇拜君王而效仿呢？

3.23

子语 (yù)①鲁大 (tài) 师②乐 (yuè)，曰："乐 (yuè) 其可知也：始作，翕 (xī)③如也；从 (zòng)④之，纯如也，皦 (jiǎo)⑤如也，绎 (yì)⑥如也，以成。"

注释

①语：告诉。②大师：乐官之长。大，通"太"。③翕：合、聚、协调。④从：通"纵"，放纵、展开。⑤皦：明晰。⑥绎：连续不断。

译文

孔子告诉鲁国太师关于演奏音乐的道理，说："奏乐的原理是可以知道的：开始演奏，各种乐器合奏，声音繁美；继续展开下去，悠扬悦耳，节奏分明，连绵不绝，如此直至曲终。"

中国的文化，是一种独具韵味的文化，这直接体现在我们的诗词歌赋上。而诗歌的发展，离不开音乐的发展。今天我们读到的诗歌，在当时都有古乐相配。

3.24

仪封人①请见，曰："君子之至于斯也，吾未尝不得见也。"从者见之。出，曰："二三子何患于丧②乎？天下之无道也久矣，天将以夫子为木铎 (duó)③。"

注 释

①仪封人：仪，地名，在今河南兰考县境内。封人，镇守边疆的官。②丧：失去，这里指失去官职。③木铎：木舌的铜铃。古代天子发布政令时摇它以召集大家来听。

译 文

仪地的边疆守官请求见孔子，他说："凡是君子到这里来，我从没有见不到的。"孔子的随从学生引他去见了孔子。他见孔子后出来说："你们几位何必为丢掉官位而发愁呢？天下无道已经很久了，上天将起用孔子来教化天下。"

今 论

南怀瑾《论语别裁》："这是对孔子从事人文文化教育的赞叹，所以也放在讲文化精神的《八佾》篇中。画龙点睛，别有用意。"

阅典笔记

想要用一人之力来改变一个世道，是不可能的。

3.25

子谓《韶》①："尽美②矣，又尽善③也。"谓《武》④："尽美矣，未尽善也。"

注 释

①《韶》：相传古代歌颂虞舜的乐舞。②美：指乐曲的音调、舞蹈的形式非常美妙。③善：指乐舞的思想内容完善。④《武》：相传是歌颂周武王的乐舞。

译 文

孔子评价《韶》乐，说："音律与舞蹈太美了，内容也非常好。"评价《武》乐，说："音律与舞蹈太美了，但内容却差一些。"

今 论

李零《丧家狗》："孔子说，《韶》才是尽善尽美，《武》虽好听，并不完美。尽善尽美，现在是成语。孔子为什么这样讲，前人说，那是因为舜是凭禅让取天下，武王是靠征伐取天下，暴力总是令人遗憾。"

李泽厚《论语今读》："后世许多'助人伦，美教化'的文艺作品，包括理学家们的诗文，宣扬道德，暗寓天人，却大都是失败之作。善则善矣，未必美也。"

阅典笔记

当诗文音乐已经"尽美"时，孔子有了更高的要求——"尽善"。用今天的话说，就是"以新鲜活泼的、为中国老百姓所喜闻乐见的"方式来实现教化。不过，并不是每一个教化者都具有孔子的艺术造诣，"善则善矣，未必美也"。

3.26

子曰："居上不宽，为礼不敬，临丧不哀，吾何以观之哉？"

译 文

孔子说："居于执政地位的人，不能宽厚待人，行礼的时候不严肃，吊丧时也不悲哀，这种情况我怎么看得下去呢？"

古 注

朱熹注："居上主于爱人，故以宽为本。为礼以敬为本，临丧以哀为本。既无其本，则以何者而观其所行之得失哉？"

今 论

南怀瑾《论语别裁》:"孔子提出来这三点,有感于当时春秋时候的社会风气那么坏,孔子讲这些话,都是开药方。当时有这种坏风气,他就开出医治的方法。所以他说像这个样子的社会,就没有什么可看了,这是感叹当时文化思想的衰落。实际上我们看历史,每到衰乱的时候,都有这种情形,岂止春秋战国而已呢!"

阅典笔记

孔子说做官,其实往往是一些做人的基本准则;如果连人都做不好,那么就不要做官了。然而,做人尚且不易,更何况做官呢?

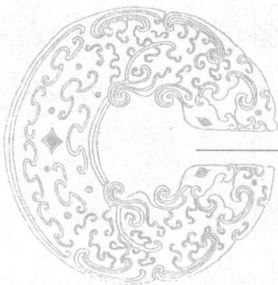

里仁篇

第四

本篇包括 26 章，主要内容涉及义与利的关系问题、个人的道德修养问题、孝敬父母的问题以及君子与小人的区别。这一篇包括了儒家的若干重要范畴、原则和理论，对后世都产生过较大影响。

4.1

子曰："里①仁为美，择不处 (chǔ)②仁，焉得知 (zhì)③？"

注 释

①里：居处。②处：居住。③知：通"智"，智慧、明智。

译 文

孔子说："居住在仁德之地为好。如果选择的住处不在仁德之地，怎么能说你是明智的呢？"

今 论

南怀瑾《论语别裁》："'里仁为美'意思是我们真正学问安顿的处所，要以仁为标准，达到仁的境界，也就是学问到了真善美的境界。'择不处仁'的意思是我们学问、修养，没有达到处在仁的境界，不算是智慧的成就，这是第一原则。"

阅典笔记

即使是身处误会之中，也可出淤泥而不染。

4.2

子曰："不仁者，不可以久处约①，不可以长处乐。仁者安仁②，知(zhì)者利仁。"

注释

①约：穷困、困窘。②安仁、利仁：安仁是安于仁道；利仁，认为仁有利自己才去行仁。

译文

孔子说："没仁德的人，不可能长期过简朴生活，也不可能长久享受安乐。有仁德的人安于仁道的，有智慧的人从仁中取利。"

今论

李零《丧家狗》："仁者不动如山，安于仁；智者长流似水，利于仁。孔子说的境界，没准是饿着肚子而文思泉涌吧。"

阅典笔记

有些人是不会安贫乐道的，在失意时就要剑走偏锋，甚至铤而走险，做出反社会的行为，这叫"人渣"；而当他们得意时，又往往自我膨胀，挥霍无度，目中无人，这叫"暴发户"。

4.3

子曰："唯仁者能好(hào)人，能恶(wù)人。"

译文

孔子说："只有有仁德的人，才能爱人和恨人。"

古注

游酢注："好善而恶恶，天下之同情，然人每失其正者，心有所系而不能自克也。惟仁者无私心，所以能好恶也。"

今论

李零《丧家狗》："仁者以仁为标准，好恶以此定。其所好之人是仁人（或近仁之人），所恶之人是不仁之人。"

阅典笔记

没有仁德的人，即使是对自己，也不是真正的爱。

4.4

子曰："苟志于仁矣，无恶也。"

译文

孔子说："如果一个人立志于修行仁德，他就不会做坏事了。"

古注

杨时注："苟志于仁，未必无过举也，然而为恶则无矣。"

今论

南怀瑾《论语别裁》："与上面的话连接起来就懂了。他这句话的意思是说，一个人真有了仁的修养，就不会特别讨厌别人了，……所以说一个真正有忠于仁的人，看天下没有一个人是可恶的，对好的爱护他，对坏的也要怜悯他、慈悲他、感化他。"

阅典笔记

信仰，是不允许一些污邪的东西侮辱了的。

4.5

子曰："富与贵，是人之所欲也，不以其道得之，不处也。贫与贱，是人之所恶（wù）也，不以其道得之，不去也。君子去仁，恶（wū）乎①成名？君子无终食之间违仁，造次②必于是，颠沛必于是。"

注释

①恶乎：于何处。②造次：仓促，急遽。

译文

孔子说："富有和尊贵，是人人都想得到的，但如果不用正当的方法得到它，君子是不安于这种富贵的。贫穷与低贱，是人人都厌恶的，但如果不用正当

的方法去摆脱它，君子是不会这样去摆脱的。君子离开了仁德，又怎么能叫君子呢？君子不会在哪怕一顿饭的时间内背离仁德，即使在仓促紧急的时候也一定遵循仁德，在颠沛流离的时候也一定会遵循仁德。"

古注

朱熹注："盖君子之不去乎仁如此，不但富贵、贫贱、取舍之间而已也。言君子为仁，自富贵、贫贱、取舍之间，以至于终食、造次、颠沛之顷，无时无处而不用其力也。然取舍之分明，然后存养之功密；存养之功密，则其取舍之分益明矣。"

今论

南怀瑾《论语别裁》："得意的时候，要依仗"仁"而成功，失败了，也要依靠'仁'而安稳。"

李零《丧家狗》："孔子的意思是，不管怎么忙忙叨叨，怎么焦头烂额，都不可离开仁，哪怕一时一刻。离开仁，君子就没法出名了。"

阅典笔记

君子，并不是由财富区分的。即使是贫穷的人，也可以拥有一身浩然正气。

◎ 职司乘田

4.6

子曰："我未见好(hào)仁者、恶(wù)不仁者。好(hào)仁者，无以尚之；恶(wù)不仁者，其为仁矣，不使不仁者加乎其身。有能一日用其力于仁矣乎？我未见力不足者。盖有之矣，我未之见也。"

译文

孔子说："我没有见过喜好仁德的人，也没有见过厌恶不仁的人。喜好仁德的人，没有比这再好的了；厌恶不仁的人，在实行仁德的时候，不让不仁德的因素出现在自己身上。有谁能在一天之内尽力修行仁德呢？我还没有看见过想修行仁德却力不从心的人。也许有这样的人吧，可是我没有见过。"

今论

南怀瑾《论语别裁》："一个仁者，看到一个不仁者，应该是同情他、怜悯他，想办法怎样把他改变过来，这是真正仁者的用心。我们讲道德，别人不讲道德，我们就非常讨厌他，那么我们是同样以'不仁'的心理对付人家，我们这个仁还是不真。"

阅典笔记

如果真的是心想做什么事都能力从的话，人生该有多么美好。

4.7

子曰："人之过也，各于其党。观过，斯知仁矣。"

译文

孔子说："人们的错误，总是与他同类的人所犯错误性质是一样的。考察一个人所犯的错误，就可以知道他是什么样的人了。"

古注

何晏注："观过，使贤愚各当其所，则为仁矣。"

今论

李零《丧家狗》："我们常说，真理面前人人平等，其实，错误面前也是人人平等。错误有高级、低级之分吗？是不是大人物犯的都是高级错误，小人物犯的都是低级错误？我说不是。"

阅典笔记

可怕的不是犯错，而是没有改错的态度。

4.8

子曰："朝闻道，夕死可矣。"

译 文

孔子说："早晨领悟了真理，当天晚上死去也心甘。"

阅典笔记

活着，你会发现更多的真理。

4.9

子曰："士志于道，而耻恶(wù)衣恶(wù)食者，未足与议也。"

译 文

孔子说："士有志于德行修为，但又以自己穿破衣、吃粗粮而感到耻辱，对这种人，是不值得与他共商大计的。"

今 论

李零《丧家狗》："吃苦，很多人能做到，特别是待在穷乡僻壤，从没见过钱的人。人最怕的，其实还不是穷，而是人比人。人比人，气死人。谁能经受这种考验，才是真君子。"

阅典笔记

成大事的人，必然是经得住寂寞的人。冷板凳坐久了，也会坐热的。更何况，大多数时候，我们并没有坐在冷板凳上。

4.10

子曰："君子之于天下也，无适①也，无莫②也，义③之与比④。"

注释

①适：可以。②莫：不可。③义：适宜。④比：靠近。

译文

孔子说："君子对于天下的人和事，没有必须怎样的想法，也没有必不能怎样的想法，一切都以道义为依据。"

古注

谢良佐注："适，可也。莫，不可也。无可无不可，苟无道以主之，不几于猖狂自恣乎？此佛老之学，所以自谓心无所住而能应变，而卒得罪于圣人也。圣人之学不然，于无可无不可之间，有义存焉。然则君子之心，果有所倚乎？"

阅典笔记

"一千个读者，就有一千个哈姆雷特。"只要不违背道义违反法律，就请尽情地挥洒人生吧！

4.11

子曰："君子怀德，小人怀土；君子怀刑，小人怀惠。"

译文

孔子说："君子思念的是道德，小人思念的是乡土；君子关心的是法度，小人关心的是恩惠。"

古注

朱熹注："君子小人趣向不同，公私之间而已。"

今论

李零《丧家狗》："孔子主张以德治国，以礼治国，理想归理想，现实归现实，和柏拉图一样，他也离不开政刑。"

阅典笔记

君子也会有常人的思乡之情，也会感谢恩惠的。

4.12

子曰："放 (fǎng)①于利而行，多怨②。"

注 释

①放：依据。②多怨：多被别人所怨恨。

译 文

孔子说："依据个人利益而肆意妄为，必会招致更多的怨恨。"

阅典笔记

人并非独居动物，若每个人都只顾及个人，那么，必将国不成国，家不成家。

4.13

子曰："能以礼让为国乎？何有①！不能以礼让为国，如礼何②！"

注 释

①何有：有什么难的。②如礼何：怎么对待礼。

译 文

孔子说："用礼来治理国家，有什么难的呢？不能用礼来治理国家，又怎么对待礼呢？"

古 注

朱熹注："有礼之实以为国，则何难之有。不然，则其礼文虽具，亦且无如之何矣，而况于为国乎？"

今 论

南怀瑾《论语别裁》："中国文化真诚谦虚的精神，是孔子非常赞成的事，他大加赞扬身退之道。尤其他对吴泰伯、伯夷、叔齐等不肯当帝王，最后逃走了的这些人，称扬得不得了。这并不是他鼓励人不要当皇帝，不要搞政治，而是说你有才干的话，就好好干一番，成功了就退隐而不居功。所以孔子在这里感叹，能以礼让为国的人哪里有呢？不以礼让为国，用争夺来的，或用手段起来的，那么文化的精神就不要谈了。"

阅典笔记

想要别人怎么对你，你也要怎么对待别人。治理国家不用礼，怎么能要求他国和百姓以礼相待呢？

4.14

子曰："不患无位，患所以立；不患莫己知，求为可知也。"

译　文

孔子说："不担心自己没有官位，而担心自己没有赖以立身的本领；不担心没有人了解自己，只求自己能够具备让人知晓的本领。"

今　论

李零《丧家狗》："孔子相信，自求多福，凡事不求人，一切反求诸己。所以他说，先求自己有道德、有本事，再去干求禄位；先求自己有值得别人赏识的地方，再求别人赏识。孔子多次讲这类道理。"

阅典笔记

自力更生，艰苦创业。

4.15

子曰："参乎！吾道一以贯之。"曾子曰："唯。"子出，门人问曰："何谓也？"曾子曰："夫子之道，忠恕而已矣！"

译　文

孔子说："曾参啊！我讲的道理都有一个中心思想贯穿始终的。"曾子说："是。"孔子出去之后，学生们问曾子："这话是什么意思？"曾子说："老师讲的道理，概括起来就是忠、恕两个字罢了！"

今　论

李零《丧家狗》："'忠'，是尽心诚意，为自守之德；'恕'是尊敬对方，为待人之德。这是'仁'的两个不同侧面。……恕是如其心，将心比心。"

阅典笔记

一个简单的信仰，足以让人奋斗一生。

◎ 曾子（曾参）

4.16

子曰：“君子喻①于义，小人喻于利。”

注释

①喻：明白，懂得。

译文

孔子说：“君子明白大义，小人只知道小利。”

古注

杨时注：“君子有舍生而取义者，以利言之，则人之所欲无甚于生，所恶无甚于死，孰肯舍生而取义哉？其所喻者义而已，不知利之为利故也，小人反是。”

今论

李零《丧家狗》：“小人说，拿钱来，甭废话，跟他讲义没用。”

阅典笔记

君子的精力不必浪费在真小人身上。

4.17

子曰：“见贤思齐焉，见不贤而内自省（xǐng）也。”

译文

孔子说：“见到贤人就应该向他看齐，见到不好的人就应该自我反省是否和他有一样的行为。”

古注

胡安国注：“见人之善恶不同，而无不反诸身者，则不徒美人而甘自弃，不徒责人而忘自责矣。”

阅典笔记

唐太宗说：“以铜为鉴，可以正衣冠；以史为鉴，可以知兴替；以人为鉴，可以明得失。”孔子虽然有一种“走自己的路，让别人说去吧”的精神，但并不偏执。他非常重视通过“以人为鉴”来“明得失”。

4.18

子曰："事父母，几 (jī) 谏，见志不从，又敬不违，劳而不怨。"

译文

孔子说："侍奉父母，对他们的过错稍加规劝。看到自己的劝谏父母没有采纳，仍然要对他们恭恭敬敬，并不违抗，对他们心怀担忧但不怨恨。"

今论

南怀瑾《论语别裁》："因为你是我父母，你要犯法，我也没有办法，但是我要告诉你，这是不对的。你是我的父母，我明知道跟去了这条命可能送掉，因为我是你的儿子，只好为你送命，不过我还是要告诉你，这样是不对的。这种孝道的精神，也并不是说父母一定会不对，只是说如有不对的地方，要温和地劝导，即使反抗也要有个限度。总之，父母有不对的地方，应该把道理明白地告诉他，可是自己是父母所生的，所养育的，必要时只好为父母牺牲，就是这个原则。"

阅典笔记

孔子这么说其实也可以理解，毕竟父母和子女之间的关系非同一般。奇怪的是，中国人在观念上，对此大多比较认同，可是实践起来，无论是制度，还是行为，个个大义灭亲，大义凛然。

4.19

子曰："父母在，不远游，游必有方。"

译文

孔子说："父母在世，不去远方游历；如果不得已要出远门，一定要有方向。"

今论

杨伯峻："古代交通不便，又没有私人通信的设备，同时儒又把'养亲'、'慎终'看做大事，自然要主张'父母在，不远游'。"

阅典笔记

只要记得父母，记得要常回家看看。

4.20

子曰："三年无改于父之道，可谓孝矣。"

参见 1.11 章。

4.21

子曰："父母之年，不可不知也；一则以喜，一则以惧。"

译文

孔子说："父母的年纪，不可不铭记于心。一方面为他们的高寿而高兴，另一方面又为他们的年迈体衰而忧惧。"

阅典笔记

父母几乎都记得自己子女的生日。可是反过来，子女记得自己父母的生日吗？

4.22

子曰："古者言之不出，耻躬之不逮 (dài) 也。"

译文

孔子说："古时候，人们不轻易把话说出口，因为他们怕自己做不到而感到可耻。"

古注

范祖禹注："君子之于言也，不得已而后出之，非言之难，而行之难也。人惟其不行也，是以轻言之。言之如其所行，行之如其所言，则出诸其口必不易矣。"

今论

南怀瑾《论语别裁》："我们历史上有句话——'重然诺'，这就是说不肯轻易地答应一句话，答应了一定要做得到。我们又在历史上看到'轻诺则寡信'的相反词，这是说随便答应一件事的人，往往不能兑现守信，所以孔子指出了这个道理。"

阅典笔记

轻易承诺的人不容易遵守诺言。

4.23

子曰："以约失之者，鲜(xiǎn)矣！"

译文

孔子说："用礼来约束自己而再犯错误的人，是很少见的！"

今论

李零《丧家狗》："古书中的约字还有口头约定的意思。这话也许是承接上文，谓古君子慎言，决不轻易讲话，唯恐自己做不到，可是一旦承诺，就要做到，失约的事绝少。"

南怀瑾《论语别裁》："谨慎的人，过失比较少；放荡的人，容易犯错；讲话随便的人就容易失信。"

阅典笔记

没有人可以保证不犯错，重要的是知错能改。

4.24

子曰："君子欲讷(nè)于言，而敏于行。"

译文

孔子说："君子说话要谨慎，而行动要敏捷。"

今论

李零《丧家狗》："子慎言，唯恐说了做不到，所以这样强调。他讨厌巧言令色的人，说，'刚、毅、木、讷，近仁'（《子路》13.27）。"

南怀瑾《论语别裁》："……先做后说，不要光吹而不做。"

阅典笔记

三思而后行。

4.25

子曰："德不孤，必有邻。"

译文

孔子说："有道德的人不会孤单，一定会有志同道合的人与他相处。"

今论

钱穆《论语新解》："有德之人纵处衰乱之世，亦不孤立，必有同声相应、同气相求之邻，如孔子之有七十二弟子。"

阅典笔记

世人皆醉唯我独醒的滋味是相当不好受的。有的人随波逐流，有的人怀疑到底是世人皆醉还是唯我独醒。其实真理往往掌握在少数人手中，能够保持清醒坚持到最后的人并不多。认准自己是正确的，就一路走下去吧！

4.26

子游曰："事君数 (shuò)①，斯辱矣；朋友数，斯疏矣。"

注释

①数：屡次、多次，引申为烦琐。

译文

子游说："侍奉君主太过烦琐，就会受到侮辱；对待朋友太烦琐，就会被疏远了。"

古注

胡安国注："事君谏不行，则当去；导友善不纳，则当止。至于烦渎，则言者轻，听者厌矣。是以求荣而反辱，求亲而反疏也。"

今论

李零《丧家狗》："子游讲的道理很对，跟领导套近乎，走动太多，领导烦，自讨没趣；就是朋友，天天往一块儿凑，也招人讨厌，日久天长，反而疏远。我们中国，人口密度大，法律约束、道德约束少，小人堆，是非窝，凑一块儿就掐，何苦！大家还是保持距离，少接触好。"

阅典笔记

朋友，就是可以让你麻烦他的人。

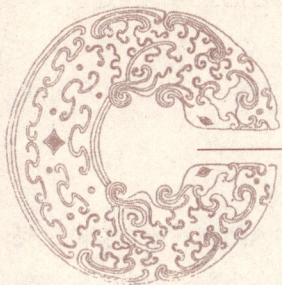

公冶长篇

第五

本篇共计 28 章，内容以谈论仁德为主。在本篇里，孔子和他的弟子们从各个侧面探讨仁德的特征。此外，本篇著名的句子有"朽木不可雕也，粪土之墙不可杇也"、"听其言而观其行"、"敏而好学，不耻下问"、"三思而后行"等。这些思想对后世产生了重大影响。

5.1

子谓公冶 (yě) 长①："可妻 (qì)②也。虽在缧 (léi) 绁 (xiè)③之中，非其罪也。"以其子妻之。"

注释

①公冶长：孔子的弟子，姓公冶，名芝，字子长。②妻：嫁。③缧绁：捆绑犯人用的绳索，这里指牢狱。

译文

孔子评价公冶长说："可以把女儿嫁给他。他虽然坐过牢，但那不是他的过错。"于是，孔子就把自己的女儿嫁给了他。

古注

程颐注："此以己之私心窥圣人也。凡人避嫌者，皆内不足也，圣人自至公，何避嫌之有？况嫁女必量其才而求配，尤不当有所避也。若孔子之事，则其年之长幼、时之先后皆不可知，惟以为避嫌则大不可。避嫌之事，贤者且不为，况圣人乎？"

今 论

南怀瑾《论语别裁》："究竟公冶长为什么被关在牢里？就不知道了。但是孔子认为公冶长坐牢，不是罪有应得，因此孔子把自己的女儿嫁给他。由这件事看来，我们可以知道孔子的为人，绝对不是要选一个有财、有势或有学位的人，才把女儿嫁给他。"

阅典笔记

在孔子看来，坐不坐牢是一个形式，形式无碍于实质。公冶长虽然坐过牢，但是坐牢本身并不是他罪有应得，而是另有其因。看一个人，关键是看他的本质，看他的内心，看他由此所支配的行动。

5.2

子谓南容①："邦有道，不废；邦无道，免于刑戮 (lù)。"以其兄之子妻之。

注 释

①南容：孔子弟子，姓南宫，名适（kuò），字子容。

译 文

孔子评价南容说："国家有道时，他总有官做，不会被弃用；国家混乱时，他也可以免去刑戮。"于是，把自己的侄女嫁给了他。

今 论

李零《丧家狗》："孔子为什么喜欢南容，这跟他的生活哲学有关，他是不主张玩命的。孔子认为，身体发肤，受之父母，当儿女的有义务保管好这批礼物，自己死了、残废了，不要紧，让父母难过伤心，不得了，那是有悖于孝道的。"

阅典笔记

进能安国，退能自守，才是真正难能可贵之人。

5.3

子谓子贱①："君子哉若人！鲁无君子者，斯焉取斯？"

①子贱：孔子弟子，姓宓(mì)名不齐，字子贱。

译 文

孔子评价子贱说："这个人真是个君子呀！如果鲁国没有君子的话，他是从哪里学到这么好的品德呢？"

今 论

南怀瑾《论语别裁》："在此隐约透露出：第一，文化精神教育的目的，是在于培养承先启后的继起人才。第二，注意奖励后起之秀，导之使他发扬光大。"

阅典笔记

环境育人。

5.4

子贡问曰："赐也何如？"子曰："女(rǔ)①，器也。"曰："何器也？"曰："瑚琏(liǎn)②也。"

注 释

①女：通"汝"，你。②瑚琏：古代祭祀时盛粮食用的器具，相当贵重。这里用来比喻子贡是可以重用的人才。

译 文

子贡问孔子："我这个人怎么样？"孔子说："你呀，好比一个器皿。"子贡又问："是什么器皿呢？"孔子说："是宗庙祭祀时用来盛粮食的瑚琏。"

古 注

朱熹注："子贡见孔子以君子许子贱，故以己为问，而孔子告之以此。然则子贡虽未至于不器，其亦器之贵者欤？"

今 论

李零《丧家狗》："孔子说'君子不器'（《为政》2.12），即君子不以技能为目标，而以道德为目标。孔门四科，德行（道德）、言语（外交）、政事（内政）、

文学（人文学术），孔子认为，德行最重要，言语其次，政事又其次，文学最后。没有道德或道德不高，只能算'器'，还没达到'道'的标准。子贡很能干，长于言语，擅长外交和经商，他问孔子，我怎么样？意思是想得到夸奖，孔子说你只是器，子贡问什么器，孔子说瑚琏呗。瑚琏是重器，但不是最重要的器。"

阅典笔记

公平而言，孔门诸弟子中，最成功的是子贡。孔子把子贡比作重器，以称赞他的能力与功绩。但是，归根结底，子贡只是"器"而已，所谓"君子不器"，子贡距离君子，还差得远。孔子有点过于严格。子贡的品行还是很好的，而且是通才，出能救国，归能致富，可谓德才兼备。这样的人，不做君子也罢。

∽ 5.5 ∽

或曰："雍①也仁而不佞 (nìng)。"子曰："焉用佞？御人以口给(jǐ)②，屡憎于人。不知其仁，焉用佞？"

注释

①雍：孔子的弟子，姓冉，名雍，字仲弓。②口给：伶牙俐齿。

译文

有人说："冉雍这个人有仁德，但不善辩。"孔子说："何必要能言善辩呢？靠伶牙俐齿来对付别人，常常招致别人的讨厌。我不知道这样的人是不是称得上仁，但何必要能言善辩呢？"

古注

朱熹注："仲弓为人重厚简默，而时人以佞为贤，故美其优于德，而病其短于才也。"

今论

李泽厚《论语今读》："又一次讲孔子憎恶'佞'，即好说话、说好话。大概当时也是侃风一片，空话太多了吧？"

只会逞口舌之快是不行的，但只会做事也是不行的。

5.6

子使漆雕开①仕。对曰：“吾斯之未能信。”子说 (yuè)②。

注 释

①漆雕开：孔子弟子，姓漆雕，名开，字子开，一说字子若。②说：通“悦”。

译 文

孔子让漆雕开去做官。漆雕开回答说：“我对做官这件事还没有信心。”孔子听了很高兴。

今 论

李零《丧家狗》：“古代制造业经常使用劳改犯。此人受过刑，是残疾人（《墨子·非儒下》）。孔门弟子有手工业者、劳改犯和残疾人。古代歧视工商，工商不能做官，孔子让漆雕开做官，比较值得注意。”

阅典笔记

知其可以为而为之，知其不可为而即止，不必误人劳己。

5.7

子曰：“道不行，乘桴 (fú)①浮于海，从我者，其由与！”子路闻之喜。子曰：“由也好勇过我，无所取材。”

注 释

①桴：用来过河的筏子。

译 文

孔子说：“如果我的主张行不通，我就乘坐小木筏到海外漂流。能跟从我的人，大概只有仲由吧！”子路听到这话很高兴。孔子说：“仲由的勇猛超过了我，只是没有什么其他可取的才能。”

古 注

程颐注："浮海之叹，伤天下之无贤君也。子路勇于义，故谓其能从己，皆假设之言耳。子路以为实然，而喜夫子之与己，故夫子美其勇，而讥其不能裁度事理，以适于义也。"

阅典笔记

思想之所以称为思想，是因为它可以一代一代传下去。不到四百年，孔子最著名的两个"弟子"出现了，一个叫刘彻，一个叫董仲舒，虽然他们的"罢黜百家，独尊儒术"与孔子的思想已经相去甚远。

5.8

孟武伯问："子路仁乎？"子曰："不知也。"又问。子曰："由也，千乘（shèng）之国，可使治其赋①也。不知其仁也。""求也何如？"子曰："求也，千室之邑（yì），百乘（shèng）之家，可使为之宰也。不知其仁也。""赤②也何如？"子曰："赤也，束带立于朝，可使与宾客言也。不知其仁也。"

注 释

①赋：向居民征收的军事费用。②赤：孔子的弟子，姓公西，名赤，字子华。

译 文

孟武伯问孔子："子路算不算有仁德？"孔子说："我不知道。"孟武伯又问了一遍。孔子说："仲由嘛，在拥有一千辆兵车的国家，可以让他征收军事费用，但我不知道他是不是做到了仁。"孟武伯又问："冉求怎么样？"孔子说："冉求嘛，可以让他在一个有千户人家的大邑或有一百辆兵车的采邑当总管，但我不知道他是不是做到了仁。"孟武伯又问："公西赤怎么样？"孔子说："公西赤嘛，可以让他穿着礼服，站在朝廷上，接待贵宾，我不知道他是不是做到了仁。"

古 注

康有为注："三子之于仁，盖已甚深，但仁道至大，孔子犹言岂敢。一息之违，即已非仁，孔子不言三子非仁，而但言不如，盖许其深信者，而逊言其未纯至者欤？"

阅典笔记

孔子虽然没有说他们仁不仁，却借此机会，直接把几个人的优点全说出来了，甚至连每个人适合干什么都说出来了。这样的推荐方式，比跟孟武伯谈论谁仁德谁不仁德有用得多。

5.9

子谓子贡曰："女 (rǔ)①与回也孰愈②？"对曰："赐也何敢望③回？回也闻一以知十，赐也闻一以知二。"子曰："弗 (fú) 如也！吾与 (yù)④女 (rǔ) 弗如也。"

注释

①女：通"汝"，你。②愈：胜过。③望：比。④与：赞同。

译文

孔子问子贡："你和颜回两个相比，谁更优秀？"子贡回答说："我怎么敢和颜回相比呢？颜回他听到一件事，就可以推知十件事；而我知道一件事，只能推知两件事。"孔子说："是不如他啊！我同意你说的看法，是不如他。"

今论

李零《丧家狗》："我们读这一段，自然会问，颜回这么高明，他算是仁者吗？孔子没说，不便推测。但有一点可以肯定，如果他都不是，孔门之中，也就没人是了。"

阅典笔记

承认不如人也是需要很大的勇气，但并不会因此低人一等。

5.10

宰予昼寝。子曰："朽木不可雕也，粪土①之墙不可杇 (wū)②也，于予与何诛③？"子曰："始吾于人也，听其言而信其行；今吾于人也，听其言而观其行。于予与改是。"

注 释

①粪土：脏土。②杇：这里指用抹子粉刷墙壁。③诛：批评。

译 文

宰予白天睡觉。孔子说："腐朽的木头无法雕刻，粪土垒的墙无法粉刷。对于宰予而言，责备还有什么用呢？"又说："起初我对于别人，听了他说的话便相信他的行为；现在我对于别人，听了他讲的话还要考察他的行为。由于宰予，我改变了观察人的方法。"

古 注

康有为注："宰予能言，而行不逮，故孔子自言，于予之事而改观人之法，所以深警群弟子之谨言敏行也。昼寝小过，而圣人深责如此，可见圣门教规之严。《易》贵自强不息，盖昏沉为神明之大害，故圣人尤以垂戒也。"

今 论

李零《丧家狗》："孔子骂宰予，主要原因，还不是他白天睡觉，而是他言行不一，说话不算话。"

阅典笔记

朽木也是可以生木耳的。

5.11

子曰："吾未见刚者！"或对曰："申枨 (chéng)①。"子曰："枨也欲②，焉得刚？"

注 释

①申枨：孔子弟子，姓申，名枨，字周。②欲：贪欲。

译 文

孔子说："我没见过刚正不屈的人。"有人回答说："申枨是这样的人。"孔子说："申枨贪欲太大，怎么能刚正不屈呢？"

今 论

南怀瑾《论语别裁》："要注意这个'刚'字，脾气大不算刚，那是脾气大。刚的人是方正，并不一定脾气大，普通讲这个人很别扭，高帽子戴不上，骂他也不改变，这差不多有点像刚，但还要看他的品德、智慧、修养。"

阅典笔记

无欲则刚，但是谁的心中没有一块柔软的地方。

5.12

子贡曰："我不欲人之加诸我也，吾亦欲无加诸人。"子曰："赐也，非尔所及也。"

译文

子贡说："我不愿别人把事情和观点强加在我身上，也不愿把这些强加在别人身上。"孔子说："端木赐呀，这就不是你所能做到的了。"

今论

李零《丧家狗》："这里，子贡的话也是讲恕道。它分两句：第一句，'我不欲人之加诸我也'，是刚毅；第二句，'吾亦欲无加诸人'，则是恕道。这两条，都是接近于仁的高尚道德。子贡的话，我喜欢。但孔子说，子贡，这可不是你能达到的，可见很难做到。子贡反对强加于人：别人欺负我，不行；我欺负人，也不行。"

阅典笔记

子贡说了两点，但是哪一点都很难做到。没有人喜欢被别人整天指使，但完全不被人强迫去做什么事情，这是不可能的，你不能指望每个人都有"己所不欲，勿施于人"的境界。所以，知道了被别人强迫是很不开心的事情，自己也就尽量不要去强迫别人。

5.13

子贡曰："夫子之文章，可得而闻也；夫子之言性与天道，不可得而闻也。"

译文

子贡说："老师讲授的典籍知识，我们依靠耳闻是能够学到的；老师讲授的人性和天道的理论，我们依靠耳闻却学不到。"

古 注

朱熹注："夫子之文章，日见乎外，固学者所共闻；至于性与天道，则夫子罕言之，而学者有不得闻者。盖圣门教不躐等，子贡至是始得闻之，而叹其美也。"

今 论

李零《丧家狗》："过去，大家说，儒家不关心天道、性命，道家才关心。郭店楚简发现后，大家又说，孔子也讲天道、性命，但孔子讲的天道、性命到底是什么，还是值得讨论的问题，和后来的道家比较，区别很明显。他讲天道，主要不是天，而是做官的运气；讲性命，也不是身体，而是人性的本质和人性的改造。"

阅典笔记

读万卷书——学习前人的智慧，行万里路——知人性解天道。

꧁ 5.14 ꧂

子路有闻，未之能行，唯恐有 (yòu) 闻。

译 文

子路听到一个道理，但未能亲自实行时，生怕又听到新的道理。

今 论

李泽厚《论语今读》："生动表述了子路的急切正直、勇于实践的性格。"

阅典笔记

人世间的道理很多，我们不能一一实践；人世间的道理很少，只要我们能融会贯通。

꧁ 5.15 ꧂

子贡问曰："孔文子①何以谓之'文'也？"子曰："敏而好学，不耻下问，是以谓之'文'也。"

注 释

①孔文子：卫国大夫，姓孔，名圉 (yǔ)。

译文

子贡问道："孔文子的谥号为什么是'文'呢？"孔子说："他勤勉而好学，不以向比他地位卑下的人请教为耻，所以给他的谥号是'文'。"

古注

苏轼注："孔文子使太叔疾出其妻而妻之。疾通于初妻之娣，文子怒，将攻之。访于仲尼，仲尼不对，命驾而行。疾奔宋，文子使疾弟遗室孔姞。其为人如此而谥曰文，此子贡之所以疑而问也。孔子不没其善，言能如此，亦足以为文矣，非经天纬地之文也。"

今论

李泽厚《论语今读》："'下问'的'下'可以指地位、身份、知识不如自己的人。'不耻下问'一句已成成语，这也就是'不知为不知'的原则：不掩盖自己，不怕因丢面子丢身份而不问，这才是一种真正的文采，实乃一种美好的心理和习惯。像这种问答，至今仍然有用。"

阅典笔记

文，是平等，而不是高高在上的。

5.16

子谓子产①："有君子之道四焉：其行己②也恭，其事上也敬，其养民也惠，其使民也义。"

注释

①子产：姓公孙，名侨，字子产。郑国贤相，他执政期间推行改革，使郑国兴盛。②行己：自我修养。

译文

孔子评价子产说："他具备君子的四种道德：自我修养严肃认真，侍奉君主谨慎恪敬，教养百姓多有恩惠，征用民力合乎道义。"

今论

南怀瑾《论语别裁》："这四点长处并不仅是政治家才应该具备，而我们不是政治家就用不着，没有这种事。如果我们拿这四点来做人处世，就已经成功了一半，所谓君子之道，大有可望了。"

阅典笔记

　　子产在郑国执政 22 年，其时，晋、楚两国争强，战乱不息。郑国地处要塞，而周旋于这两大国之间，子产却能不低声下气，也不妄自尊大，使国家得到尊敬和安全，的确是中国古代一位杰出的政治家和外交家。

5.17

　　子曰："晏（yàn）平仲①善与人交，久而敬之。"

注 释

　　①晏平仲：齐国大夫，姓晏，名婴，字仲，平为谥号。

译 文

　　孔子说："晏婴善于交朋友，相处越久，别人越尊敬他。"

古 注

　　郑玄注："敬故，不慢旧也。晏平仲久而敬之。"

今 论

　　李泽厚《论语今读》："交朋友而能长久保持友谊，并非易事。常见的是：因太亲近反而刹那间反目成仇，太疏远又逐渐关系全失。古话说'君子之交淡如水'，虽淡如水，却品之有味，也大概只有靠虽极友好，却长期相互尊重和恭敬才能做到。"

阅典笔记

　　朋友不在乎多，而在乎深，日久见人心。

5.18

　　子曰："臧（zāng）文仲①居蔡②，山节藻（zǎo）梲（zhuō）③，何如其知（zhì）也！"

注 释

　　①臧文仲：鲁国大夫，姓臧孙，名辰。孔子指责他不守周礼。②蔡：国君用以占卜的大龟。③山节藻梲：把斗拱雕成山形，在梲上绘以水草花纹。

这是古时装饰天子宗庙的做法。山，雕刻为山。节，柱上的斗拱。藻，画藻（水草）作为装饰。棁，房梁上的短柱。

译文

孔子说："臧文仲藏了一只大龟，藏龟的屋子斗拱雕成山形，梁上的短柱画以水草花纹，他怎么能算是有智慧呢？"

今论

南怀瑾《论语别裁》："孔子认为臧文仲做这件事，太不懂事，几乎是近于无知。他相信一个人到了某种地位时，在言行上，一举一动，一句话，都会影响到社会风气。以现代社会而言，如果一个有权位的人家，养一只小狗，给它盖栋小洋房，就未免太过分了。当一个社会艰难困苦的时候，这样做是不应该的，这不能算是智。"

阅典笔记

过度的高调奢侈不是一件聪明的事情。

5.19

子张问曰："令尹(yǐn)子文①三仕为令尹，无喜色；三已之，无愠(yùn)色。旧令尹之政，必以告新令尹。何如？"子曰："忠矣。"曰：

◎ 放鲤知德

"仁矣乎？"曰："未知。焉得仁？""崔子^②弑齐君，陈文子^③有马十乘(shèng)，弃而违^④之，至于他邦，则曰：'犹吾大夫崔子也。'违之。之一邦，则又曰：'犹吾大夫崔子也。'违之，何如？"子曰："清矣。"曰："仁矣乎？"曰："未知，焉得仁？"

注释

①子文：姓斗，名穀於菟（gòuwū tú），字子文，楚国宰相。②崔子：齐国大夫崔杼，曾杀死齐庄公。③陈文子：齐国大夫，名须无。④违：离开。

译文

子张问孔子说："令尹子文多次就任楚国宰相，没有显出高兴的样子；多次被罢免，也没有显出怨恨的样子。他把自己担任宰相时的施政之道，全部告诉给新来接任的宰相。这个人怎么样？"孔子说："可算得是忠臣了。"子张问："算得上仁了吗？"孔子说："不知道。这怎么能算仁呢？"子张又问："崔杼杀了他的君主齐庄公。陈文子家有四十匹马，毅然舍弃齐国。他到了其他国家说：'这里的执政者也和我们齐国的大夫崔杼差不多啊！'于是就离开了。到了另一个国家，他又说：'这里的执政者也和我们齐国的大夫崔杼差不多啊！'于是又离开了。这个人怎么样？"孔子说："可算得上清白。"子张说："算得上仁了吗？"孔子说："不知道。这怎么能算仁呢？"

今论

南怀瑾《论语别裁》："上台终有下台时。爬山的朋友就知道，爬上去时固然很难，下山的时候更危险。因为向上爬很费力很痛苦，一定会小心。走下坡的时候，就满不在乎了，但往往在这时出毛病。我们可以从爬山体会人生。"

阅典笔记

在混沌的世道中，能够做到不同流合污也是难能可贵的一件事。

5.20

季文子^①三思而后行。子闻之，曰："再^②，斯可矣。"

注释

①季文子：即季行父，鲁成公、鲁襄公时任正卿。②再：两次。

译文

季文子每做一件事都考虑多次才行动。孔子听说后道："考虑两次就行了。"

古注

朱熹注："季文子虑事如此，可谓详审，而宜无过举矣。而宣公篡立，文子乃不能讨，反为之使齐而纳赂焉，岂非程子所谓私意起而反惑之验欤？是以君子务穷理而贵果断，不徒多思之为尚。"

今论

李零《丧家狗》："想两遍是什么意思？可能是正面想一遍，反面想一遍，即从有利的方面想一遍，再从不利的方面想一遍。"

南怀瑾《论语别裁》："谨慎是要谨慎，过分谨慎就变成了小器。"

阅典笔记

太过瞻前顾后的犹豫和不经大脑的冲动一样不可取。

〰〰 5.21 〰〰

子曰："宁武子①，邦有道，则知②；邦无道，则愚③。其知可及也，其愚不可及也。"

注释

①宁武子：卫国大夫，姓宁，名俞，"武"是谥号。②知：通"智"，聪明。③愚：这里是装傻的意思。

译文

孔子说："宁武子这个人，当国家政治清明时，他就显得聪明；当国家政治混乱时，他就装傻。他的聪明别人可以做得到，他的装傻别人可就做不到了。"

古注

朱熹注："文公有道，而武子无事可见，此其知之可及也。成公无道，至于失国，而武子周旋其闲，尽心竭力，不避艰险。凡其所处，皆智巧之士所深避而不肯为者，而能卒保其身以济其君，此其愚之不可及也。"

今论

钱穆《论语新解》："本篇皆论古今人物贤否得失，此两章及前论臧文仲、

令尹子文、陈文子，后论伯夷、叔齐及微生高，时人谓其如此，孔子定其不然。微显阐幽，是非分明。此乃大学问所在，学者当潜心玩索。"

阅典笔记

按《左传》的记载，这一时期，卫国因为得罪了晋文公，几乎被晋、宋两国瓜分，卫成公也多次差点被晋国害死，而救主复国者，正是这位装疯卖傻的宁武子。看来孔子所赞赏的，不仅仅是宁武子在朝政昏暗时，装傻充愣以明哲保身的策略，更是他这种在明哲保身之余，暗中力挽狂澜的行为。从这一点来看，颇像北宋那位"小事糊涂、大事不糊涂"的宰相吕端。

5.22

子在陈①，曰："归与！归与！吾党之小子②狂简③，斐然④成章，不知所以裁⑤之。"

注 释

①陈：诸侯国名。②吾党之小子：古代以500家为一党。吾党意即我的故乡。小子，指孔子在鲁国的学生。③狂简：狂，狂傲。简，这里指志向远大。④斐然：有文采的样子。⑤裁：节制。

译 文

孔子在陈国，说："回去吧！回去吧！我故乡的学生志向高远却放荡不羁，有文才却不懂得怎样约束自己。"

背 景

这是孔子周游列国仕陈湣公时（前491—前489）所说的话。时值鲁哀公三年(前491)，执掌鲁国大权的季桓子去世，接替他的季康子招冉求回去，于是，知道这个消息的孔子说了这段话。

今 论

南怀瑾《论语别裁》："这是孔子周游列国，到晚年的时候，要想回来讲学的自白。这里谈到学问之道。我们要特别了解的是，孔子在这段时间周游列国，对于国家天下大事，了然于心。有很多很多拿到政权的机会，但是他不要，他认为国家天下所以安定，必须要以教育文化为基础，于是他决心回到自己的国家讲学去。此时他很感叹地说：回去吧！回去吧！"

◎ 陵阳罢役

阅典笔记

飞得再高再远再漂亮的纸鸢，始终需要一根线牵挂着他的自由翱翔。

5.23

子曰："伯夷、叔齐①不念旧恶，怨是用②希③。"

注释

①伯夷、叔齐：商末孤竹国君的两个儿子。父亲死后，二人互相让位，后来一起逃到周文王那里。周武王起兵伐纣，他们认为这是以臣弑君，是不忠不孝的行为，曾加以拦阻。周灭商后，他们以吃周朝的粮食为耻，逃进深山中，最后饿死在首阳山中。②是用：是以，因此。③希：通"稀"，稀少。

译文

孔子说："伯夷、叔齐不记过去的仇恨，怨恨因此就少了。"

古注

程颐注："不念旧恶，此清者之量。"又曰："二子之心，非夫子孰能知之？"

今论

李泽厚《论语今读》："'不念旧恶'，不算老账，不仅是流行成语，而且

是中国人奉行的传统原则：主和解、重调停，和稀泥，既往不咎，不纠缠过去，避免冤冤相报。"

人的精力是有限的，过多的用来记住一些怨恨，就会错过很多美好的事情。

5.24

子曰："孰谓微生高①直？或乞醯(xī)②焉，乞诸其邻而与之。"

注释

①微生高：即尾生高，鲁国人，相传是一个守信用的人。与一女子相约于桥下，女子未来，他一直等候，以至于水涨后被淹死。见《庄子·盗跖》和《战国策·燕策》。②醯：醋。

译文

孔子说："谁说微生高这个人直率？有人向他借醋，他不直说没有，却暗地到邻居家借来给这个人。"

今论

南怀瑾《论语别裁》："孔子认为这样的行为固然很好，很讲义气，但不算是直道。直道的人，有就是有，没有就是没有，不必转这个弯。微生高转了这个弯，就不能算是直。"

阅典笔记

国人很怪，道德上，都很敬仰那些直率之人；但是真到办事的时候，则更推崇转弯抹角的处事原则。其实，"直"、"曲"都有一个限度。刚直的人容易让人信赖，但不招人待见；圆滑的人让人觉得亲切，却往往又不足以信任。做人的难处，就是把握住曲直分寸。

5.25

子曰："巧言、令色、足恭①，左丘明②耻之，丘亦耻之。匿怨而友其人，左丘明耻之，丘亦耻之。"

①足恭：这里指过分恭敬。②左丘明：相传是《左传》的作者。

译 文

孔子说："花言巧语，容貌伪善，过分恭敬，左丘明认为这样很可耻，我也认为这样很可耻。暗地里怨恨别人，表面上却与这个人做朋友，左丘明认为这样很可耻，我也认为这样很可耻。"

古 注

谢良佐注："二者之可耻，有甚于穿窬也。左丘明耻之，其所养可知矣。夫子自言'丘亦耻之'，盖窃比老、彭之意。又以深戒学者，使察乎此而立心以直也。"

今 论

南怀瑾《论语别裁》："把孔子这两句话，和对微生高的话连在一起，再把上面'归与……归与……'连贯起来，如我刚才所说的，是孔子归国办教育前的'宣言'。等于是对鲁国政治上这班怨恨他、怕他回来的人说，我对你们是不同意的，但没有仇恨，我要回来了。一连串贯通起来，便成了这个意思。但非定论，我只是作如此说而已。对与不对，另俟高明。"

阅典笔记

逢场作戏的背后，有多少孤独的灵魂。

5.26

颜渊、季路①侍。子曰："盍（hé）各言尔志。"子路曰："愿车马衣裘，与朋友共，敝之而无憾。"颜渊曰："愿无伐②善，无施劳③。"子路曰："愿闻子之志。"子曰："老者安之，朋友信之，少者怀之④。"

注 释

①颜渊、季路：颜渊，即颜回。季路，即子路。②伐：夸耀。③施劳：表白功劳。④少者怀之：让年轻人得到关怀。

译 文

颜渊、子路两人侍立在孔子身边。孔子说："你们何不各自说说自己的志向？"子路说："我希望拿出自己的车马、衣裘与朋友共享，即使用坏了也不

会抱怨。"颜渊说："我希望不炫耀自己的长处，不表白自己的功劳。"子路向孔子说："希望听听您的志向。"孔子说："我的志向是，老人都能得到很好的赡养，朋友能够相互信任诚实，年轻人能够得到关怀。"

古注

程颐注："至于夫子，则如天地之化工，付与万物而己不劳焉，此圣人之所以也。今夫羁靮以御马而不以制牛，人皆知羁靮之作在乎人，而不知羁靮之生由于马，圣人之化，亦犹是也。先观二子之言，后观圣人之言，分明天地气象。凡看论语，非但欲理会文字，须要识得圣贤气象。"

今论

李零《丧家狗》："这段谈话，子路和颜渊是鲜明对照。子路豪放，有什么都和朋友分享。颜渊谦虚，不自吹自擂。孔子的志向，和他们都不一样，是普施仁爱，让老的小的，皆大欢喜。"

阅典笔记

梦想是美好的，现实是残酷的。

5.27

子曰："已矣乎！吾未见能见其过而内自讼 (sòng) 者也。"

译文

孔子说："算了吧！我还没有见过能够发现自己错误而又自我批评的人。"

今论

南怀瑾《论语别裁》："人生随时随地都是如此，每个人都有理智，都很清醒，有的事不愿做，但欲望一起，就压不下去，理智始终克服不了情欲。所以孔子儒家的学问重点，在于内讼和自省，自己在肚子里审察一番。"

阅典笔记

人都喜欢去看别人的错误和缺点，但却看不到或根本不愿看自己的错误和缺点。能看见自己错误的人已经是凤毛麟角了，看到以后还能承认的，那就更少了。很多人即使看到了也绝不愿意承认，往往最后是不了了之。不敢对自己的行为负责，这比不知道自己错了还可怕。知错能改，善莫大焉。

5.28

子曰："十室之邑，必有忠信如丘者焉，不如丘之好学也。"

译 文

孔子说："只有十户人家的小村子，也一定有像我这样忠信的人，只是他们不如我好学罢了。"

古 注

康有为注："良材美质，随地皆有，成就与否，则视学与不学。……夫子自言，质之忠信与常人同，而好学异。所以勉后学者至矣。"

今 论

李泽厚《论语今读》："又一次强调'学'。'学'当然包括学习文献、历史、知识以及各种技能，同时更指积极实践的人生态度和韧性精神。它始终是动态的，当然不止于静态的忠、信品德。"

阅典笔记

有很多人认为，上一章孔子能说出那么过激的话，是因为想念英年早逝的颜回。大多数时候，孔子并没有那么偏激的话。比如这一章，孔子就说，就算在小村子里，也有和自己一样讲求忠信的人。

雍也篇

第六

本篇共包括30章。其中著名文句有："贤哉回也，一箪食，一瓢饮，在陋巷"、"质胜文则野，文胜质则史，文质彬彬，然后君子"、"知之者不如好之者，好之者不如乐之者"、"敬鬼神而远之"、"己欲立而立人，己欲达而达人"。本篇里有数章谈到颜回，孔子对他的评价甚高。此外，本篇还涉及"中庸之道"、"恕"的学说、"文质"思想，同时，还包括如何培养"仁德"的一些主张。

6.1

子曰："雍也可使南面①。"

注 释

①南面：这里泛指居官位治民。

译 文

孔子说："冉雍这个人，可以让他去当官治理百姓。"

今 论

李零《丧家狗》："前人对'雍也可使南面'有三种解释，一说其才可任天子（刘向），一说其才可任诸侯（包咸、郑玄），一说其才可任卿大夫（后世儒者）。一般都认为，这是孔子夸冉雍有人君气度和治世之才。但孔子的政治抱负，在当时还是待价而沽，不像尧、舜端坐在人君之位。孔子把两者分得很清楚，有德有才也有位，可以兼济天下，才叫'圣人'，只有德才没有位，撑死了也就是个'仁人'。"

孔子将冉雍列在他的第一等学科"德行"之内，认为他已经具备为官的基本条件。这是孔子实行他的"学而优则仕"这一教育方针的典型事例。

6.2

仲弓①问子桑伯子②。子曰："可也，简③。"仲弓曰："居敬④而行简，以临其民，不亦可乎？ 居简而行简，无乃⑤大⑥简乎？"子曰："雍之言然。"

注释

①仲弓：即冉雍。②桑伯子：生平不可考。③简：简要。④居敬：为人严肃认真。⑤无乃：岂不是。⑥大：通"太"。

译文

冉雍（仲弓）向孔子问起桑伯子这个人怎么样。孔子说："这个人还可以，只是太简单了。"冉雍说："为人严肃认真，行事简而不繁，用这种方式来治理百姓，不是也可以吗？ 自己马马虎虎，又以简要的方法办事，这岂不是太简单了吗？"孔子说："冉雍，你这话说得对。"

古注

程颐注："子居敬则心中无物，故所行自简；居简则先有心于简，而多一'简'字矣，故曰'太简'。"

今论

李零《丧家狗》："孔子对于桑伯子的批评，只有一个字，就是"简"。他讲的简，不是一般的简，而是太简，已经很简还要简，为简而简，失去了'礼'应包含的'敬'。"

阅典笔记

简单而有效地办事，才是王道。

6.3

哀公问："弟子孰为好学？"孔子对曰："有颜回者好学，不迁怒，不贰①过，不幸短命死矣。今也则亡(wú)②，未闻好学者也。"

注释

①贰：一再。②亡：通"无"。

译文

鲁哀公问孔子："你的弟子中谁最好学？"孔子回答说："有一个叫颜回的很好学，他从不把怒气发泄在别人身上，也从不重犯同样的过错。不幸英年早逝。现在再也没有这样的弟子了，再没有听说过谁是好学的了。"

古注

程颐注："喜怒在事，则理之当喜怒者也，不在血气则不迁。若舜之诛四凶也，可怒在彼，己何与焉。如鉴之照物，妍媸在彼，随物应之而已，何迁之有？"

今论

南怀瑾《论语别裁》："现在要讨论的是'不迁怒，不贰过'。这六个字我们一辈子都做不到。孔子也认为，除了颜回以外，三千弟子中，没有第二个人了。凡是人，都容易犯这六个字的毛病。"

阅典笔记

即使圣贤如孔子，也有偏爱的人啊！

6.4

子华①使于齐，冉子②为其母请粟。子曰："与之釜(fǔ)③。"请益。曰："与之庾(yǔ)④。"冉子与之粟五秉(bǐng)⑤。子曰："赤之适⑥齐也，乘肥马，衣(yì)⑦轻裘。吾闻之也，君子周急不继富。"

注释

①子华：即公西赤。②冉子：孔子弟子，姓冉，名有，擅长政事。③釜：古代量器名，容积相当于今天的一斗二升八合。④庾：古代量器名，容积相当于今天的四升八合。⑤秉：古代量器名，五秉相当于今天的十六石。⑥适：往。⑦衣：动词，穿。

译文

子华出使齐国，冉求替他的母亲向孔子请求补助一些小米。孔子说："给他一釜。"冉求请求再多加一点。孔子说："再给他一庾。"冉求却给他五秉。孔子说："公西赤到齐国去，乘坐着肥马驾的车子，穿着又暖和又轻便的皮袍。我听说，君子只是周济急需救济的人，而不是给富人添富。"

古 注

程颐注："夫子之使子华，子华之为夫子使，义也。而冉子乃为之请，圣人宽容，不欲直拒人。故与之少，所以示不当与也。请益而与之亦少，所以示不当益也。求未达而自与之多，则已过矣，故夫子非之。"

今 论

李零《丧家狗》："这段话，前因后果不太清楚，皇疏有一段辩论。他说，我们不知道，子华的母亲是不是真缺粮：如果缺，子华这么阔气，是不孝，孔子不肯多给，是不仁；如果不缺，冉求给那么多，是不智。其实，情况可能是，子华的母亲并不缺粮，子华并非不孝；孔子不肯多给，也合情合理，并非不仁；冉求考虑到朋友出门在外，他妈就等于我妈，也没什么不对。冉求不拿自己的禄米给子华的妈，是因为自己给了，别人就会以为子华的妈缺粮，因而指责子华不孝。他向孔子请粟，虽然引起孔子不快，但大家可以明白，原来子华的妈并非缺粮。总而言之，冉求替朋友着想，很仗义。这是一种曲里拐弯的解释。孔子的意思是，与其给阔人锦上添花，不如给穷人雪中送炭。"

阅典笔记

不仅是治理国家和管理社会，在为人处世方面同样是"锦上添花"不如"雪中送炭"。对于受益者而言，在他马上就要吃饱的时候，和他好几天颗米未沾的时候，你送去的馒头绝对不是一个意义。

6.5

原思①为之宰②，与之粟九百③，辞。子曰："毋！以与尔邻里乡党④乎！"

注 释

①原思：孔子弟子，姓原名宪，字子思，曾任孔子家的总管。②宰：家宰。③九百：量词省略，今已不可确知。④邻、里、乡、党：古代地方居民单位的名称。古代以 5 家为邻，25 家为里，500 家为党，12500 家为乡。此处指原思的同乡，或家乡周围的百姓。

译 文

原思任孔子家的总管，孔子给他小米九百作为俸禄，他推辞不要。孔子说："不要推辞了！如果有多余的，就分给你的乡亲们吧！"

程颐注："盖赤苟至乏，则夫子必自周之，不待请矣。原思为宰，则有常禄。思辞其多，故又教以分诸邻里之贫者，盖亦莫非义也。"

今 论

南怀瑾《论语别裁》："从这个故事，我们看到孔子作之君、作之亲、作之师的风范。除了是长官的身份之外，还身兼父母、师长之责，随时以生活中的事例来教育学生，这也就是后世儒家所该效法其教化精神的重点之处。"

李零《丧家狗》："上一章，冉求请粟，是锦上添花；这一章，孔子与粟，是雪中送炭。"

阅典笔记

俸禄也是体现价值的一种方法，拿九百小米就要做九百小米的事情。

6.6

子谓仲弓曰："犁牛①为之骍 (xīng) 且角②，虽欲勿用③，山川其舍诸？"

注 释

①犁牛：耕牛。古代祭祀用的牛不能以耕牛代替，系红毛长角，单独饲养的。②骍且角：骍，红色。祭祀用的牛，毛色为红，角长得端正。③用：用于祭祀。

译 文

孔子在评价仲弓时说："耕牛产下的牛犊长着红毛，角也长得端正。即使人们想不用它做祭品，但山川之神难道会舍弃它吗？"

古 注

朱熹注："仲弓父贱而行恶，故夫子以此譬之。言父之恶，不能废其子之善，如仲弓之贤，自当见用于世也。然此论仲弓云尔，非与仲弓言也。"

今 论

南怀瑾《论语别裁》："在这里，孔子是说天地之神，也一起启示人们，不会把有用的才具，平白地投闲置散的。这也是告诉仲弓，你心里不要有自卑感，不要介意自己的家庭出身如何，只要自己真有学问，真有才具，真站得起来，别人想不用你，天地鬼神都不会答应的。"

好酒虽然也许会被深巷散去香气，但是总会被有心之人发现并发扬光大。

6.7

子曰："回也，其心三月不违仁；其余则日月至焉而已矣。"

译 文

孔子说："颜回这个人，他的心长年累月不离开仁德，其余的学生则只能在短时间内做到仁而已。"

古 注

康有为注："三月，言其久也。不违仁，无纤毫佚虑私欲也。少有私欲佚虑，即间断矣，……大学开口言明明德，中庸开口言尊德性，可以互证而知所向往矣。"

今 论

南怀瑾《论语别裁》："现在我们姑且不谈这个'仁'的修养，先反过来体会一下自己的情绪：我想大家都有这种经验，心情好的时候，即使碰到问题，碰到困难的事，心情也是非常好，不会受到外境的干扰。但是好景不长，情绪坏时，芝麻绿豆的事都会惹得一肚子闷气。要说连续三个月不冒一点火气，这步修养已经难得了，更何况'三月不违仁'。由此，我们不难了解为什么孔子一再赞叹颜回这个得意门生了。"

阅典笔记

一时的仁德并不难，难的是做一世。

6.8

季康子问："仲由可使从政也与？"子曰："由也果，于从政乎何有？"曰："赐也可使从政也与？"曰："财也达，于从政乎何有？"曰："求也可使从政也与？"曰："求也艺，于从政乎何有？"

译文

　　季康子问孔子："仲由这个人，可以让他治理国家吗？"孔子说："仲由做事果断，治理国家有什么困难的呢？"季康子又问："端木赐这个人，可以让他治理国家吗？"孔子说："端木赐通达事理，治理国家有什么困难的呢？"季康子又问："冉求这个人，可以让他治理国家吗？"孔子说："冉求有才干，治理国家有什么困难的呢？"

古注

　　程颐注："季康子问三子之才可以从政乎？夫子答以各有所长。非惟三子，人各有所长。能取其长，皆可用也。"

今论

　　李泽厚《论语今读》："可见搞政治，主要仍在才干、能力，而并不是心性修养或'内圣'。这是孔子不同于程朱处。"

阅典笔记

　　只要目的达到了，只要不做一些不好的事情，就不要拘泥于形式了。

6.9

　　季氏使闵子骞(qiān)①为费(bì)②宰。闵子骞曰："善为我辞焉。如有复我③者，则吾必在汶(wèn)上④矣。"

注释

　　①闵子骞：孔子弟子，姓闵，名损，字子骞。②费：季氏的封邑，在今山东费县西北一带。③复我：再来召我。④汶上：汶水的北岸，属于在齐国。汶，水名，即今山东大汶河。

译文

　　季氏派人请闵子骞去做自己采邑费地的长官，闵子骞对来请他的人说："请你好好替我推辞吧。如果再来召我，那我一定逃到汶水北岸去。"

今论

　　南怀瑾《论语别裁》："从这一节记载，我们知

◎ 子骞（闵损）

道:第一，闵子骞是有名的孝子，他的人品德行非常好。第二，当时他对官位、功名、富贵看得淡如浮云。人家要他做官，反而会把他逼走了。第三，当时鲁国上下的知识分子，对鲁国的权臣季家，没有一个满意的，不愿意做他的官，尤其是孔子这一些学生。"

不同流合污，不为不仁者代言，不委屈自己。

6.10

伯牛①有疾，子问之，自牖 (yǒu)②执其手，曰："亡③之，命矣夫 (fú)！斯人也而有斯疾也！斯人也而有斯疾也！"

注释

①伯牛:孔子的弟子,姓冉名耕,字伯牛,鲁国人,"四科十哲"之一，孔子认为他的"德行"较好。②牖:窗户。③亡:丧。

译文

伯牛病了，孔子去探望他，从窗户握着他的手说:"无可救治了吗? 这是命里注定的啊! 这样的人竟然得了这样的病! 这样的人竟然得了这样的病! "

今论

南怀瑾《论语别裁》:"战国时候,吴起在魏国为将,他的士兵屁股上生疮,吴起这位大将军、总司令, 居然用嘴替他把脓吸出来。吴起如此作为是手段,孔子如此做,则出于仁慈。"

◎ 伯牛（冉耕）

阅典笔记

只有死是平等的。

6.11

子曰:"贤哉! 回也。一箪 (dān)①食,一瓢饮,在陋巷②。人不堪其忧,回也不改其乐。贤哉! 回也。"

注 释

①箪：古代盛饭用的圆形竹器。②巷：此处指颜回的住处。

译 文

孔子说："颜回是多么贤良啊！一箪饭，一瓢水，住在简陋的小屋里。别人都忍受不了这种忧苦，颜回却没有改变他好学的乐趣。颜回是多么贤良啊！"

古 注

程颐注："颜子之乐，非乐箪瓢陋巷也，不以贫窭累其心而改其所乐也，故夫子称其贤。"

今 论

南怀瑾《论语别裁》："物质环境苦到这个程度，心境竟然恬淡依旧。我们看文章很容易，个人的修养要到达那个境界可真不简单。乃至于几天没饭吃，还是保持那种顶天立地的气概，不要说真的做到，假的做到，也还真不容易。颜回则做到了不受物质环境的影响，难怪孔子这么赞叹欣赏这个学生。"

阅典笔记

不同的人，有不同的生活爱好。"弱水三千，只取一瓢饮。"

6.12

冉求曰："非不说 (yuè)①子之道，力不足也。"子曰："力不足者，中道而废。今女 (rǔ) 画②。"

注 释

①说：通"悦"。②今女画：女，通"汝"。画，原地不动。

译 文

冉求说："我不是不喜欢老师的学说，是做起来能力不够啊。"孔子说："能力不够的人会半路停下来。现在你是原地不动。"

古 注

刘宝楠正义："凡人志道，皆必力学，人不可一日勿学，故于学自有不已之功，圣门弟子，若颜子大贤，犹言欲罢不能，既竭吾才，敏从未由，其于

夫子之道，盖亦勉力以至。然循序渐进，自能入德，奚至以力不足自诿？里仁篇夫子云：有能用其力于仁矣乎？我未见力不足者。"

阅典笔记

并不是什么事儿都能一下看到效果的，原地踏步也是在努力着。

6.13

子谓子夏曰："女(rǔ)为君子儒，无为小人儒。"

译文

孔子对子夏说："你要做君子儒，不要做小人儒。"

今论

南怀瑾《论语别裁》："我们现在来说，什么叫小人儒？书读得很好，文章写得很好，学理也讲得很好。但除了读书以外，把天下国家交给他，就出大问题，这就是所谓书呆子，小人儒。所以处理国家天下大事，不但要才德学三者兼备，还要有真正的社会体验，如果毫无经验，只懂得书本上那一套，拿出来是行不通的；不知道天下事的现实情状就行不通。"

◎ 儒服儒行

阅典笔记

天才是百分之九十九的汗水，加百分之一的灵感，但是百分之一的灵感却是比那百分之九十九还要重要的。

6.14

子游为武城宰。子曰："女得人焉尔乎？"曰："有澹(tàn)台灭明①者，行不由径②。非公事，未尝至于偃(yǎn)③之室也。"

注 释

①澹台灭明：孔子弟子，姓澹台，名灭明，字子羽，武城人。②径：小路，引申为邪路。③偃：言偃，即子游。

译 文

子游做了武城的长官。孔子说："你在那里得到人才了吗？"子游回答说："有一个叫澹台灭明的人，从来不走邪路，没有公事从不到我的居处来。"

古 注

康有为注："非公事不至，则陈民间利病而无干谒请托之私。"

今 论

李泽厚《论语今读》："好像是对今天的抄小路走后门而讲。两千年后犹有用，可见由来久矣。依靠个体的道德修养，维持社会正义，亦难矣哉。"

阅典笔记

澹台灭明后来非常出名，到南方讲学，开创了当时儒家在南方非常有影响的学派，受到各个诸侯国的重视。澹台灭明最初受到子游重视，原因在于不跑官不送礼，不谈私事只谈公事。这在孔子一门看来，是道德高尚的典范。

◎ 澹台灭明

6.15

子曰："孟之反①不伐②，奔③而殿④。将入门，策其马，曰：'非敢后也，马不进也。'"

论语全集

九四

注释

①孟之反：即孟之侧，鲁国大夫。②伐：夸耀。③奔：败走，逃亡。④殿：殿后，在全军最后作掩护。

译文

孔子说："孟之反不自夸，军队败退时他留在最后掩护全军。快进城门时，他鞭打着自己的马说：'不是我敢于殿后，是马跑得不快。'"

背景

前484年，鲁国与齐国打仗。鲁国右翼军败退的时候，孟之反在最后掩护败退的鲁军。孟之反帮助军队全身而退后，自己却很谦虚。

古注

谢良佐注："人能操无欲上人之心，则人欲日消、天理日明，而凡可以矜己夸人者，皆无足道矣。然不知学者欲上人之心无时而忘也，若孟之反，可以为法矣。"

今论

南怀瑾《论语别裁》："这一节，我们有两点要了解。第一点，历史上每一战争下来，争功争得很厉害，同事往往因此变成仇人、冤家。……第二点，由此可知鲁国当时国内的人事问题太复杂，但孟之反的修养非常高，怕引起同事之间的摩擦，不但不自己表功，而且还自谦以免除同事之间彼此的嫉妒。"

阅典笔记

不与领导争名，不与部下争功，不与同僚争利。

6.16

子曰："不有祝鮀(tuó)①之佞②，而有宋朝③之美，难乎免于今之世矣！"

注释

①祝鮀:卫国大夫,以能言善辩受到卫灵公重用。②佞:有口才。③宋朝:宋国的公子朝,因美丽而惹起祸乱。

译文

孔子说:"如果没有祝鮀那样的口才,也没有宋朝那样的美貌,那么在当今社会上立足就比较艰难了。"

背景

宋公子朝与卫灵公夫人南子有染。前496年,卫灵公的太子蒯聩途径宋国,有人做歌讥讽这件事情。蒯聩觉得很耻辱,回卫国谋杀南子,失败后流亡宋国。次年孔子到达卫国,仕卫灵公三年,这段话很可能是这一时期孔子说的。

阅典笔记

只要有活下去的意念,总会有活下去的本领,三百六十行内的成功并不都取决于口才和美貌。

6.17

子曰:"谁能出不由户?何莫由斯道也?"

译文

孔子说:"谁能不经过门而走出去呢?为什么没有人走我提倡的道路呢?"

古注

朱熹注:"人不能出不由户,何故乃不由此道邪?怪而叹之之辞。"

今论

李零《丧家狗》:"孔子以门户喻'道',把'道'当必由之路。北京话,行不通,叫没门。没门怎么办?只能走后门,或者跳窗户。这话和上一章好像有点联系。'不有祝鮀之佞,而有宋朝之美,难乎免于今之世矣',就是没门。……这种遗风,现在也没绝迹。"

阅典笔记

只按照前人的脚步走,永远都不会有大的进步。如果前人进出的地方是窗子呢?

6.18

子曰："质①胜文②则野③，文胜质则史④。文质彬彬⑤，然后君子。"

注释

①质：朴实、自然。②文：文饰，文采。③野：此处指粗鲁、鄙野。④史：虚浮不实。⑤彬彬：文质兼备的样子。

译文

孔子说："质朴多于文采，就显得粗俗；文采多于质朴，就流于虚浮。只有质朴和文采搭配得当，才是个君子。"

古注

杨时注："文质不可以相胜。然质之胜文，犹之甘可以受和，白可以受采也。文胜而至于灭质，则其本亡矣。虽有文，将安施乎？然则与其史也，宁野。"

今论

南怀瑾《论语别裁》："一个人知识虽高，但才具不一定相当；而才具又不一定与品德相当。才具、学识、品德三者兼备，这就是孔子所讲的'文质彬彬，然后君子'。不但学校教育要注意，家庭教育也要对此多加注意。"

阅典笔记

物极必反，有容乃大。

6.19

子曰："人之生也直，罔 (wǎng) 之生也幸而免。"

译文

孔子说："一个人生存靠的是正直，不正直的人也能生存，但那只因为他侥幸地避免了祸害。"

今论

南怀瑾《论语别裁》："说到这里就很妙了，人喜欢讲直，站在心理学的观点来看，一个尽管很坏的人，但也喜欢他的朋友很老实，不但老实人喜欢老实人，连坏人也喜欢老实人，从这里就可以体会到，人应该做哪一种人才对。

人都喜欢别人直——诚实，即使他自己不诚实，至少对于老实人，肯上他当的，还是喜欢。"

阅典笔记

　　人在做，天在看。

6.20

　　子曰："知之者不如好（hào）之者，好（hào）之者不如乐（lè）之者。"

译　文

　　孔子说："对于任何事情，了解它的人，不如对它感兴趣的人；对它感兴趣的人，又不如以它为乐的人。"

古　注

　　尹焞注："知之者，知有此道也。好之者，好而未得也。乐之者，有所得而乐之也。"

今　论

　　李零《丧家狗》："这两句，我喜欢。学习，是为了求知，还是为了兴趣和快乐？我是为了兴趣和快乐。我把读书当休息，在书中找乐子，一切为了好玩。读书没乐趣，不如不读。没乐趣的读书，本身就无聊，如果读完了还写书，就更无聊，既折磨自己，也折磨别人。"

阅典笔记

　　如果能够体会到工作的快乐，能够喜欢你的工作，甚至行业，那么恭喜你，你找对方向了！当工作成为一种享受时，你的工作将不再枯燥。

6.21

　　子曰："中人以上，可以语上也；中人以下，不可以语上也。"

译　文

　　孔子说："对于具有中等以上才智的人，可以告诉他高深的学问；对于在中等水平以下的人，不能告诉他高深的学问。"

李泽厚《论语今读》："循序渐进，教学方法；因材施教，不拘一端。"

因材施教，强扭的瓜不甜。

6.22

樊迟问知 (zhī)，子曰："务民之义，敬鬼神而远之，可谓知矣。"问仁，曰："仁者先难而后获，可谓仁矣。"

译 文

樊迟问孔子怎样才算有智慧，孔子说："专心引导人民符合道义，尊敬鬼神但要远离它，就可以说是有智慧了。"樊迟又问怎样才是有仁德，孔子说："有仁德的人，先经历实践的困苦，而后才会有所收获，这就可以说是有仁德了。"

古 注

朱熹注："专用力于人道之所宜，而不惑于鬼神之不可知，知者之事也。先其事之所难，而后其效之所得，仁者之心也。此必因樊迟之失而告之。"

今 论

南怀瑾《论语别裁》："任何事先从'难'的方面想，以后才能得到好的结果。先从难的方面、问题多的方面看，都研究完了，最后有一个结论，得到中道的成果，这就是仁的作用。这样一来，便利了自己，也便利了别人，更便利了老百姓。"

阅典笔记

先苦而后甜，苦过之后，才知道甜的幸福。

6.23

子曰："知 (zhī) 者乐水，仁者乐山；知者动，仁者静；知者乐，仁者寿。"

译 文

孔子说："有智慧的人喜爱水，有仁德的人喜爱山；有智慧的人好动，仁德的人沉静；有智慧的人常乐，有仁德的人长寿。"

◎ 不对田赋

古注

朱熹注："知者达于事理而周流无滞，有似于水，故乐水；仁者安于义理而厚重不迁，有似于山，故乐山。动静以体言，乐寿以效言也。动而不括故乐，静而有常故寿。"

今论

李泽厚《论语今读》："用山、水类比和描写仁、智，非常聪明和贴切。作为最高生活境界的'仁'，其可靠、稳定、巩固、长久有如山；作为学习、谋划、思考的智慧，其灵敏、快速、流动、变迁有如水。"

阅典笔记

性格决定命运。

6.24

子曰："齐一变，至于鲁；鲁一变，至于道。"

译文

孔子说："齐国一变，就可以成为鲁国这样的礼乐之邦；鲁国一变，就可以达到先王之道了。"

李泽厚《论语今读》:"这是要求开倒车的改革,所以终于行不通。孔子不但在鲁国没行通,'周游列国'也没人听。不仅'内圣'早已开不出'外王',而且孔子主张的'外王',回到氏族传统体制也完全不可能了。孔子终于只是教育家、思想家,而不是政治家。但他这'教育'、'思想'对中华民族起了巨大作用,所以又远远高于任何政治和政治家。"

阅典笔记

有时候,只要稍微改变一点儿,事情就会变得更美好。但往往最难的,也是这哪怕一步的走动。

6.25

子曰:"觚(gū)①不觚,觚哉!觚哉!"

注 释

①觚:古代盛酒的器具,上圆下方,有棱,容量约有二升。后来觚的样式被改变了,所以孔子认为觚不像觚。

译 文

孔子说:"觚不像觚,这还算是觚吗!这还算是觚吗!"

古 注

程颐注:"觚而失其形制,则非觚也。举一器,而天下之物莫不皆然。故君而失其君之道,则为不君;臣而失其臣之职,则为虚位。"

今 论

杨树达《论语疏证》:"此皆孔子正名之义也。觚可不觚则名实乱矣。孔子即小物而兴感,岂拘拘于一器一物之形制云尔哉。君君,臣臣,父父,子子,则与觚不觚者异矣。"

阅典笔记

外形不重要,只要本质没有变,再过千年,依旧是它。

6.26

　　宰我问曰："仁者，虽告之曰：'井有仁焉。'其从之也？"子曰："何为其然也？君子可逝①也，不可陷也；可欺也，不可罔也。"

注 释

　　①逝：通"折"，往。这里指到井边去看并设法营救。

译 文

　　宰我问道："对于有仁德的人，如果告诉他：'井里掉下去一位仁人'，他会跟着跳下去吗？"孔子说："为什么要这样做呢？君子可以到井边去救人，却不能陷自己于井中；君子可能被欺骗，但不可能被愚弄。"

古 注

　　朱熹注："盖身在井上，乃可以救井中之人；若从之于井，则不复能救之矣。此理甚明，人所易晓，仁者虽切于救人而不私其身，然不应如此之愚也。"

今 论

　　李零《丧家狗》："宰予的假设很夸张，有点像我们现在的假设，即歹徒行凶，你能不能挺身而出。他是在考验老师。这种考验，有点像英雄救美。有些谈恋爱的女孩，喜欢用这样的问题测试男友，甚至找人假扮流氓考验他。这就是罔。男友发现真相，觉得特无聊，反而得跟她掰了。"

阅典笔记

　　善良不是被利用的。

6.27

　　子曰："君子博学于文，约之以礼，亦可以弗畔①矣夫。"

注 释

　　①畔：通"叛"。

译 文

　　孔子说："君子广泛地学习文化典籍，又以礼来约束自己，也就不会离经叛道了。"

古注

程颐注："博学于文而不约之以礼，必至于汗漫。博学矣，又能守礼而由于规矩，则亦可以不畔道矣。"

阅典笔记

这句话现在已经成为香港中文大学的校训。孔子向来支持博学，他眼中真正的人才是通才。

6.28

子见南子①，子路不说 (yuè)②。夫子矢③之日："予所否④者，天厌之！天厌之！"

注释

①南子：卫国灵公的夫人，当时实际上左右着卫国政权，有淫乱的行为。②说：通"悦"。③矢：通"誓"，发誓。④否：不当。

译文

孔子去见南子，子路不高兴。孔子发誓说："如果我的行为有不妥之处，就让上天厌弃我吧！就让上天厌弃我吧！"

背景

卫灵公的夫人南子因与宋朝通奸（《雍也》6.16）而有恶名。前495年，孔子见卫灵公前，南子让人传话给孔子，凡是想见卫君的君子，没有不先拜见她的。孔子拜见后，子路很不满。

古注

朱熹注："圣人道大德全，无可不可。其见恶人，固谓在我有可见之礼，则彼之不善，我何与焉。然此岂子路所能测哉？故重言以誓之，欲其姑信此而深思以得之也。"

今论

南怀瑾《论语别裁》："孔子是说，你们看法和我看法不一样，我所否定的，我认为不可救药的人，一定是罪大恶极。不但人讨厌他，就是天也讨厌他，那么这种人便不需要与他来往。"

阅典笔记

孔子的事情告诉我们，面对不利的舆论环境，无论自己是不是真的占理，首先要对人们表现出自己的诚意。现代社会，危机来临之时，有摧枯拉朽之势，真诚与信任在舆论风暴中逐渐扭曲。自己处在舆论的漩涡中，首先要做的，就是恢复人们对自己的信任，从而进一步化解危机。而恢复信任的最好办法，就是让所有人看到自己的真诚。

6.29

子曰："中庸之为德也，其至矣乎！民鲜 (xiǎn) 久矣。"

译文

孔子说："中庸作为一种道德，是至高无上的了！人们缺少这种道德已经为时很久了。"

古注

程颐注："不偏之谓中，不易之谓庸。中者天下之正道，庸者天下之定理。自世教衰，民不兴于行，少有此德久矣。"

今论

李零《丧家狗》："现在，很多人把中庸之道说成是骑墙之道、掺和之道，甚至有所谓'和合学'。其实，中庸之道的'中'是标准和原则，不讲标准，不讲原则，根本不是中庸之道。"

阅典笔记

以不变应万变。

6.30

子贡曰："如有博施于民而能济众，何如？可谓仁乎？"子曰："何事①于仁，必也圣乎！尧、舜其犹病诸②！夫 (fú) 仁者，己欲立而立人，己欲达而达人。能近取譬③，可谓仁之方也已。"

注 释

①事：止，仅。②病诸：病，担忧。诸，兼词，"之于"的合音。③能近取譬：推己及人。近，以自身做比方。譬，比如、比方。

译 文

子贡说："如果有人能够广施恩惠给百姓，又能周济大众，这个人怎么样？可以算是仁人吗？"孔子说："岂止是仁人，简直是圣人了！尧、舜尚且难以做到！至于仁人，自己想成功，也要帮助别人成功；自己想通达，也要帮助别人通达。凡事能推己及人，可以说就是实行仁德的方法了。"

今 论

南怀瑾《论语别裁》："我要作一个人，不要忘记了他也要作一个人，我想将来通达有前途，不要忘记了他也要有前途，尤其是将来诸位如果出去做一个领导人，要多爱部下，像待自己的子女兄弟一样替他们着想。我要利益，他们也要利益，我太累了，同样地他们也累了。从最浅近、最平凡的当中去了解他。做到了这种地步，就可以说找到了仁的方向，为仁找到一条可走的路了。"

阅典笔记

达则兼济天下，帮助人，也会使自己变得美好。